코젤렉의 개념사 사전 17

민주주의와 독재

코젤렉의
개념사 사전 17

민주주의와 독재
Demokratie, Diktatur

크리스티안 마이어·한스 레오 라이만·한스 마이어·라인하르트 코젤렉·
베르너 콘체·라인하르트 슈툼프·에른스트 놀테 지음
라인하르트 코젤렉·오토 브루너·베르너 콘체 엮음
한림대학교 한림과학원 기획
나인호 옮김

**Demo-
kratie,
Dikta-
tur**

푸른역사

일러두기

· 이 책은 오토 브루너Otto Brunner · 베르너 콘체Werner Conze · 라인하르트 코젤렉Reinhart Kosellek이 엮은 《역사적 기본 개념: 독일 정치 · 사회 언어 역사사전Geschichtliche Grundbegriffe. Historisches Lexikon zur politisch-sozialen Sprache in Deutschland》(Stuttgart: Klett-Cotta, 1972~1997) 중 〈민주주의Demokratie, 독재Diktatur〉(제1권, 1972, pp. 821~899, 900~924) 항목을 옮긴 것이다. 크리스티안 마이어Christian Meier, 한스 레오 라이만Hans Leo Reimann, 한스 마이어Hans Maier, 라인하르트 코젤렉Reinhart Koselleck , 베르너 콘체Werner Conze, 라인하르트 슈툼프Reinhard Stumpf, 에른스트 놀테Ernst Nolte가 집필했다.
· 미주는 저자, 각주는 옮긴이의 것이다. 각주로 처리된 옮긴이 주의 경우 주석 앞에 [옮긴이] 표기를 했다.
· 이 책은 2018년 대한민국 교육부와 한국연구재단의 지원을 받아 간행되었다(NRF-2018S1A6A3A01022568).

번역서를 내면서

●●● 　　　　《코젤렉의 개념사 사전》(원제는 《역사적 기본 개념
Geschichtliche Grundbegriffe》)은 독일의 역사학자 라인하르트 코젤렉
Reinhart Koselleck(1923~2006)이 오토 브루너Otto Brunner, 베르너 콘
체Werner Conze와 함께 발간한 '독일 정치·사회 언어 역사사전
Historisches Lexikon zur politisch-sozialen Sprache in Deutschland'입니다.
이 책은 총 119개의 기본 개념 집필에 역사학자뿐 아니라 법학자, 경
제학자, 철학자, 신학자 등이 대거 참여한 학제 간 연구의 결실입니
다. 또한 1972년에 첫 권이 발간된 후 1997년 최종 여덟 권으로 완성
되기까지 무려 25년이 걸린 대작입니다. 독일 빌레펠트대학의 교수였
던 코젤렉은 이 작업을 기획하고 주도했으며, 공동 편집자인 브루너,
콘체가 세상을 떠난 후 그 뒤를 이어 책의 출판을 완성했습니다.

　　《코젤렉의 개념사 사전》이 가진 의의는 작업 규모나 성과물의 방
대함뿐만 아니라 방법론적 혁신성에도 있습니다. 기존의 개념사가 시
대 배경과 역사적 맥락을 초월한 순수 관념을 상정하고 그것의 의미

를 밝히는 데 치중했다면, 《코젤렉의 개념사 사전》은 정치·사회적 맥락 속에서 전개되는 의미의 변화 양상에 주목합니다. 따라서 코젤렉이 말하는 '개념'은 '정치·사회적인 의미연관들로 꽉 차 있어서, 사용하면서도 계속해서 다의적多義的으로 머무르는 단어'입니다. '기본 개념'은 그 중에서도 특히 정치·사회적인 현실과 운동에 강력한 영향력을 행사한 개념을 가리킵니다.

나아가 《코젤렉의 개념사 사전》은 근대성에 대한 깊은 성찰을 담고 있습니다. 코젤렉은 1750년부터 1850년까지 유럽에서 개념들의 의미에 커다란 변화가 나타나, 근대 세계와 그 이전을 나누는 근본적인 단절이 발생했음에 주목했습니다. 이러한 단절을 그는 '말안장 시대' 또는 '문턱의 시대'로 표현한 바 있습니다. 또한 코젤렉은 근대에 들어오면서 개념은 '경험 공간과 기대 지평'이라는 두 차원을 가진 '운동 개념'이 되었음을 드러냄으로써 근대성에 대한 물음을 성찰하도록 해주었습니다.

《코젤렉의 개념사 사전》은 방대한 기획과 방법론적 혁신성, 근대성에 대한 통찰을 담은 기념비적 저작이라는 면에서 광범위한 차원의 호평과 반향을 불러일으켰습니다. 또한 분과학문의 틀을 뛰어넘는 인문학적 역사 연구의 전망을 제시했다는 점에서 개념사 연구의 표본적 모델로 인정받고 있습니다. 개념사 연구가 비교적 늦은 한국 사회에도 이 책의 존재는 어느 정도 알려져 있습니다.

한림과학원은 2005년 《한국 인문·사회과학 기본 개념의 역사·철학사전》 편찬 사업을 시작하여 2007~2017년 인문한국(HK) '동아시아 기본 개념의 상호소통 사업'을 수행해왔습니다. 2018년부터는 인문한국플러스(HK+) '횡단, 융합, 창신의 동아시아 개념사'로 확장하여 동아시아 개념사 연구의 새로운 지평을 여는 데 기여하고자 합니다. 전근대부터 근대를 거쳐 현대에 이르기까지 동아시아에서 개념이 생성, 전파, 상호 소통하는 양상을 성찰하여, 오늘날 상생의 동아시아 공동체 형성을 위한 소통적 가능성을 발견하는 것이 이 사업의 목표입니다. 《코젤렉의 개념사 사전》의 번역은 우리나라에서 처음 시도하는 작업으로, 유럽의 개념사 연구 성과를 정확하게 이해하는 데 필수적입니다. 그 결과물로 2010년 1차분 〈문명과 문화〉, 〈진보〉, 〈제국주의〉, 〈전쟁〉, 〈평화〉, 2014년 2차분 〈계몽〉, 〈자유주의〉, 〈개혁과 (종교)개혁〉, 〈해방〉, 〈노동과 노동자〉, 2019년 3차분 〈위기〉, 〈혁명〉, 〈근대적/근대성, 근대〉, 〈보수, 보수주의〉, 〈아나키/아나키즘/아나키스트〉를 발간했습니다. 이어 이번에 4차분 〈역사〉, 〈민주주의와 독재〉, 〈동맹〉, 〈법과 정의〉, 〈헌법〉을 내놓습니다. 이를 계기로 개념사 연구에 대한 관심이 더욱 높아지고, 개념사 연구방법론을 개발하는 시도가 왕성해지기를 바랍니다.

2020년 12월

한림대학교 한림과학원 원장 이경구

CONTENTS

민주주의

독재

민주주의

서론: 고대의 기초

'데모크라티아δημοκρατία'라는 단어는 기원전 5세기 중엽 후반부터 사용된 것으로 확인

되는데, 그 출현 시기는 좀 더 빨랐을 것이다. '데모스Δῆμος'는 '모두'를 의미할 뿐만 아

니라, 동시에 '다수'를 의미하기도 한다.

CHAPTER |

Einleitung : Antike Grundlagen
I. 서론: 고대의 기초

● ● ●　　　　　'데모크라티아δημοκρατία'라는 단어는 기원전 5
세기 중엽 후반부터 사용된 것으로 확인되는데, 그 출현 시기는 좀
더 빨랐을 것이다.[1] '데모스Δῆμος'는 '모두'(전체 인민, 특히 민회)를
의미할 뿐만 아니라, 동시에 '다수'(다수의 대중, 일반적으로 민회의
다수)를 의미하기도 한다. 이 단어는 관점에 따라 긍정적이거나 부
정적으로 인식될 수 있었다.[2] 인민의 지배를 더 오래된 개념인
"몬-아르키아μον-αρχια/군주-지배", "올리그-아르키아ὀλιγ-αρχί
α/과두-지배"와 구별하여 "-크라티아-κρατία"라고 부른 것은 표
면상의 이유가 있어서였을 것이다.[3] 아테네에서, 또한 확실히 다른
지역에서도 인민의 지배는 그것이 '데모크라티아δημοκρατία'로 명
명되기 이전에는 '데모스δῆμος/민회, 지방자치제'라 불렀다. (그리
고 아리스토텔레스에게서도 확인할 수 있다시피 이후로도 종종 그
렇게 불렀다.)[4]

누가 다스리느냐는 기준에 따라 헌법을 구분하기 시작한 것은 최초로 기원전 470년경에 쓰여진 핀다로스Pindaros의 송가頌歌에서 발견된다. 여기서는 헌법을 세 가지로 구분하고 있다. "각각의 질서νόμος 속에서, 참주가 지배할 때, 그리고 사나운 군대[=(중갑보병 Hopliten)시민]가 다스릴 때, 또한 도시의 이성적인 사람들이 다스릴 때."⁵

폴리스의 지배가 다양하게 나뉠 수 있다는 사실은 물론 이보다 훨씬 오래전에 알려져 있었다. 이는 한마디로 귀족들이 다스리는 정상적인 공동체 형태와 구별되는 참주정Tyrannis*이란 것이 실제로 존재했기 때문이다. 기원전 6세기에 나타난 '모나르코스μόναρχος/홀로 지배하는 자 혹은 군주'와 '모나르키아μοναρχία/군주 일인의 지배'와 같이 양적으로 규정된 개념들은 참주정이 실재했음을 증명한다. 한편, 이미 호메로스에게서는 "한 명의 주군"에 반대되는 나쁜 지배 형태로서 "다수자의 지배"(다수의 귀족들)가 있었다는 것이 발견된다.⁶ 그러나 '모나르키아μοναρχία/군주 일인의 지배' 및 '티란니스τυραννίς/참주의 지배'가 지배(정확히 말해 지배의 위치⁷)의 특정 형태를 지칭하고 이러한 지칭어가 한 폴리스의 전체 상태를 규정했다고 하더라도, 이러한 상태가 당시에 이미 '참주정Tyrannis'으로 파악되고, 또 그렇게 이름 붙였을 것이라고는 말할 수 없다. 나아가 이러한 상태가 당시 지배의 기준에 따라 서로 다른 두 가지

* [옮긴이] 기본적으로 Tyrannis(Tyrannei)를 "참주정"으로 번역했으나, 맥락에 따라 "전제정"으로도 번역했다. 한편, "독재" 항목에서는 이 단어를 "폭정", "전제정"으로 번역했다.

종류의 국가 질서로 구별되었다고도 할 수 없다. 헌법들이 본질적으로 (예를 들어 한 명의, 소수의, 다수의, 모두의) 지배로서 이해될 수 있다고 깨닫게 된 것은 아마도 기원전 5세기에 들어와서야 가능한 일이었다. '민주주의' 개념이 출현하고 헌법을 전반적으로 유형화하는 것이 가능했던 것은 바로 이러한 깨달음이 있었기 때문이었다. 따라서 여기서는 먼저 이러한 깨달음의 전사前史 및 전제 조건들이 상론되어야 할 것이다.

고대 그리스 초기에는 한 공동체의 질서를 명명하기 위한 결정적인 기준으로서 작용했던 것이 법(노모스νόμος)이었다. 기원전 6세기에는 이러한 노모스적 질서를 긍정적으로 지칭하는 유일한 명칭이 발견되는데, 그것이 '에우노미아εὐνομία'(매우 일반적인 의미의 건강한 질서Wohlordnung 같은 것)이다.[8] 이 단어는 당시 그리스 전체에서 종교에 근거를 둔 오래된 노모스(즉 풍속, 법, 관습)에 기초한 '헌법'이라는, 의무적으로 지켜야 한다고 여겨진, 이상을 대변하였다. 이때 노모스가 좋은 법인가, 혹은 실효성이 있는 것인가 하는 문제는 (그 시대의 문제에 비춰볼 때) 그다지 중요하지 않았다. 당시 공동체는 어떤 방식으로든 가부장적이었는데, 이러한 공동체의 모델은 어느 정도는 이미 주어진 것이었다. 정부는 언제나 거의 귀족의 손에 장악되어 있었다. 제도적이고 사회적인 구별은 있었으나, 눈에 띌 정도로 심하지는 않아서 이로 인해 다양한 종류의 국가 질서를 구별할 수 있을 정도는 아니었다. 따라서 에우노미아εὐνομία의 반대말로 알려져 있던 것은 단지 이 단어의 부정형 명사인 '뒤스노미

ἀδυσνομία' 혹은 '뒤노미아δνομία', 즉 "위법적이고, 무질서한 상태"였다. 공동체의 상태 및 헌법을 판단하고 특징짓기 위한 중심적인 질문은 그 공동체에서 법이 얼마나 제대로 작동하는가 하는 것이었다. 그리고 법으로 여겨진 것은 대개는 같은 것이었기에 가능한 답은 — 위에서 언급한 바와 같이 — 단지 두 가지뿐이었다.

또한, 여기에 내포되었던 것은 어떻게 지배권을 나눌 것인가의 문제였다. 나머지는 부차적이었다. 참주정이란 권위 있는 귀족층에게는 대체로 지배(와 예속)으로, 따라서 (그들에게 결코 특정한 지배 형태로는 인식될 수 없었던) 정상적인 법질서로부터 일탈한 것으로 비쳤다. 귀족들은 참주정을 — 귀족층이 세웠지만 제대로 작동하지 않았던 질서도 여기에 포함되었을 것인데 — 뒤스노미아 범주 아래에 집어넣었다. 반면 다른 사람들은 이것을 에우노미아로 이해했을 수 있다. 그러나 과연 이러한 이해가 가능했다 하더라도 이것이 참주(폭군)를 지지했던 자들의 범위를 넘어설 수 있었겠는가 하는 의문은 든다.

에우노미아가 자신을 잴 수 있는 척도이자 이상으로서 오래된 좋은 법을 전제로 했다면, 그러는 한 이 단어는 사람들 사이에서 노모스에 대한 이해가 어느 정도 보편적이었고, 따라서 객관적인 것으로 받아들여졌기 때문에 구속력이 있었다. 그러나 개별 집단 사이에서 이미 노모스에 대한 다양한 이해가 분명하게 나타나기 시작했다. 이후로 각 신분과 공동체 사이에서 노모스에 대한 이해의 차이가 커짐에 따라 이러한 척도는 해체되기 시작하였다. 이러한 변화

가운데 괄목할 만한 것이 최초로 기원전 500년경에 등장하였다. 당시 오래된 이상이 대체로 새로운 이상, 즉 '이소노미아isovoµía'(대략 '국민의 동등한 권리'를 의미)에 의해 교체되었다. 귀족이 아닌 인민의 일부분, 무엇보다 농민층이 먼저, 이어서 최하층민이 빈번하게 정치적 권리의 평등을 요구했다. 물론 이들은 직접적으로 관직 등용을 요구한 것은 아니고, 중요한 기능이 부여되고 또 부여될 수 있는 민회, 여러 곳에서 이제 막 조직되고 있는 인민 법정, 대개는 위원회 진입을 요구했다. 이소노미아는 명백히 에우노미아를 논급論及하기는 했지만, 후자와 직접적인 대립 관계에 있지는 않았다. 전자는 이 오래된 이상을 수정하려는 것이었다. 시민 가운데 다수 계층은 정치적으로 독립했고, 오래된 좋은 법을 위한다는⁹ 명분으로 공동체의 관리를 맡았다. 권리는 단순히 평등을 위해서만 아니라, 바로 (많은 귀족시민들을 포함한) 시민 다수에 의해 지켜질 때 가장 잘 지켜질 수 있는 법을 위해서라도 동등한 것이어야 했다. 여하튼 이소노미아는 정치적 권리가 어떻게 분배되고 또 분배되어야 하는가 하는 질문에 답을 주었고, 이로써 데모크라티아δηµοκρατία와 거의 교환 가능한 단어가 되었다.[10]

  그렇다면 이러한 새로운 질서가 어떻게 '인민-지배'를 뜻하게 되었는가, 무엇보다 어떻게 일차적으로 인민의 지배로서 규정되게 되었는가를 간략하게 알아보자. 새로운 질서의 옹호자들은 한동안 이 질서의 본질적인 특징이 법을 더 공고하게 수호하는 데 있다고 믿었을 것이다. 그들은 이 질서가 제도적으로 민회(데모스δῆµος)의 지위에 의해 보장받는다고 보았다. 아테네에서는 민회가 여러 특별 규정의 보호 아래에서 존립했다. 그리하여 새로운 질서의 조건들이 더욱더 포괄적으로 이해될수록, 시간이 흐르면서 이러한 포괄적인 이해는 데모스라는 단어로 전이되었는데, 이러한 과정은 마침내 이 단어가 '인민의 지배'라는 의미를 취하게 될 때까지 진행되었다.[11] 그런데 일찍이 여기서 데모스가 지배했다는 것이 의식적이고도 자랑스럽게 강조되었는데[12], 이를 에우리피데스Euripides는 다음과 같이 표현했다. "도시는 자유롭고, 인민은 통치한다."[13] 이러한 진술들이 — 역사 서술도 이와 마찬가지인데 — 이소노미아 및 데모크라티아가 참주정과 대립한다는 것을 강조하면서, 마치 양자 이외에 제3의 형태는 존재하지 않는 것처럼 보이게 했다. 사람들이 양자 간의 대립을 강조했다는 것은 참주정이 아닌 질서들을 모두 "이소노미아적인 것"이나 "민주주의적"인 것으로 간주했다는 것이 아니라, 아테네 및 다른 지역에서 특히 참주정을 이런 질서들의 반대 모습으로 여겼다는 것이다. (이에 반해 여러 형태의 소수 귀족의 지배는 무시되곤 했다.) 인민의 지배라는 관점에서 볼 때 어느 경우에 있어서나 본질적인 대립쌍은 이소노미아적인 것이냐 이소노미아적이지 않은 것이냐였다.[14] 이소노미아 속에서는 시민층 전체 혹은 상당 부분이 최상위 정치적 심급을 형성했다. 이곳에서 도시*는 한마디로 "아우토크라토르 헤아우테스αὐτοκράτωρ ἑαυτῆς"(즉 "그

* [옮긴이] 폴리스.

들 스스로가 자신들의 주인")이었다.[15] 이전에는 또한 다른 곳에서는 거의 모든 것이 통치하는 자의 성격에 의해 좌지우지되었던 반면 ― 세계사 최초로 ― 사람들이 이러한 질서 속에서 권리를 보장하는 제도적인 담보물들을 갖고 있다고 확신하게 되었다는 점이 이제 특별한 역할을 했다.[16] 이때 (특히 독재적인 세력과 그들의 정부를 거부했다는 점을 제외한다면) 귀족들 및 귀족들이 내세운 견해와의 대립은 없었던 것처럼 보인다.

따라서 사람들은 법적으로 유일한 가능성으로 자리 잡은 '이소노미아=데모크라티아'라는 보편적인 의식 속에서 ― 마치 에우노미아(질서)가 이상理想으로 통용되었던 시대에 그러했던 것처럼 ― 본질적으로 두 종류의 국가 질서만을 구별하였다. 데모스가 다스린다는 것이 유일하게 적법한 지배 형태로 보였다. 이러한 질서가 "보편성을 염두에 두고 행해지는 모든 결정을 가능케 한다. ……왜냐하면, 전체 속에 모든 것이 들어있기 때문"이라는 것이었다.[17] 시민의 평등이 자의적인 것에 반대되는 법이었던 것처럼, 데모스의 지배는 참주들과 소수에 의한 과두정의 폭력적 지배에 맞서는 자유를 의미했다. 이러한 점에서 이소노미아와 데모크라티아는 거의 같은 뜻을 지닌 단어였다. 비록 이소노미아가 본질적으로는 특정한 헌법이 아니라 헌법을 측정할 수 있는 척도를 지칭하기는 했지만 말이다.[18] 그런데 민주주의 또한 이러한 척도를 실현하는 것이었다는 점에서는 마찬가지였다.

반면, 전통적인 귀족정 형태를 지지하는 사람들은 이와 다른 견해를 갖고 있었다. 이제 사람들은 민주주의와 군주정의 중간에 귀족적인 형태가 있다는 것을 깨닫게 되었다. 곧바로 세 가지 헌법으로 삼분화가 추진되었다.[19] 따라서 이러한 삼분법이 가장 먼저 핀다로스Pindaros*에게서 발견된다는 것은 우연이 아닐 것이다. 마찬가지로 기원전 5세기 중엽에 출현한 헌법 이론 또한 이러한 삼분법을 의식하고 있었음에 틀림없다.[20] 귀족층은 자신이 지배하는 것을 적법한 것으로, 반면 인민의 지배를 (귀족층 자신이 이해한 데모스 개념에 따라) '폭민暴民의 정권'이라는 의미로 이해했다. '데모크라티아'라는 표현으로 귀족층은 자신을 확인했으며, 이 표현은 귀족층이 이소노미아의 실체를 폭로하는 데 도움을 줄 수 있었다. (거꾸로 귀족의 적대자들이 에우노미아가 '올리가르키아ὀλιγαρχία/과두지배'에 지나지 않는다고 폭로한 것처럼 말이다.) 그러나 어디에서 데모크라티아 개념이 형성되었는지는 아직은 알 수 없다.

이어 데모크라티아 개념은 기원전 5세기 중엽에 그 의미가 극단화되고, 사람들은 본질적으로 새롭고도 더 깊게 이를 이해하게 된다. 당시 아테네에서는 특별히 민주주의적인 새로운 형태의 정치가 출현하였는데, 이러한 새로운 형태의 정치는 부분적으로는 과두정치적인 스파르타와의 대립을 통해서, 전반적으로는 그리스 전체가 공유하는 오래된 규범들을 깨부수면서 그 모습이 드러났다. 이러한 정치는 공동체와 여러 공동체의 업무에 최하층민이 일관되

* [옮긴이] 기원전 5세기에 활동한 그리스의 서정 시인.

게 참여함으로써 가능해졌다. 이러한 정치가 지속한 결과 아테네와 아테네의 영향 아래에 있던 수많은 "폴레이스πόλεις/도시들"에서 상호 대립하는 양대 진영이 비교적 명확하게 형성되기 시작했다.[21] (특히 농촌의) 중간층은 자신의 목소리를 거의 효과적으로 관철할 수 없었다. 광범위한 인민 다수의 내부에서는 단순 소박한 시민의 지적인 특성 때문에, 또한 국가 조직 때문에, 이에 따라 정치적 주제를 다룰 때 확고한 견해들이 형성될 수 없었기 때문에 실제로 의견과 입장에 있어서 그 어떤 차이도 만들어낼 수 없었다. 한마디로, "인민"은 마치 하나의 블록처럼 전체적인 존재로 보이게 반응하곤 했다.[22] 마찬가지 방식으로 인민 다수는 특정한 정치와 자신을 동일시했다. 그런데 이는 동시에 귀족들이 자신들의 규범·관점·관계에 걸맞은 정치를 관철하고자 한다면, 한결같이 또한 필연적으로 대다수 도시의 민주주의 체제들에 복종해야 한다는 것을 의미하기도 했다. 민주주의적인 헌법 형태와 특정 정치의 추종은 대개는 하나로 엮여있었다. 정치 노선의 변화는 — 대내 정치와 대외 정치의 밀접한 연관성이 있는 경우 — 여러 가지 점에서 헌법의 변화를 전제로 하였다.(혹은 헌법 변화 그 자체였다.)[23] 각 신분 간의 적대감이 종종 눈에 띄게 강해서(반면 국가 대 국가 차원의 맥락에서는 너무 약해서), 전쟁 중에는 사람들이 자기 도시 출신의 적대자들보다는 다른 도시 출신이라도 같은 생각을 지닌 사람들이라면 더 친밀감을 느낄 정도였다.

이러한 변화의 결과들이 최초로 기원전 430년에 서술된 (크세노폰이라는 가명/Ps. Xenophon을 썼던) 어느 아티카 귀족의 팸플릿에서 발견된다. 이에 의하면 아테네가 위치한 아티카의 민주주의는 하층 인민의 지배였다. 이러한 민주주의는 가련하고, 무식하고, 자제력을 잃어버린 것이었으며, 하층민들의 정치는 열등하지만, 그들 자신의 이익에 걸맞은 것이었다.[24] 그들은 덕과 상식, 자신들에게 적대적인 신념을 통해 규정된 "선하고 유용한 것들"보다 "인기인들", 즉 "데모티코이δημοτικοί"[25] 와 이들의 무식함, 비열함, 호의적 태도에서 나온 조언들을 더 즐겨 따르곤 했다.[26]

요컨대 크세노폰이라는 가명을 썼던 자는 귀족과 인민 사이의 원칙적이고도 깊은 분열을 보았던 것이다. 양 집단의 여러 이해관계와 견해, 그리고 정치 전체는 상호 대립적이었고, 합의를 볼 수 없는 것이었다. 이에 상응하여 민주주의는 어떤 형태로든 본질적인 향상을 보지 못했고, 단지 현 상태를 유지하거나 아니면 몰락의 길을 걸을 뿐이었다.[27] 이처럼 비교적 상당히 거리를 둔 관찰을 통해 이 팸플릿은 위에서 언급한 정치적 내용을 아티카 지방 민주주의의 중요한 특징으로 파악했다. 아테네에 대한 이러한 논쟁적 진술은 아리스토텔레스의 국가 이론에서 일반화된 표현으로 발전하였다. 아리스토텔레스는 정확히 다음과 같이 말했다. "민주주의에서 다수가 (그리고 과두정에서는 소수가) 최고의 권력을 장악하고 있다는 것은 본질적인 것이 아니라 우연한 현상에 불과하다. 지배권을 소유하고 있는 자들 간의 실제적 차이란 바로 가난한 자와 부자의 차이에 있다."[28] 다른 곳에서 그는 생각이 다른 결론을 내린다. "자유로운 자들과 가난한 자들이 다수가 되어 최고의 국가 권력을 차지한다면" 이를 민주주의라 할 수 있다는 것이다.[29] 아리스토텔레스 당시에는 정치 문제가 많은 경우에 이미 경제 문제로 전이되어 있었고, 이러한 상황에서 포괄적으로 일어난 대외 정치적인 대립의 결과 중 일부는 각 신분 간 대립 및 이제 더욱 빈번해진 계급 간 대립의 지속이라는 의미로 작용하였다.

그런데 사람들이 귀족과 광범위한 대중 간의 원칙적이고 나름대로 근거를 지닌 이해관계의 대립을 인식하게 되자, 포괄적이고 정치적으로 규정된 헌법 개념이 등장했다. 인민이 단지 무식하고 자제력 없는 존재로 인식되었을 때는[30] 전적으로 인민을 특정 방향으로 조종할 가능성만 문제가 되었다. 그러나 이제는 단순히 제도나 시민권의 전제 조건들, 또한 정치만이 아니라 사고와 생활, 시민의 도덕과 법률의 종류는 다양한 질서 속에서 다양하게 나타난다는 발견이 이뤄졌다(혹은 이러한 견해가 등장하였다).[31] 그리하여 지배의 분할이 전체 공동체의 질서를 결정한다는 것이 첨예한 문제가 되었다. 이후 누가 능동적 시민인가 하는 질문이 새로운 의미를 얻게 되었다. 이 질문은 여러 가지 측면에서 어떤 의미에서 다스림을 당하고 삶을 영위하게 되는가 하는 문제를 결정했다. 시민권(폴리테이아 πολιτεία)의 등급과 확대 문제가 정치 질서들을 결정적으로 규정한다고 여겨졌다.

이처럼 헌법이 더는 제도 및 개인이, 소수자가, 혹은 데모스가 지배하는가에 근거해서 이해되는 것이 아니라, 한 정치 질서의 정체성을 확인하는 관점에서 이해되기에 이르렀다. 민주주의는 시민(폴리테이아)과 — 가령 권력자의 나라, 즉 뒤나스테이아δυναστεία와 반대되는 — 시민의 나라Politenstaat로 간주되었다. 폴리테이아 개념은 규범적 내용을 가졌었고, 또 갖고 있었다. 이에 더해 이제 이 개념은 곧 정치 질서 일반을 명명하기 위해 헌법적 개념으로 공식화되었다.[32] 이처럼 정치 질서 일반의 명칭으로서 폴리테이아 개념이, 도시의 안녕(=시민) 개념으로서의 폴리테이아와 지배 계층(=능동 시민) 개념으로서의 폴리테이아를 사람들이 더 강하게 구별할 줄 알게 되었을 때 등장했다는 사실은 단지 아이러니만은 아니다.[33]

이처럼 시민(권)들(=여러 헌법)을 본질상 정치적으로 규정하려는 일이 벌어졌다. 다시 말해 새로운 종류의 정치적 대립들이 등장했다. 이를 통해 거의 동시에 정치 질서들에 대한 새로운 구별이 등장했다. 이제까지 민주주의로 여겨져왔던 다양한 질서들이 이후로는 과두정치로 간주되거나, 혹은 내용상 보수적이었던 여러 중갑보병-민주주의들Hoplitendemokratien과 같이 혼합형 질서로 여겨졌다.[34] 평등의 문제 또한 새롭게 제기되었다. 비로소 가난한 자가 상류층 인사와 동등하기를 원할 때만, 상류층 인사는 종종 소수자로서 실제적인 불이익을 받게 되었다.[35] 민주주의에서는 보편적인 것이 한 명 혹은 소수에게 대적하는 것이 아니라 한 집단의 시민이 다른 집단의 시민에게 대적한다는 것이 명확하게 되면서, 헌법을 세 가지로 나누는 것이 완전히 힘을 얻게 되었다. 인민의 지배가 이해 관계에 조건 지워진 것으로 이해될수록, 이에 대한 법적인 대안 찾기를 부정하는 일이 점점 힘들게 되었다.

이와 동시에 헌법을 세 가지로 나누는 것이 충분하지 않다는 것도 거의 비슷하게 명확해져갔다. 실제적으로 동등한 공동의[36] 헌법이라는 새로운 구상을 설계하는 일이 시도되었는데, 이는 아마도 옛날의 이소노미아 이상과 연계하여 추진되었을 것이다. 이러한 새로운 구상은 가부장적인 "파트리오스 폴리테이아πάτριος πολιτεία/아버지 국가" 헌법[37]의 재건으로 이해된 일종의 혼합 헌법이었다. 다른 한편으로 이러한 헌법 유형은 당연하게도 각각의 정치적·사회적·도덕적 특수성에 따라 다양하게 나타날 수 있다는 점도 인지되었다.[38] 투키디데스는 심지어 헌법적 실제라는 근대적 개념의 의미에서 이러한 차이들을 발견하기도 했다.[39] 이런 방식으로 그러한 차이들이 마침내 플라톤과 아리스토텔레스가 행한 세 가지 기본 헌법의 좋고 나쁜 형태들의 구별을 통해 체계적으로 이뤄지게 되었다.[40] 기원전 400년 이후로 헌법 이론의 역사는 특히 헌법들을 규정하기 위한 새로운 범주들을 만들어내려는 시도라고 해도 과언이 아니며, 이에 근거해 새로운 문제, 즉 완전한 법적 권리를 지닌 자, 즉 지배하는 자의 종류가 어느 정도로 중요한가, 나아가 특히 정부의 적법성이란 것이 어느 정도로 결정적인가 하는 문제가 발견되기에 이르렀다. 이러한 관점을 유의미하게 만든 최초의 인물이 소크라테스였다.[41]

기원전 5세기에는 민주주의의 옹호자나 적대자 모두 대체로 민주주의의 일반적 특징에 대해 의견의 일치를 보고 있었다. 이에 의하면 가난한 자와 부자 사이에는 평등이 존재한다. 즉 시민적 혈통을 지닌 모든 (혹은 수많은) 남성들은 정치적으로 완전한 권리를 누리는 국가 시민Staatsbürger이다.[42] 이것이 근원적이고 가장 중요한 규정이다. 한 사람 혹은 소수의 지배를 통한 자유가 존재한다. 이러한 자유는 한편으로는 추첨을 통해, 다른 한편으로는 1년 단위로 시행되는 통치자 교체를 통해 확정되는[43] 인민의 지배를 통해 실현된다.[44] 최소한 모든 중요한 결정은 민회에서 나온다.[45] 여기서는 다수가 결정한다. 그리고 무엇보다 "이세고리Isegorie"[46](각 시민의 발언할 수 있고 발의할 수 있는 권리, 이는 각 시민의 평등과 자유가 의미 있게 표명된 것으로서, 이 역시 중요한 권리였는데, 이를 통해 모든 것이 인민 앞에서 자유롭게 논의될 수 있었음)가 통용된다. 공직자들은 보고의 의무를 지닌다.[47] 누구나 성문화된 권리를 갖는다는 것이다. 특별히 이 마지막 규정은 민주주의 지지자들이 강력하게 주장했다. 한 나라의 민주주의란 원래 법률 국가이자 국헌國憲 그 자체라는 것이 이러한 주장을 정당화하였다.[48] 그리하여 투키디데스는 페리클레스에게 바치는 조사弔辭 가운데 시민은 스스로가 원하는 바대로 살 수 있다는 것, 즉 고착된 규범이나 국가적 관점에서 양육되거나, 스파르타나 다른 과두정 국가들에서처럼 그들의 처신이 감시당하지 않는다는 것을 뚜렷이 보여주었다.[49]

민주주의의 옹호자들과 적대자들 간에는 "데모크라티아"에 나타난 "데모스"에 대한 다양한 이해가 있었다. 정확히 말해, 이러한 헌법에는 각 신분과 개인들의 중요도에 대한 이해가 다양했다. 어떤 이는 "데모스"를 하층 계급의 인민으로 간주했는데, 이들을 무식하고 절제를 모르며 종종 무책임한 선동 정치가들에게 지배를 받는 자들로 규정했다.[50] 기원전 5세기 말에는 또 다른 견해가 출현했는데, 민주주의에서는 전체 인민이 적절히 효력을 발휘한다는 것이었다. 투키디데스는 시라쿠스의 아테나고라스가 이러한 견해를 대변했다고 한다. 이를 인용하자면 다음과 같다. "시민 전체가 인민이라 불린다. 그러나 과두정치는 단지 그 한 부분일 뿐이다. 그렇다면 부유한 자들은 물질적 재화의 최고의 파수꾼일 수 있다. 그런데가장 좋은 충고를 하는 자들은 가장 현명한 자들이며, 충고를 들었을 때 가장 좋은 결정을 내리는 자들은 대중들이다. 부분적으로나 전체적으로 민주주의 속에서 균형이 존재한다."[51] 이와 다른 견해가 몇몇 시민들에게서 나왔는데, 이들은 권리와 기회의 평등을 매우 강조했다. 이러한 평등을 통해 궁극적으로는 가장 품위 있는 자들이 최고의 영향력을 행사할 수 있다는 것이었다. 이러한 견해는 마치 개별 신분들이 정치적인 영역에서는 사라진 것처럼 주장되었다.[52] (그 개별 구성원들과는 다르게) 광범위한 대중의 판단은 선하다는 것이 여러 차례 강조되었다. 단순히 이상과 선전이 아니라 실제 민주주의에서 드러난 몇몇 현상에 근거했던 이러한 표상들은 우리가 아티카 지방의 연설가들에게서 파악할 수 있듯이 자신들의 헌법에 대한 민주주의자들의 일상적인 이해에 오랫동안 영향을 끼쳤다. 특별히 언급할 수 있는 것은 민주주의가 폴리스를 대외적으로 강하게 만든다는 널리 퍼져있던 견해이다.[53]

이러한 이론은 우리도 인지할 만큼 매우 역동적이어서 특히 그 적대자들의 궤도에까지 영향을 줄 정도였다. 그러나 또다시 무엇보다 어떤 종류의 사람들이 통치하는가 하는 것이 문제시되자마자, 민주주의가 좋은 헌법에 속하는 것으로 간주되기란 거의 어려워졌다. 물론 이러한 상황은 늦어도 아리스토텔레스에 의해 바뀌게 되었다. 그러나 민주주의의 매우 다양한 특징적 모습들을 인식하고 이러한 현상들을 탐구했던 아리스토텔레스 자신도 아테네의 급진적인 민주주의를 이 민주주의라는 헌법을 보편적으로 규정하기 위한 모델로 여겼다. 나아가 그는 아테네 민주주의의 모습을 편향적으로 묘사하기까지 했다.[54]

플라톤에게 민주주의란 무엇보다 자유에 의해 규정된 것이었다. 그는 "그렇지 아니한가? 무엇보다 그들은 자유인들이며, 국가는 공식적으로 언론의 제한 없는 자유로 차고 넘치고, 모든 이가 국가 안에서 자신이 원하는 바를 할 수 있는 완전한 가능성이 우선된다는 것"이라고 말했다.[55] 플라톤은 그 어떤 것도 이 헌법 안에서는 통일적으로 형성되어 있지 않고, 모든 미풍양속과 모든 헌법이 이 안에서 대변된다고 했다. 민주주의는 "국가 헌법들의 고물상"이다.[56] 사람들은 "다양한 종류"로 이뤄져 있다. 요컨대 민주주의는 전체적으로 "호감이 가는 헌법이며, 지배가 부재하는, ……평등한 자들과 불평등한 자들에게 평등이 공평하게 배분되어 있는 그러한 것"이다.[57] 그런데 평등이란 모든 것과 모든 이에 대한 관용의 표현일 뿐만 아니라, 동시에 자유에 대한 격렬한 요구의 결과이기도 하다.

"통치를 받는 자처럼 처신하는 통치자들과 통치자처럼 처신하는 피통치자들은 칭송받고 명예가 드높여질 것이다."[58] 이처럼 플라톤은 아리스토텔레스가 통치자와 피치자의 교체라고 규정한 바로 그 지점에서 이들 간의 상호 동화 또한 이들의 역할이라고 단호히 말했다. 그는 이어서 아들과 아버지, 여자와 남자, 시민과 피보호 이방인, 주인과 노예, 심지어는 짐승과 인간이 동등하게 취급받아야 한다는 것을 언급했다.[59] 그의 본질적 관심은 민주주의적인 인간이었다. 왜냐하면, 그는 특정한 인간 유형에 따라 거기에 상응하는 각각의 헌법이 존재한다고 주장했기 때문이다. 혹은 그는 이 주장을 다음과 같이 표현했다. "아니면 너는 자신의 유래를 아는 자들을 자신의 근본으로 인도하는 것이 헌법이라고 생각하지? 그리고 이러한 근본이란 나머지 모든 이들을 자신 편으로 끌어당기면서 이편이나 저편에 서있는 자들에게 결정적인 영향을 끼치는, 한 나라를 지배하고 있는 도덕관으로 이뤄진 것이 아니라, 떡갈나무와 바위로 이뤄져 있다고 생각하고 있지?"[60]

플라톤에게 민주주의적 인간 유형이란 신분에 따라 결정되거나, 아니면 확신이나 신념 혹은 이해관계에 의해 규정되는 것이 아니라, 그 자신의 타고난 기질에 의한 것이다. 그리고 기질은 단순히 헌법의 기능의 문제가 아니라, 어떻게든 헌법과 동시에, 또한 — 사람들이 어떤 이상적인 헌법을 창조함으로써 현존하는 헌법들의 연쇄로부터 벗어날 수 없는 한 — 필연적으로 각각의 헌법을 곧 소멸시키곤 하는 지속적인 헌법 계승의 틀 속에서 역사적인 법칙성에 따라 형성되는 것이다.[61] 민주주의적인 인간은 자신에게 걸맞은 것을 끊임없이 실행한다. 그는 좋은 욕망과 나쁜 욕망을 동등하게 평가하며, 도시가 여러 관직을 추첨을 통해 분배하는 것과 같이 특별한 목적 의식 없이 그러한 욕망을 다스린다.[62]

플라톤은 자신의 《폴리티코스*Politikos*》에서 ― 최초로 ― 좋은 민주주의와 나쁜 민주주의를 구별했다(왕정과 참주정, 이와 더불어 귀족정과 과두정의 구별은 이미 이전에 이뤄졌다).[63] 또한 사람들은 "가부장적인"(혼합) 헌법을 당연히 좋은 민주주의로 간주할 수도 있었다.[64] 물론 플라톤은 양자 간의 차이란 아주 크지는 않다고 하였다. 왜냐하면 "다수 대중의 지배란 다른 유형의 그것과 비교해볼 때 매우 허약하며 좋은 의미에서나 나쁜 의미에서나 많은 것을 이룰 수 없기 때문이다. 이는 정확히 말해, 관직들이 이들 대중 속에서 수많은 작은 관직들로 분배되기 때문에 그러하다."[65] 이 말을 보면 어째서 그가 이러한 두 종류의 민주주의에 특별한 이름을 붙이지 않았는가에 대한 이유를 알 수 있다. 법에 따라 지배가 이뤄지는가 아닌가가 이 둘을 구별하는 기준이 되었다.[66] 그러나 ― 군주정치, 금권정치, 과두정치 등과 마찬가지로 ― 민주주의에서도 지배자와 피지배자가 주인과 노예처럼 처신하기 때문에, 마치 이러한 것들과 마찬가지로 거의 헌법(폴리테이아πολιτεία)의 이름을 갖다붙일 수 없다. 민주주의는 그것이 "당파에 의한 지배"("스타시오테이아στασιωτεία")가 아니라면, 단지 하나의 "국가행정 유형"("폴레오스 오이케시스πόλεως οἴκησις")에 불과하다.[67] 민주주의는 과두정에서 출현하고 참주정을

배태한다.[68]

이어 기원전 4세기 중엽이 되면 민주주의의 좋은 형태를 지칭하기 위해 "폴리테이아"라는 명칭이 사용되었다. 이때 "폴리테이아"는 본래적 의미에서 헌법 혹은 입헌국가로 이해되었다. 비록 아리스토텔레스는 "티모크라티아τιμοκρατία/금권정치", 즉 — 상대적으로 폭넓은 범주의 — 재산 소유자들의 지배가 좋은 형태의 민주주의를 위한 명칭으로 더 적절하다고 해명한 바가 있긴 했지만,[69] 그 또한 철저하게 "폴리테이아"를 사용했다. 요컨대, 사람들은 민주주의가 단지 "시민"* — 혹은 "시민국가Politenstaat" — 만을 의미하는 것이 아니라, 합법적 질서라는 의미에서의 "헌법", 입헌국가를 의미하는 당시 상황 속에서 "폴리테이아"가 되고자 하는 민주주의의 요구[70]를 이론적으로 인정하고 있었다. 그러나 동시에 사람들은 이러한 요구를 실제로는 일종의 혼합 헌법이었던 민주주의의 좋은 변형태에만 한정시켰다. 이로써 "폴리테이아"는 확실히 "이소노미아"를 대체했다. 이 명칭 안에서, 또한 — 종종 "파트리오이 폴리테이아πάτριοι πολιτεία/애국적 폴리테이아"라고 부르는 — 혼합 헌법들 속에서, 지배에 대한 사람들의 인식이 날카로워진 이후로 그동안 망명객 신세가 되었던, 실제적으로 평등과 법을 보장하는 질서라는 개념이 부활하였다.

아리스토텔레스는 "폴리테이아"를 정상적인 상황에서 가능한 가

---

* [옮긴이] 당시 시민은 성인 남성만으로 구성되었다.

장 좋은 헌법으로 간주하였다.[71] 그는 이것을 과두정과 민주주의의 혼합체로 규정하였다. 정확히 말하자면, 이러한 혼합체 가운데 민주주의 쪽으로 기울어진 형태로 규정하였다. (이와는 다른 형태가 귀족정이었을 것이다.) 그는 사람들이 이러한 혼합체를 민주주의라고, 혹은 과두정이라고, 나아가 이 둘이 아닌 체제라고 생각할 수 있을 정도로 좋은 것임이 틀림없다고 말한다.[72] 이러한 혼합체는 무엇보다 다음과 같은 본질을 갖고 있다. 완전한 시민권을 갖기 위해서는 한편으로 재산에 대한 평가가 전제되어야 한다. 그러나 이는 — 마치 과두정치에서 그러하듯이 — 그렇게 높은 수준을 요구하는 것이 아니다. 따라서 자유시민의 가계에 속하는 자 중 상대적인 다수가 아니라 가능한 한 최대 다수가 이러한 재산 평가 기준에 도달한다.[73] 이에 덧붙여 과두정 및 민주주의들에서 흔히 있는 규정들, 즉 가난하거나 부유한 시민들의 참여를 보장하거나 저지하는 규정들과 조합을 이룰 수 있다.[74] 요컨대, 혼합된 것은 특히 시민 구성과 관련된 제도들과 더불어 시민을 구성하는 원리들이었다. 이에 반해 다양한 신분들 간의 제도화된 상호 감시라든가 각 신분에 근거한 여러 기관의 협력은 거의 아무런 역할을 못 하는 것이었다. 당시의 현실에 걸맞게 아리스토텔레스는 여러 위원회나 관직을 통해 이뤄지는 전체 시민의 지배만을 직접적으로 알고 있었다. 그에게 결정적이었던 것은 단지 누가 시민을 구성하는가 하는 문제였다.

아리스토텔레스에 의하면 "폴리테이아"의 원리는 자유와 재산이다.[75] "폴리테이아"에서 지배 집단은 중간층(대략 중갑보병)이다.[76]

이들이 최상의 시민이다. 이들이야말로 가장 먼저 이성을 따를 수 있으며, 부자와 가난한 자들 간의 갈등을 조정할 수 있고 — 다른 집단은 단지 지배하거나 (부분적으로) 섬기고자 하지만, 이와는 달리 — 전체와 공동체를 보살필 수 있다.[77] "폴리스는 가능한 한 가장 동등하고 비슷한 자들로 이뤄지기를 원한다. 이는 대개 중간층이 그 사례가 된다. 따라서 이미 말했듯이 자연적으로 어떤 폴리스의 구성 인자가 될 수 있는 자들로 이뤄진 폴리스가 필연적으로 가장 좋게 다스려진다."[78] 이들의 국가는 "공동체적이고 진정으로 평등"하다.[79] 다시 말해, 가치에 따라 평등이 분배되어 있다. 그리고 공동체적인 것이 동시에 폴리스다운 것, 즉 "정치적인 것"이므로 — 아리스토텔레스의 사상을 보완하자면 — 이들의 국가는 "폴리테이아"라고 불릴 자격이 있다. 그런데 그가 남긴 텍스트에는 단지 다음과 같이 기록되어 있다. "인민 다수가 공동의 복지를 고려하면서 국가를 운영한다면, 이는 모든 헌법들의 공동의 이름, 즉 "폴리테이아"로 불릴 수 있다.[80]

이상적인 왕정과 귀족정이 본질적으로 개인이나 소수의 교육을 통해 갖춰진 우수한 자질을 바탕으로 삼았다면, 이상적인 민주주의의 형태는 (대략 기원전 5세기 말엽 이후로는) 단지 중간층에 대한 존중을 기초로 삼을 수밖에 없었다. 즉, 경제적 지위에 근거한 어떤 신분 전체는 특별한 에토스를 산출한다는 사실이 "메소테스$\mu\varepsilon\sigma\acute{o}\tau\eta\varsigma$/중간인"의 우수함을 명료하게 보여준다는 명제만을 기초로 삼을 수 있었을 뿐이었다. 물론 중간층이 인구의 다수를 차지한 적이 거의 없었기 때문에, "폴리테이아"는 거의 실제로 존재하지 않았으며,[81] 아리스토텔레스의 헌법 이론 체계 속에서도 충분히 고려되지 않았다. 다만 "폴리테이아"가 거의 부지불식간에 다른 헌법 형태들로 넘어갔다는 지적을 예외로 해야 한다.

아리스토텔레스는 — 이미 언급한 것처럼 — 또 다른 민주주의의 형태, 즉 규범에서 벗어난 민주주의의 형태를 "다수 속에 존재하는 자유롭고 가난한 자들이 최고 권력을 갖게 하는" 헌법으로 정의했다. 이를 통해 그는 이러한 자들이 자신들의 이익을 위해서 지배를 실행할 뿐, 결코 공동체를 위해서가 아니라는 것을 암시하였다.[82] 아리스토텔레스는 또한 자유가 민주주의의 원리라고 보았다. 민주주의가 평등에 의해 규정된다면, 그러한 민주주의는 그 내용을 자유로부터 이끌어낸다는 것이다.[83] 민주주의적 평등이란 바로 (가치가 아닌) 숫자에 비례한 평등이다. "왜냐하면, 민주주의가 다음과 같은 사실을 통해 출현했기 때문이다. 사람들은 특정한 관점에서 볼 때 평등한 자들을 어쨌든 평등하다고 단순히 말한다. 그렇다면 이른바 자유롭게 태어났다는 점에서 동등한 모든 이들은 이미 이러한 점 때문에 명실상부 평등한 자들로 간주된다."[84] 여기서 '자유'란 우선 완전한 시민권 취득을 위한 최소한도의 자격 조건으로서의 출신 성분을 의미했다. 나아가 민주주의는 무엇보다 두 가지로 구성된다고 한다. 시민들이 서로 돌아가며 지배하고 지배받는 것이 그 하나요, 자신이 원하는 대로 살아가는 것이 또 다른 하나라는 것이다.[85] 전자는 동시에 숫자에 비례한 평등으로부터 나온다.

왜냐하면, 이러한 평등이 민주주의의 정의라면, 자유인들은(특히 가난한 자들 또한) 공직에, 그것도 가능한 한 평등하게 참여해야 하기 때문이다.[86] 이와 마찬가지로 자유가 완전한 시민이 되기 위한 유일한 자격 조건이 되면서, 지배와 피지배의 교대 속에서 자유란 지배로부터의 자유로서 존재한다. 따라서 그는 자유를 정부 위에 군림하거나 정부에 반대할 수 있는 권리라고까지는 이해하지 않았다. 다른 곳에서 아리스토텔레스는 모든 이가 모든 이 위에 군림하는 권력을 갖고 있고, (자유인) 다수가 결정한다는 말을 통해 민주주의를 특징지었다.[87] 민회의 권력이 관직들의 지속적인 교체와 추첨에 의해 공직자 및 위원회 의원들을 빈번하게 임명함으로써 제도적으로 가능했다는 사실이 아리스토텔레스에게는 전혀 중요하지 않았다. 그는 위에서 언급한 두 가지 요소를 민주주의적인 제도로서 강조했던 것이다. 그에게 삶을 꾸려가는 데 필요한 자유란 무엇보다 국가가 세운 교육 및 풍속 감독 기관의 후견으로부터의 자유, 즉 국가적 권능의 제한을 의미했다. "자유에 대한 이러한 정의로부터 사람은 스스로를 지배할 수 없다는, 정확히 말해 가장 좋은 것은 그 누구도 지배할 수 없다는 결론이 나온다. 그러나 이는 불가능한 것이고, 그러는 한 단지 교대해가면서 지배한다. 그렇다면 바로 여기에서 이러한 자유의 두 번째 특징이 또다시 그 첫 번째 특징, 즉 평등과 만나게 된다."[88]

아리스토텔레스는 일련의 다양한 특징적 형태들에 따라 민주주의를 내적으로 구별했다. 이때 한편으로는 시민의 구성이, 다른 한편으로는 "퀴리온κύριον/최고의 인물", 즉 최고 권력의 문제가, 그 범주로 사용되었다. 정확히 말해 법률이 지배하느냐, 아니면 (법률에 집착하지 않는) 민회가 지배하느냐 하는 것이 범주가 되었다. (물론 이때 법률은 민주주의적인 법률이다.) 아리스토텔레스에게 이 둘의 범주는 아주 밀접하게 연관되어 있었고, 법적인 것은 사회적인 것의 역할을 수행하는 것에 지나지 않았다.[89] 그러므로 민주주의의 종류를 구분하는 데 있어서 결정적인 것은 어떤 계층이 우위를 차지하며, 완전한 시민권의 허용을 위한 자격이 — 기본적으로 가장 좋은 경우는 낮은 재산 소유 기준에 있는데 — 어떻게 규정되고 있는가이다. 대략 적당한 재산을 가진 농부들 및 다른 계층의 사람들이 우세한 곳, 즉 최상의 민주주의에서는 사람들이 가장 필요한 경우가 아니면 민회를 열 수 있는 시간적 여유를 거의 갖고 있지 못하다. 이런 경우가 늘어날수록 법률이 중요하게 된다. 그리하여 여기서는 최상의 시민들이 다스린다. 왜냐하면, 단지 돈과 시간이 충분한 자들만 공직에 임용될 수 있기 때문이다. 이에 반해 수공업자와 임금 노동자가 우세한 극단적 민주주의에서는 급료가 지급되어, 가난한 자들이 빈번히 열리는 민회와 관직에 참여할 수 있다. 여기서는 인민들의 결정이 지배하며, 대중 선동가들이 결정적인 영향력을 행사한다. 제도적 차이란 기껏해야 사회적·민법적 기능만 할 뿐이다. 마치 민회가 드물게 개최될 수밖에 없는 민주주의에서처럼 위원회가 가장 중요한 민주주의 기관으로 등장한다. 그런데 위원회는 그 구성원들이 급료를 받자마자 곧 거의 힘을 잃게 된다.[90]

이 두 번째 유형의 극단적 민주주의에서는 인민은 실제로는 자의적인 지배를 한다. 이러한 민주주의는 결코 헌법이 아니며 — 민주주의에서는 법이 지배하기 때문에 — 따라서 민주주의도 아니라고 할 수 있다.[91] 그럼에도 불구하고 아리스토텔레스는 극단적 민주주의로부터 민주주의적 자유가 지니는 양대 특징 가운데 하나, 즉 원하는 대로 살 수 있는 자유를 추론했다.[92] 그에 의하면, 통치하는 자가 교대로 통치를 받는 자가 되는 일은 모든 곳에서 일어나지는 않지만, 거의 언제나 일어난다. 만약 이것이 없다면, 그때 가서야 민회를 통한 투표의 실행과 공직자들의 보고서 제출이란 것이 헌법의 민주주의적 성격을 대변한다. 언제나 모든 자유인 혹은 거의 모든 자유인의 권력 참여가 민주주의의 특징이다.

아리스토텔레스가 헌법의 이전 형태들을 이후의 형태들, 특히 민주주의와 구별했을 때, 역사적 변화 없이는, 특히 사회와 군대의 질적 구조의 변화 없이는 다양한 헌법 형태는 불가능하리라는 것을 잘 알고 있었다. 그러나 그는 이를 통해 헌법의 역사가 특정한 방향으로 전개될 것이라고 보지는 않았다. 그는 오히려 각 도시가 도달한 규모로 인해 특히 민주주의적인 헌법이 오래갈 것으로 생각했다. 그는 여러 헌법의 순환을 인식하긴 했지만, 사회적 변화들을 기대하지는 않았다. 그는 헌법들의 순위를 매겼는데, 정체政體Politie 가운데 민주주의가 가장 우위에 있고, 다음이 과두정, 마지막이 참주정Tyrannis이었다.[93] 한편, 군주정과 귀족정은 우수한 것이긴 했지만, 단지 특수한 상황에서만 가능한 것으로 간주했다.

아리스토텔레스 이후로는, 우리가 아는 바에 의하면, 좋은 형태의 민주주의라는 정체는 더 이상 아무런 역할을 하지 못했다. 폴리비오스는 좋은 형태의 민주주의를 '민주주의'라 불렀고, 나쁜 형태의 민주주의에는 "오클로크라티아ὀχλοκρατία/중우정치"("폭민들의 지배")와 "크세이로크라티아χειροκρατία"("주먹의 지배")라는 새로운 이름을 붙였다.[94] 그에 의하면 "전통과 미풍양속을 간직한 공동체 내에서 신들에게 봉사하고, 부모를 경외하며, 노인들에게 존경심을 표하고, 법을 따르는 일이 대를 이어 이어지고, 다수의 의지가 권위를 가질 때" 민주주의가 발생한다는 것이다.[95] 그는 계속해서 "민주주의는 과두정치로부터 출현하며, 평등과 자유가 아직 당연한 것으로 인식되지 않는 동안, 즉 두 세대 동안 존속된다. 이후로는 민주주의가 중우정치Ochlokratie로 변질된다. 왜냐하면, 세 번째 세대는 권력을 향한 자신의 노력을 극단적으로 추구하고, 인민은 뇌물에 익숙해져서, 마침내 인민이 스스로를 폭력적 지배로 이끄는 지도자에 종속된 상태에 빠지기 때문"이라고 말한다.[96] 이처럼 폴리비오스에게도 플라톤에게서처럼 도덕적 범주들과 이것들에 의해 규정된 거의 법칙화된 헌법들의 연쇄가 결정적인 것이었다. 그는 사회 구조를 더 이상 관찰하지 않았다. 아리스토텔레스의 관찰 방식에 내포되었던 커다란 장점들은 그 사이에 다시 사라져버렸다. 단지 혼합 헌법만이 폴리비오스에게까지 이어졌다. 그는 — 혹은 그에게 영향을 준 선구자 중 하나는 — 이 헌법을 상대적으로 고유성을 지닌 다양한 요소들 사이를 조정하는 체계로 새롭게 구상하였다.

지금까지 살펴본 이론적 논의와는 별개로 "데모크라티아"는 늦어도 기원전 2세기가 되면 군주정과 구별되는 "자유로운 헌법"이라는 보편적인 의미를 또다시 얻게 되었다. 이제 "데모크라티아"는 여러 종류의 민주주의 및 (이와 똑같이 수많은 형태의) 과두정치들을 지칭하게 되었으며, 부분적으로 '자유'와 동의어가 되었고 나아가 비정치적인 것이 되기도 하였다.[97] 어떻게 이런 일이 벌어졌는가는 명확하지 않다. 아마도 이 시대에 존재했던 강력한 군주정들과 구별짓는 일이 더 중요한 것이었을 것이고, 따라서 이에 반해 모든 다른 구별들은 그다지 중요하지 않았을 것이다. 또한 최하층 사람들의 정치적 이해관계는 과두정치적인 지배가 스스로를 민주주의적인 형태로 포장하는 것이 가능했을 정도로 상당히 무시되기도 했다. 그리하여 이러한 지배들이 스스로를 민주주의로 자처했다. 기원 후 수세기 동안에 민주주의 개념의 흥미로운 전이가 계속해서 일어났다. 아리스틀데스Aristldes는 로마의 세계 제국을 "황제 치하의 민주주의"라고 불렀다. 카시우스 디오Cassius Dio는 진정한 민주주의란 군주정 아래에 있는 것이라고 했다. 이러한 주장들은 다음과 같이 요약될 수 있다. 그 전승된 형태에 있어서 민주주의는 천민이 자유를 얻고 최상의 사람들을 예속하는 것이므로, 모두의 타락을 의미한다. 그러나 이와는 반대로 신중함이 칭송을 얻고 모든 이에게 존엄을 향한 평등을 주기도 한다. 따라서 이 헌법의 이상적인 목표가 이를 담보할 수 있는 제도로 확립되었다. 헌법 기구들이 중요한 것이 아니라, (결과가 있다고 주장된) 행정적 실행 결과가 중요한 것이었다. 또한, 이러한 결과가 (사회적이고 법적인 안전이라고 이해된) 자유에 있다면, 이는 바로 민주주의와 관계가 있는 것이었다.[98]

라틴어에서는 민주주의라는 단어가 — 후미진 세 군데의 출처를 제외하면 — 나타나지 않는다. 키케로는 《공화국에 관하여*De Re Publica*》에서 "(인민 속에 모든 것이 있는) 인민의 국가civitas polpularis (in quo in populo sunt omnia)"를 언급했다. 그는 좋은 인민국가(혹은 "올바르고 절제있는 인민populus iustus et modertus")를 나쁜 인민국가 (혹은 "군중의 광기와 방탕함furor multitudinis licentiaque")와 구별했다.[99] 이에 대한 그의 견해는 그리스의 이론으로부터 취해진 것이었다.

크리스티안 마이어

크리스티안 마이어 Christian Meier(1929~)
독일을 대표하는 고대사가. 하이델베르크대학교에서 역사, 고전문헌학, 로마법을 공부하고 박사 학위를 받았다. 뮌헨대학교 고대사 교수를 역임하고 현재 동 대학 명예교수로 있다. 1980년에서 1988년까지 독일역사학회 회장을 지냈다.

중세: 민주주의 개념의 전승과 수용

중세에는 '민주주의'가 정치·사회적 관계를 묘사하는 개념에 속하지 않았다. 중세 때의 공문서, 법령, 판례 및 여타의 법률 문서 등에서는 이 개념을 발견할 수 없다. 아리스토텔레스의 철학을 수용하는 과정에서 비로소 이 개념이 법철학적·문학적 관용어로서 중세 지식인들의 어휘 속에 들어오게 되었다.

CHAPTER II

Überlieferung und Rezeption im Mittelalter
II. 중세: 민주주의 개념의 전승과 수용

●●● 　　중세에는 '민주주의'가 정치·사회적 관계를 묘사하는 개념에 속하지 않았다.[100] 중세 때의 공문서, 법령, 판례 및 여타의 법률 문서 등에서는 이 개념을 발견할 수 없다.[101] 아리스토텔레스의 철학을 수용하는 과정에서 비로소 이 개념이 법철학적·문학적 관용어로서 중세 지식인들의 어휘 속에 들어오게 되었다. 아리스토텔레스가 《정치학》에서 헌법의 여러 형태 및 그것들의 퇴행적 변종에 관해 서술한 것이 대부분 중세에 사용된 '민주주의'의 단어적 뜻을 결정지었다.

토마스 아퀴나스Thomas von Aquin는 아리스토텔레스에 깊이 의존해 다음과 같이 서술하였다. "만약 최종적으로 나쁜 정부가 다수에 의해 움직인다면, 이를 민주주의라고 부르는데, 즉 인민의 힘으로, 천한 자들이 다수의 힘으로 부유한 자들을 억압할 때이다. 이것은 전체 인민이 폭군(참주)이 되는 것과 같은 것이다Si vero iniquum regimen exerceatur per multos, democratia nuncupatur, id est potentatus populi, quando scilicet populus plebejorum per potentiam multitudinis opprimit divites. Sic enim et populus totus erit quasi unus tyrannus."[102]

다른 맥락에서 '민주주의'는 — 이는 아리스토텔레스에게서도 마찬가지였는데 — 그 단어적 뜻으로는 폭력적 인민의 타락한 지배라는 뉘앙스를 풍기지 않은 채, 특정한 형태의 헌법 유형을 지칭하던 고대의 용법을 그대로 이어받아 사용되었다. 그 사례를 보자. "모든 대중이 지배받기를 원하는 민주주의 정치 형태의 정의는 어떠한 것과의 관계에 따라 고려되어야 하는데, 단순하게 고려되어서는 안 된다. 예를 들어, 모든 시민은 어떠한 것과의 관계에 따라 평등하다. 예를 들자면 자유와 관련해서도 평등하다. 따라서 그들은 단순하게 평등하다고 간주되어야 한다. 민주주의의 법에 의하여 결정된 것들은 단순히 정의로운 것이 아니라 평등한 것이다Nam in politia democratia, in qua populus totus vult dominari, attenditur justum secundum quid, sed non simpliciter: ut scilicet quia omnes cives sunt aequales secundum quid, scilicet secundum libertatem, ideo habeantur aequales simpliciter, unde ea quae secundum legem democraticam statuuntur non sunt simpliciter, justa, sed aliqualiter."[103]

아퀴나스는 또한 민주주의적인 헌법 요소를 다른 여러 형태의 헌법 요소들과 마찬가지로 "여러 명이 함께하는 정치politia commixta" 속에 깃들인 신적인 질서로 인정하였다. 그의 말을 들어보자. "왜냐하면 최상의 정치는 (한 명이 다스린다는 점에서) 왕국과 (많은 이들이 권위를 가지고 참가한다는 점에서) 귀족정과 (지도자들이 대중에 의하여 선출될 수 있고 지도자를 선출하는 권한이 대중에게 있다는 점에서) 대중의 권력 하에 있는 민주주의가 잘 섞인 것이다. 그리고 이것은 신성한 법에 의하여 성립되었다Talis enim est optima politia, bene commixtra ex regno, in quantum unus praeest; et aristocratia, in quantum multi principantur secundum virtutem; et ex democratia, id est potestate populi, in quantum ex popularibus possunt eligi principes, et ad populum pertinet electio principum. Et hoc fuit institutum secundum legem divinam."[104]

빌헬름 폰 뫼르베케Wilhelm von Moerbeke는 토마스 아퀴나스와 공동 작업을 수행하는 와중에서 아리스토텔레스를 알게 되었고, 훗날 유명한 아리스토텔레스 번역가가 된 사람인데, 바로 이 사람이 최초로 아리스토텔레스의 민주주의 개념을 차용한 인물이다.[105]

프랑스어권에서는 14세기 후반 역시 아리스토텔레스 번역가로 활동했던 니콜 오렘Nicole de Oresme에게서 아리스토텔레스로부터 차용한 민주주의 개념이 발견된다. 그는 다음과 같이 기록하고 있다. "민주주의는 일종의 경찰인데, 이 안에서 인민 대중은 군주로 군림한다Democratie est une espece de policie, en laquelle la multitude de populaire tient le princey."[106] 또한, 그는 동사인 "민주화하다 democratiser"도 사용했는데, 그 뜻은 다음과 같다. "인민에게 현재도 자비롭고 앞으로도 그러하길 원하는 선동가들은 법정이나 강의를 통해 수많은 것들을 민주화한다. 즉, 그들은 공통의 메뉴를 즐기기 위해 너무나 많은 것을 하고, 또 너무나 많은 것들을 주문한다. 그리고 아첨을 통해 그렇게 한다Les demagoges qui sonst maintenant et qui veullent estre gracieulx au peuple democratizent moult de choses par les pretoires ou par les cours, c'est a dire que ilz font et ordonnent trop de choses au plaisir du menu communet par flatterie."107

'민주주의'라는 단어는 그 의미가 평가절하되어 쓰이기도 했는데, 14세기 중엽에 나온 《최고의 어휘들Vocabularius optimus》에서 그러한 표현을 읽을 수 있다. 여기에 실린 〈세속적 위엄에 대하여De dignitatibus secularibus〉라는 글을 보면, 이 글의 필자는 "데모그라시아demogracia"를 "부도덕한 폭력을 행사하는 대중Gebufels"으로, "티모그라시아tymogracia"를 "도덕적 폭력을 행사하는 대중Gebufels"으로 대비시키고 있다.108

헌법 형태를 논의할 때 '민주주의' 개념을 적용하였던 또 다른 저술가로서 마르실리우스 폰 파우다Marsilius von Padua와 엥겔베르트 폰 아드몬트Engelbert von Admont를 꼽을 수 있다. 마르실리우스 폰 파우다는 명백히 아리스토텔레스에게 의존하여 다음과 같이 서술하였다. "군주의 역할이나 군주정의 종류는 두 가지가 있다. 하나는 잘 조절된 것이고 다른 하나는 결점이 있는 것이다. 나는 지배하는 자가 지배받는 자들의 의지에 따라 공공을 위하여 지배를 하는 것을 잘 조절된 것이라 부른다. 결점이 있는 것은 조절을 하지 못하는 것이다. 잘 조절된 것과 결점이 있는 것은 각각 다시 세 개의 종류로 나뉜다. 첫 번째 것, 즉 잘 조절된 것은 왕정, 귀족정, 정체政體

policia로 나뉜다. 두 번째 것, 즉 결점이 있는 것은 반대의 세 가지 종류로 나뉘는데, 독재정, 과두정, 민주주의이다Sunt autem principative partis seu principatuum genera duo, unum quidem bene temperatum, reliquum vero viciatum. Voco autem bene temperatum ······ in quo dominans principatur ad commune conferens secundum voluntatem subditorium; viciatum vero, quod ab hoc deficit. Horum rursum generum utrumque dividitur in tres species: primum quidem, temperatum scilicet, in regalem monarchiam, aristocraciam et policiam; reliquum vero, viciatum scilicet, in tres oppositas species dividitur, tyrampnicam monarchiam, oligarchiam et democraciam."[109] 이어서 그는 민주주의를 다음과 같이 특징지었다. "정체polica는, 비록 어떤 의미에서는 모든 종류의 통치나 지배와 공통점을 가지지만, 또 다른 의미에서는 모든 시민이 각자의 지위와 능력 또는 조건에 따라 번갈아가며 공공의 이익과 시민들의 의지나 합의된 바를 위하여 어떤 방식으로든 통치 또는 협의회에 참여한다는 점에서 조절된 통치제도principatus의 한 종류와 동일하다. 한편, 그것의 반대인 민주주의는 대중이나 빈민의 무리가 통치제도를 세우고 다른 시민들의 의지나 합의된 바를 무시하며, 적절한 비율에 따라 공공의 이익을 추구하지도 않으면서 단독으로 통치하는 통치제도이다Policia vero, licet in una significacione sit commune quiddam ad omne genus vel speciem regiminis seu principatus, in una tamen ipsius significacione importat speciem quandam principatus temperati, in quo civis quilibet participat aliqualiter

principatu vel consiliativo vicissim iuxta gradum et facultatem seu
condicionem ipsius, ad commune eciam conferens et civium voluntatem
sive consensum. Democracia vero illi opposita est principatus, in quo
vulgus seu egenorum multitudo statuit principatum et regit sola, preter
reliquorum civium voluntatem sive consensum, nec simpliciter ad
commune conferens secundum proporcionem convenientum."[110] 또 마르
실리우스는 민주주의를 좁은 의미에서 '정체Politie'의 해로운 변종
으로 간주하였다.[111]

헌법 형태 가운데 하나에 관한 "중세 학설"을 묘사하기란 매우
어렵다. 그 적절한 예를 엥겔베르트 폰 폴커스도르프Engelbert von
Volkersdorf라고도 불렸던, 엥겔베르트 폰 아드몬트에게서도 발견할
수 있다. 그는 헌법 형태를 군주정regnum, 민주주의, 과두정이라는
세 가지 그룹으로 나누는 것이 아리스토텔레스에게서 기인한다고
하면서, 자신은 이와는 달리 네 가지 그룹으로 나누었다고 한다. 그
에 의하면 네 가지 형태란 군주정 및 전제(참주)정Tyrannis, 귀족정
및 과두정Olikratie, 과두정 및 성직자Clerotis의 지배, 그리고 민주주
의 및 미개한 정치Barbaries이다. 여기서 각각의 형태 가운데 두 번
째로 언급된 것들은 첫 번째 언급된 것들이 퇴화한 변종들로 묘사
된다. (과두정은 타락한 헌법이면서 동시에 좋은 헌법으로 나타나고 있
다.) 엥겔베르트는 '민주주의'라는 용어를 써서 아리스토텔레스가
좁은 의미에서 "폴리테이아Politeia"*라는 단어로 말했던 지배 형태

---

* [옮긴이] 전장에서 언급한 아리스토텔레스의 '폴리테이아' 개념은 '자유롭게 태어나고 재산

를 지칭하였다.[112] 그는 다음과 같이 서술하였다. "그러나 인민은 법이나 선출이나 다수 당파의 합의에 따라 한정된다…… 그들의 것이 민주정이다populus autem secundum legem et electionem seu consensum maioris partis diffiniunt, ……quorum est democratia." 엥겔베르트가 이 맥락에서 '인민populus', '법lex', '다수 당파의 합의 consensus maioris partis'를 어떻게 이해했는가가 명확하게 해명된다면, 그가 말한 '민주주의democracia'의 의미를 확실히 파악할 수 있다. 그런데 그가 쓴 텍스트를 표준 독일어로 번역하는 데에는 많은 문제가 따른다. 이 점은 예를 들어 중세 도시의 '시위원회 선거'에서 새 구성원을 선출하는 전체 과정, 혹은 신성로마제국 "황제 선발Königserhebung"의 모든 예비 회담을 포함한 전체 과정을 '선출 electio'이라고 부를 수 있다는 데에서 명확하게 드러난다.

'민주주의'처럼 공동체와 연관되어 사용된 개념이 정확히 무슨 뜻을 지녔는가를 판단하기 위해서는 엥겔베르트의 다음과 같은 설명이 의미가 있을 것이다. 그는 가족과 가정에 빗대어 이 개념을 설명하였는데, 가장은 아내를 귀족정적으로, 자녀들을 군주정적으로, 동생들을 과두정적으로 지배한다. 한편 이웃한 가장들은 서로가 동등하게 민주주의적인 형태 속에서 연합해 있다는 것이다.[113] 이 맥락에서 '민주주의인' 것이 무엇을 의미하는지 정확히 이해하려면 단지 엥겔베르트의 전체적인 표상 속에서 그것이 정리되었을

에 있어서 비교적 평등한 시민(즉, 중간층) 대다수가 공동체의 안녕과 복지를 위해 스스로를 지배하는 헌법 및 국가 라고 요약할 수 있다.

때에만 가능하다는 것을 쉽게 알 수 있다. 마찬가지로, 그가 파악한 이러한 민주주의 표상은 그와 동시대에 기록을 남긴 다른 저자들의 민주주의 표상과 확실히 달랐다는 것도 금방 알 수 있다. 중세에는 민주주의와 같은 개념으로부터는 그 어떤 전형적이고 표준화된 의미도 발견되지 않는다. 이러한 의미를 찾으려는 그 어떤 시도도 결정적인 뉘앙스의 차이를 은폐하는 것에 불과하다. 참고할 만한 특별한 연구가 하나도 없기 때문에, 중세 시기의 '민주주의'를 명확하게 정의하는 것은 단지 그릇된 인상만을 심어줄 것이다.

단어가 아니라 사실에 따라 고대에 '민주주의' 및 '정체Politie'가 의미했던 바가 중세에는 어떻게 수용되었고 발전되었는가, 혹은 'res publica(공화국/공동체)', 'res publica libera(자유의 공화국/공동체)', 'status popularis(인민의 국가/신분)'와 'civitas popularis(인민의 도시/국가)'와 같은 개념들이 어떻게 변형되었는가 하는 것들이 연구되어야 한다.[114] 이때 연구의 초점은 '민주주의' 개념을 해명하는 것이 아니라, 단지 'res publica', 'libertas(자유)', 'status(국가/신분)', 'populus(인민)', 그리고 'civitas(도시/국가)'와 같은 개념들이 어떻게 전개되었는가를 살피는 데 맞춰져야 한다.

확실한 것은 중세에는 분명히 '민주주의' 개념이 단지 이미 알려진 고대의 헌법 형태에 대한 철학적이고 문헌학적인 논의 맥락에서만 사용되었다는 사실이다. 이 개념을 구체적인 정치적 상황에 적용하려는 시도는 먼 훗날에 가서야 행해졌다.

평등 사상 및 공동 결정Mitbestimmung 사상은 중세의 헌법과 관련된 사료에서 발견되는데, 이 사상은 민주주의 개념과 쉽사리 연결될 수 있다. 그런데 당시의 저자들은 이 사상을 '민주주의' 개념과 연관시키지 않았다. 가령 도시 동업조합들의 투쟁이나 농민전쟁과 같은 것들을 민주주의적 현상으로 묘사하려는 시도는 19세기에 들어와서야 시작된 것이다. '민주주의'라는 단어를 중세에 이해했을 정도를 생각해본다면 어쨌든 이 단어를 동업조합이나 농민들이 자신들을 묘사하기 위해 사용했을 리는 없다. 또한, 이들의 적대자들도 시위원회와 싸우는 동업조합이나 장원 영주에 맞서 투쟁하고 있던 농민들을 '민주주의자'라고 호명하지 않았다. 여러 신분, 단체, 동업조합 안에서, 혹은 여러 농민공동체 안에서 신분 간 평등을 주장하면서 등장했던 평등 사상과 충성 관계에 기반하여 조언과 도움을 표명하면서 나타난 공동 결정 사상은 모두에게 구속력을 가지며 또한 무엇보다 모두가 구속력을 가진 것으로 받아들인 "좋은 옛 질서"라는 법적 권리에 준거하고 있었다. 지배권을 둘러싼 투쟁이 발생하면, 투쟁 당사자는 자신의 권리를 정당화시키는 질서, 즉 헌법 안에서 싸움을 했지, 결코 현존하는 것과 다른 지배 형태나 헌법 형태를 도입하기 위해 싸우지 않았다. 따라서 전통적으로 전해 내려오거나 새롭게 받아들인 학술 개념이 필요하지 않았다. '민주주의'라는 개념은 중세인의 의식 속에서는 — 그가 이 개념에 대한 지식을 갖고 있었던 한 — 정확히 고대에 존재했던 하나의 헌법 형태를 부르는 명칭으로 사용되었다. 지배자들의 권리와 의무에 관한 여러 논쟁에서 문제가 되었던 것은 헌법의 형태가 아니라, 정당한 것으로 간주되고, 모두를 위해 구속력이 있으며, 당연히 때로는 서로 다르게 해석된 헌법이 준수되고 있는가였다. 따라서 '민주주의'라는 개념이 중세 유럽의 헌법 질서 관련 사료 속에서 발견되지 않는다는 사실은 결코 놀랄 만한 것이 아니다.

한스 레오 라이만

한스 레오 라이만Hans Leo Reimann(1932~2002)
독일의 교육학자, 사회교육가, 역사가. 함부르크 독일연방군대학교Universität der Bundeswehr 교육학 교수를 역임했다.

근대 초기 전통의 해체

프랑스혁명이 발발하기까지 근대 초기 수백 년간 '민주주의'는 '귀족정'과 마찬가지로 본 질적으로 학술용어에 머물러 있었다. 예전과 마찬가지로 정치학에서 다뤄진 국가 형태에 관한 아리스토텔레스의 논술이 '민주주의'의 전거가 되는 구절locus classicus로 등장했다.a

CHAPTER ⫴

Auflösung der Tradition in der frühen Neuzeit
III. 근대 초기 전통의 해체

●●● 　　　　프랑스혁명이 발발하기까지 근대 초기 수백 년간
'민주주의'는 '귀족정'과 마찬가지로 본질적으로 학술용어에 머물
러 있었다.[115] 예전과 마찬가지로 정치학에서 다뤄진 국가 형태에
관한 아리스토텔레스의 논술이 '민주주의'의 전거가 되는 구절locus
classicus로 등장했다.[116] 이와 더불어 콘링Conring[117]과 푸펜도르프
Pufendorf[118] 이후로 여러 민주주의적인 통치 형태의 종류와 법적
성격을 탐구하는 철학적 국가 헌법 연구 장소로서 "자연 법률학"이
등장하였다. 18세기까지 진행된 민주주의에 대한 논의는 학술적
논의에 머물러 있었고, 공문서나 공식적인 정치적 문건의 언어 속
에는 '민주주의'가 등장하지 않았다.[119] 단지 실제로 존재했던 헌법
및 통치 형태를 지칭하기 위하여 간헐적으로 이 말이 사용되었을
뿐이다. 계몽사상이 출현하면서부터 비로소 이 개념이 학술적인
정치 이론을 벗어나 부분적으로 아주 오래전부터 쓰여온 '공화제'

개념과 경쟁하면서, 과거 유럽의 국가 생활에 대한 역사적 관찰이나 현재 유럽의 국가 생활에 대한 현실적이고 정치적인 관찰과 더욱 빈번하게 결부되어 사용되었다. 그러나 이와 같은 민주주의 개념의 확대 사용은 학자들이 쓴 정치 문헌에 한정되어 있었다. 이러한 문헌들 속에서, 18세기 말까지는 아리스토텔레스에 준거하여 적어도 "순수한", "절대적인" 민주주의의 실현 가능성에 대해서는 회의가 우세했다. 민주주의적인 요소는 기껏해야 혼합된 헌법의 틀 안에서만 그 가치가 인정되었으며, 이 개념을 유럽의 헌법 생활에 적용할 때는 근본적으로, 군주제가 압도적으로 우세했던 18세기 유럽에서 예외적 존재였던, 네덜란드 연방공화국이나 스위스 연방과 이를 구성하고 있던 칸톤kanton들, 또한 몇몇 독일 도시 공화국 및 (디트마르셴Dithmarschen과 같은) 지방에 한정해 사용하였다.

1. 정치 이론

'민주주의' 개념을 사전과 정치적·학술적 문헌에 한정시켜 살펴보면 이 개념의 핵심적인 의미는 17세기와 18세기 초반까지는 아직 아리스토텔레스적인 의미에서 국가 및 지배 형태를 지칭한 것이었다.[120] 이때 긍정적 의미(a—좋은 국가 형태로서의 민주주의, 즉 '폴리테이아'와 동일시하기)뿐만 아니라, 부정적 의미(b—퇴화된 변종으로서의 민주주의) 또한 그대로 전승되었다. 이와 함께 이 개념을 이론적으로 계속해서 다듬고 이전과는 다르게 만들려는 노력ⓒ도 있었다는 것을 언급할 수 있다.

a — '폴리테이아politeia' 로서의 '민주주의'

푸펜도르프에 의하면 민주주의는 "세 가지 정규적 형태의 국가 civitas regularis tres formae"에 속한다. 민주주의에서는 "최고 통치 권력이 모든 가부장으로 구성된 회의체에 있다summum imperium…… penes concilium ex universis Patribus familiae constans."[121] 이와 비슷하게 알슈테트Alsted는 헤르보른 지역의 아리스토텔레스식 교육철학에 입각하여[122] 민주주의를 "최고 권력이 대중에게 있는 다두정치多頭政治, 그것으로부터 대중의 정부 형태가 말해진다poliarchia, in qua summa potestas est penes ,populum. Unde status popularis dicitur"라고 정의했다.[123] 베졸트Besold는 다수 시민에 의해 정부 업무가 실제로 대변될 가능성을 인정했다. 그는 다음과 같이 말했다. "민주주의는 공화국의 최고 권리를 대중에게 두도록 만들어진 것이다. 그리하여 명령할 권리가 모든 시민이나 그들 중 다수당에 있게 된다Democratia summum Reipublicae jus penes populum constitutum habet: ita ut civibus universis aut eorum maxumae parti, jus sit imperandi."[124] 어떤 경우에도 시민(가부장들) 전체에 의한 권력 위임이 민주주의적 통치를 위해서 필수 불가결한 것이었다. 베졸트뿐만 아니라 밀러 압 에렌바흐Myler ab Ehrenbach도 이점을 언급하였다. "판사/행정장관의 직책은 바로 인민에 의하여 결정되고 바로 그들에 의해 권위를 부여받는다ut Magistratus ab ipso populo constituatur, atque ab eodem auctoritatem sumat."[125] "왜냐하면, 한때 로마에서, 아직 민주주의적 제국이 계속되던 때에는, 장관직 구성이 완전히 대중들의 호의에 따라 결정되었다. 결과적으로 발레리우스 법이 만들어졌다. ……그의 수장이 대중에 의해서가 아니면 통치권을 가질 수 없다고 명령했다Nam olim Romae, durante adhuc Democratico Imperio, Magistratum constitutio, ad purum Populi favorem pertinebat, adeo ut lex Valeria…… Caput ejus jusserit, qui Imperium nisi a Populo haberet."[126]

이와 유사한 표현을 16세기에서 18세기까지의 수많은 독일어 문헌들을 통해 확인할 수 있다. 이 문헌들이 묘사한 '민주주의'의 내용은 다음과 같다. "인민이 공동으로 행하는 지배와 통치"(1561),[127] "지배하는 신분 전체"(1645),[128] "최고 권력이 전체 인민에게 귀속된 공화국의 온전한 형태"(1726),[129] "전체 인민에 의해 최고의 통치가 이뤄지는 통치 형태"(1727, 1766),[130] "전체 인민의 통치"(1755),[131] "독립된 인민이 지배해야 하는 정부 형태"(1780),[132] "전체 인민이 국가 통치에 참여하는 정부 형태의 한 종류"(1791),[133] 한마디로 "인민의 정부, 인민의 지배"(1792)[134] 등이 그것이다. 이에 덧붙여 1793년 슐뢰처Schlözer가 궁극적으로 지배하는 자의 숫자에 따라 아리스토텔레스적인 전통을 또다시 요약한 것처럼, "단지 한 사람이 지배권을 갖는 것이 군주정이요, 위원회가 지배권을 갖는 것이 귀족정이며, 각각의 통치자 행위를 특별히 연구한 다수가 지배권을 갖는

것이 민주주의"를 뜻하였다.[135]

마찬가지로 나머지 유럽의 문헌들에서도 아리스토텔레스의 국가 형태설이 반영되어 나타나고 있다. 이를테면, 템플Temple,[136] 로크 Locke,[137] 몽테스키외Montesquieu[138] 및 몽테스키외에 근거하여 작성된 《백과전서*Encyclopédie*》의 민주주의 항목[139]에서 이를 확인할 수 있다. 영어권에서는 민주주의가 종종 고대적 전통과 결합하여 독자적인 국가 형태라기보다는 혼합적인 국가 형태의 요소로 간주되곤 했다. 예를 들어 블랙스톤Blackstone과 드 롬De Lolme의 헌법 저술에서 이를 확인할 수 있다. 존 아담스John Adams의 저술 역시 같은 맥락에 서있는데, 그의 다음과 같은 질문에서 이를 확인할 수 있다. "군주정 혹은 귀족정처럼 민주주의 역시 영국 헌법에 필수 불가결한 것이 아닌가?"[140] 이러한 질문은 또한 독일에서 논의된 질문이기도 하다.

b ― 폴리테이아의 퇴화된 변종으로서의 '민주주의'

아리스토텔레스가 사용한 '민주주의'의 이러한 말뜻은 미크렐리우스Micraelius(1653)의 기록에서 발견된다. 그에 의하면, "민주주의는 공화정의 형태인데, 이것은 하나의 미덕을 기준으로 한 것이 아니라, 무엇보다도 자유에 대한 합리성을 기준으로 하여 통치할 이들이 선출되는 순수한 정치에서 벗어난 것이다Democratia est forma reipublicae a pura politia aberrans in qua sumuntur, qui praesint, non ex una virtute, sed ex habita potissimum ratione libertatis."[141]

1660년에 나온 사전에는 민주주의의 긍정적 의미와 부정적 의미가 결합되어 있다. "신분이 낮은 자들에게는 민주주의Democratie가 지배를 위한 것이다. 폭민暴民이 최고의 권력을 누린다면, 인민의 정부는 민주주의Democratia이다."[142] 바우마이스터Baumeister(1758)는 민주주의에 대해 다음과 같이 말하였다. "민주주의는 대중이 자신의 이익에만 치우쳐서 공화정의 안녕과 안정을 염두에 두지 않는 것이다Democratia est status, quo plebs, utilitati suae tantum intenta, negligit salutem et tranquillitatem reipublicae."[143]

몽테스키외나 루소, 또한 빌란트Wieland나 칸트 역시 민주주의 개념의 부정적 의미를 강조하고, 최소 규모의 정치적 질서를 제외한 나머지 영역에서 민주주의가 실현될 수 있으리라는 것을 의심했다. 몽테스키외에게 민주주의란 다음과 같은 것이었다. "민주주의와 귀족정은 그 자연적 속성상 자유로운 국가가 아니다. 정치적 자유는 단지 온건한 정부에게서만 존재한다. 권력이 오용되지 않을 때만 존재한다La démpcratie et l'aristocratie ne sont point des États libres par leur nature. La liberté politique ne se trouve que dans les gouvernements modérés; elle n'y est que lorsqu'on n'abuse pas du pouvoir."[144] 루소가 말한 "사회계약Contrat social"은 단어적으로 엄격한 의미의 민주주의의 가능성을 부정하는 것이었다. 그의 말을 들어보자. "엄격한 의미에서 그 개념을 파악한다면, 진정한 민주주의란 존재한 적도 없고 앞으로도 존재하지 않을 것이다. 다수가 지배하고 소수가 지배를 받는다는 것은 자연의 질서에 위배된다. 사람들이 공적인 업무를 처리하기 위해 항상 모여 있다는 것은 상상할 수도 없다. 또한, 행정의 형태를 바꾸지 않고서는 이러한 목적을 위해 위원회를 설치할 수 없다는 것도 쉽게 알 수 있다A prendre le terme dans la rigueur de l'acception, il n'a jamais existé de véritable démocratie, et il n'en existera jamais. Il est contre l'ordre naturel que le grand nombre gouverne et que le petit soit gouverné. On ne peut imaginer que le peuple reste incessament assemblé pour vaquer aux affaires publiques, et l'on voit aisément qu'il ne sauroit établir pour cela des commisions, sans que la forme de l'administration change." 루소의 유명한 발언에 의하면 민주주의란 단지 신들을 위한 국가 형태였다. "신적인 사람들이 있다면, 그들은 스스로를 민주주의적으로 다스릴 수 있을 것이다. 이처럼 완벽한 정부는 인간들에게는 어울리지 않는다S'il y avoit un peuple de dieux, il se gouverneroit démocratiquement. Un gouvernement si parfait ne convient pus à des hommes."[145] 빌란트 또한 완전한 민주주의의 실현을 의심했다. "규모가 작은 민족에서조차" 민주주의가 존립할 수 없다는 것이 그의 견해였다.[146]

이와는 달리 칸트는 1795년 이미 자코뱅 지배에 대한 인상을 바탕으로, 시민사회의 모든 구성원이 "지배자의 권력"을 갖는 순수한 민주주의가 "전제정Despotism"으로서 실재한다고 보았다. 왜냐하면 "그러한 민주주의는 강제적인 행정 권력을 확립시키기 때문이다. 이는 모든 사람이 한 사람(즉 모든 사람에 동의하지 않는 그 사람) 위에 군림하여, 또한 모든 경우에 그 한 사람에 반대하여 결정을 내리기 때문에, 따라서 실제로는 모든 사람이 아닌 모든 사람이 결정을 내리기 때문에 그러하다. 그리고 이러한 전제정은 일반 의지와 스스로 모순되며, 또한 자유와도 모순된다." 칸트에 의하면 전통적으로 — 통치 형태forma imperii로서 — 이해되어온 민주주의란 개인에게 법치국가적인 보호를 보장하지 못한다. 반면 그가 추구한 공화주의만이, 즉 — 정부 운영 형태 혹은 통치 방식forma regiminis로서의 공화주의만이 — 그러한 보호를 보장할 수 있다는 것이다. 또한, 그는 군주정이나 귀족정과는 다르게 민주주의에서는 "모든 사람이 지배자가 되려고 하므로" 권력을 나눠 갖는 일종의 대의제 정부, 즉 "입법자의 권력과…… 집행자의 권력의 분리"가 불가능하다는 것을 주장하였다.[147]

c — 민주주의에 대한 이론화 작업의 지속

지금까지 살펴본 오랫동안 전승된 두 종류의 민주주의 이론 이외에도 계속해서 민주주의 이론을 새롭게 정립하려는 시도가 있었다. 이러한 시도는 '민주주의'를 '정체Politie'와 같은 것으로 보고, 이에 근거해서 민주주의적인 것을 공화주의적Republikanisch인 것과 동일시하려는 데로 나아갔다. 이미 베졸트Besold는 '민주주의'를 공화제 Respublica와 비슷한 것으로 취급하였다. 그는 다음과 같이 말했다. "민주주의는 다른 경우에는 특별하고 절대적인 공화제라고 부른다…… 왜냐하면, 그것 안에는 최고로 공적인 모든 것, 즉 대중들의 것 또는 공공의 것이 존재하고 서로 동등한 관계를 맺고 있는 모든 시민, 공공의 법은 나뉠 수 있기 때문이다Ac dicitur alias Democratia, speciatim et absolute Respublica：……eo quod inibi omnia maxume publica, hoc est, populica seu communia existant; universique cives, aequa inter se ratione, Jus publicum sint partiti."[148] 베너Wehner에게 "민주주의Democratia"란 국가 형태, 즉 "모든 신분과 각 신분 구성원들이 동등하게 지배하며, 전체 공동체 및 많은 사람이 함께 명령하고, 구성원 공동의 안녕을 지향하는 통치"였다.[149] 18세기에는 이러한 민주주의 개념이 내적으로 몇몇 특수 형태로 구분됐다. 예를 들어 1726년 발흐Walch의 저술을 보도록 하자. 그에 의하면 민주주의는 다음과 같이 구별된다.

1) 순수한 민주주의democratia pura：여기서는 인민이 서로 권력을 갖는다.

2) 왕에 의한 온건한 민주주의democratia temperata regie：인민 가운데 한 사람이 명망과 우월함을 갖지만, 그 사람의 권력은 명령보다는 협의를 통해서 발휘된다. 이러한 민주주의는 고대 독일인들 사이에서 또 많은 고대 그리스 도시들에서 존재했다.

3) 귀족정적인 온건한 민주주의democratia temperata aristocratice：구체적으로 특정 동업자 집단이나 특정 모임이 인민의 이름으로 통치하는 민주주의로서, 또다시 여러 형태로 나뉜다. 몇몇 민주주의에는 특정한 조합이나 협회들이 존재하지만, 다른 민주주의에서는 이런 것들이 없다. 스위스는 양자 모두를 위한 본보기가 될 수

있다.

4) 도시의 민주주의democratia urbica

5) 여기저기 흩어져 있는 마을 민주주의democratia per vicos sparsa.[150]

《체들러Zedler 사전》(1734년)의 기본 항목에서도 이와 동일한 구별이 이뤄지고 있다. 여기서는 "통일된 전체 인민의 의지가 모든 것의 원칙임"을 주장하는 "민주주의의 기본 법칙"이 있기 전까지는 민주주의란 존재하지 않는다는 것이 강조되었다. 이 기본 법칙을 통해서만 군중들이 "데모스δῆμος 혹은 존엄함Majestät으로 단결된 인민"이 된다는 것이다.[151] 다르장송D'Argenson은 1764년에 《고찰 Considérations》을 출간하였다. 그런데 이 책은 이미 1730년대에 비밀리에 유포된 바 있다.[152] 여기서 그는 "그릇된 민주주의와 적법한 민주주의fausse et légitime Démocratie"를 다음과 같이 구별하였다.

"그릇된 민주주의는 곧 아나키 상태로 전락하는데, 이것이 대중의 정부이다. 이러한 대중은 곧 반란을 일으킨 인민들이다. 그리하여 이 무례한 인민들은 법과 이성을 경멸한다. 이들의 폭압적인 전제정은 이들이 행하는 운동과 이들이 행하는 표결의 불확실성이 그 특징이다. 반면 진정한 민주주의 안에서는, 그들은 대표자를 통해 행위를 하며, 그들의 대표자들은 인민의 선출의 사명인 선거를 통해 권위를 부여받는다. 그리고 대표자들을 지지하는 권위가 공권력을 구성한다. 그들의 의무는 시민 최대 다수의 이익을 명확히 하며, 이들이 가장 큰 악을 피하도록 하고 이들을 위해 최상의 재화를

창출하는 데에 있다La fausse Démocratie tombe bientôt dans l'Anarchie, c'est le gouvernement; tel de la multitude; tel est un peuple révolté; alors le peuple insolent méprise les lois et la raison; son despotisme tyrannique se remarque par la violence de ses mouvements et par l'incertitude de ses délibérations. Dans la véritable Démocratie on agit par députes, et ses députés sont autorisés par l'élection, la mission des élus du peuple; et l'autorité qui les appuye, constitue la puissance publique: leur devoir est de stipuler pour l'intérêt du plus grnd nombre des citoyens, pour leur éviter les plus grands maux et leur procurer les plus grands biens.[153]"

1778년부터 출간된 《독일 백과사전》에서 쾨스터Köster는 "순수한" 혹은 "진정한" 민주주의를 대의제도와 결합한 민주주의와 구별하였다. 이에 의하면, "진정한 민주주의가 되려면 인민 전체가 입법 권력에 참여해야 한다. ……이때 모든 가장은 최소한 함께 말할 수 있는 권리를 갖고 있어야 한다. 그러나 인민의 숫자가 너무 많고 한 사람 한 사람 모두가 표결함으로써 발생하는 복잡성 때문에, 혹은 다른 여러 이유로 일정한 수의 사람들이 나머지를 대변하거나 대표하는 경우에는 더 이상 순수한 민주주의가 아니다. 그럼에도 불구하고 이에 앞서 인민이 자신들의 대표자들을 매번 스스로 선출한다면, 이는 순수한 민주주의에 상당히 근접해 있는 것이다. 또 이러한 대표자들이 그들에게 위임된 내용과 방식 이상의 것을 결정할 수 없게 한다면, 이는 완전한 민주주의이다. 이 경우에는 스스로 자신의 표결권을 행사하는가 아니면 다른 사람에게 위임하는가 하는 것이 똑같은 의미를 갖는다. 그러나 일정 수의 사람들이 인민이 선출하지 않은 대표자를 내세울 권리를 갖는다면 이는 민주주의가 아니라, 귀족정이다."[154]

괴스터는 이처럼 정치적 대의제(비명령적 위임제도)를 아직 민주주의와 완전히 결합시킬 수 없었다. 다르장송이 대의제를 이미 "적법한" 혹은 "진정한" 민주주의로 간주하였던 것과는 달리, 그는 가부장들의 직접민주주의를 위원회의 지배로 번역하기 위해 아직 전통적인 관점에서 귀족정 개념을 사용하였던 것이다. 결국 괴스터는 이론적으로 볼 때 민주주의는 "원래적인" 정부 형태로서는 최고의 것이긴 하지만, 실제로는 그것이 그대로 실현될 수 없다고 하였다. 반면 그는 "혼합된 민주주의가 순수한 귀족정이나 제한받지 않은 군주정보다는" 더 낫지 않은가 하는 제안을 하였다.

d — '민주주의'라는 단어의 독일어화

이미 17세기가 경과하면서 때때로 라틴어 democratia를 독일어로 차용하려는 시도가 나타났다. 미크렐리우스Micraelius(1639)의 "Democratey", 그로트니츠Grottnitz(1647)의 "Democratie", 히르쉬 Hirsch(1662)의 "Democraty"와 같은 독일어 표현들이 등장하였다.[155] 그러나 이러한 시도는 학자들의 영역에 한정되어 있었고 일반 민중의 언어 속으로는 침투되지 않았다.

이밖에 몇몇 단어 사전은 이 단어를 다른 말로 바꿔 표현하였다. 이를테면 포마이Pomey(1715)는 라틴어 democratia와 프랑스어

démocratie를 "일반 인민의 지배와 통치"로 표현하였다.[156] 여기서 독일어 단어 "Demokratie"는 카스텔리Castelli의 《이탈리아어–독일어 언어 및 단어사전》에서처럼 거의 쓰이지 않고 있다.[157] 반면, 이 사전에서 이탈리아어 "democratico stato"는 이미 "민주주의 국가 demokratischer Staat"로, "democratiggiare"는 "민주주의적 통치를 도입하거나 실행하다democratisches Regiment einführen oder führen"로, "democrazia"는 "일반 사람들이 지배하는 곳의 정부나 국가Regierung oder Staat, da gemeine Leute herrschen"로 번역되었다. 당시에는 형용사와 마찬가지로 명사 또한 외래어로 쓰였음이 확실하다. 체들러[158]는 민주주의를 아직 라틴어 표기로 썼으나 이미 민주주의에 대한 항목(1734)을 긴 문장으로 기록하였다. 반면 그는 공화제를 독일어 단어인 "Republick"으로 기록하고 있다(1742). 아델룽Adelung은 독일어식 표현인 'Democratie'를 제1판(1774)에서는 피했으나, 제2판(1793)에서는 차용하였다.[159] 슈반Schwan은 이미 1789년에 자신의 단어 사전에서 현대식 표기법을 사용하였다. 그 내용을 직접 보자.

"프랑스어 Démocratie, 독일어 Die Demokratie, 즉 최상의 권력이 인민의 손에 있는 곳에서 존재하는 정부 형태".[160]

2. 헌법적 실행

외래어를 독일어화하는 것이 가능했던 것은 지금까지 언급한 바와
같이 민주주의를 계속해서 이론화하는 작업 때문이기도 했지만,
나아가 민주주의 개념을 직접적인 경험에 응용할 수 있었기 때문이
었다. 그렇다면 '민주주의' 개념이 위에서 묘사한 정치 이론적인 용
법을 뛰어넘어, 언제 처음으로 당대의 구체적인 현실적 정치제도
에 적용되었는가를 자세히 살펴보자. 근대 초기에는 이 개념이 구
체적인 지배 상태를 지칭하기 위해 사용된 사례가 드물다. 그럼에
도 몇몇 사례를 꼽을 수 있는데, 그중 하나가 루터Luther의 탁상설
교Tischreden이다. 여기서 그는 스위스와 디트마르셴*의 통치를 '민
주주의'의 사례라고 부르고 있다.[161] 이미 1647년에 쓰여진 로드아
일랜드 식민지 기록물은 미국 민주주의의 시발점 가운데 하나가 된
로저 윌리엄스Roger Williams가 세운 공동체를 "민주주의적"인 것으
로 특징짓고 있다. "플랜테이션 지역에 성립된 정부 형태들이 민주
적Democraticall이었다는 것에 의견의 일치를 보고 있다. 다시 말해,
모든 것에 대해 자유롭고 자발적인 동의에 의해 유지된 정부, 혹은
자유 거주민의 대다수에 의한 정부가 그러한 것이다."[162]

대략 1730년대 이후로 네덜란드나 스위스와 같은 국가들을 '민
주주의들Demokratien'이라고 부르는 것이 관례화되었다.[163] 물론

---

* [옮긴이] 독일 북부 지방의 군 이름.

이때 '공화제'라는 명칭이 훨씬 더 많이 사용되었으며 이러한 현상은 18세기 말까지 우세했다. 다르장송 후작은 《고찰Considérations》에서 스위스를 "순수한 민주주의"로, 마찬가지로 네덜란드를 민주적으로 통치되는 국가로 불렀으나, 독일의 제후국들에서는 "다양한 수준의 민주주의"가 존재한다고 했다.[164] 18세기 전반에 나온 독일의 백과사전과 학술서에서도 현재에도 통용되는 이러한 민주주의 개념의 용례가 종종 등장하였다.[165] 샤이데만텔Scheidemantel은 "스파르타, 아테네, 네덜란드의 여러 도시, 제네바와 스위스의 칸톤들이" 이와 같은 민주주의의 사례들임을 지적하였다.[166] 쾨스터Köster는 《독일 백과사전Deutsche Encyclopädie》(1783)에서 모든 16세 이상의 남성이 투표권을 갖는 민주적인 투표권의 모범적 사례로서 스위스의 칸톤들, 즉 우리, 슈비츠, 운터발덴, 축, 글라루스, 아펜젤, 뷔드너 및 발리저 지역을 꼽았다.[167] 퓌터Pütter는 《국가 헌법 Staatsverfassung》(1787)에서 독일제국 도시들의 "많건 적건 제한적이거나 제한 없는 귀족정치적 혹은 민주적 헌법"을 언급하였다.[168] 이러한 문건들에서는 아테네와 스파르타, 또한 공화정 로마가 모두 민주적인 정부 형태의 역사적 사례로 언급되었다.[169] 그러나 아직 고대 게르만 및 고대 독일의 법질서는 민주적 헌법들의 역사적 계보학에 편입되지 않았다. 이것이 편입된 것은 비로소 19세기에 들어와서인데, '고대 독일의 자유'와 '민주주의'라는 두 개념이 확대됨으로써 이러한 일이 벌어졌다.[170] 아무튼, 1788년 쾰른 시민들이 도시의 민주적 헌법에 의거하여 요세프 2세의 관용법 제정에 맞서 저항했다는 사실,[171] 또 아헨 시민들이 프랑스의 변혁에 맞서서 벌어진 이른바 혁명전쟁 동안 자신들이 끊임없이 민주적 헌법을 소유했다는 것에 집착했다는 사실은 18세기에 시민적 역사상이 확산되어갔음을 나타내는 징후이다.[172]

1789년 프랑스혁명 이전에 — 비록 18세기에 나온 문헌에서는 매우 드문 일이긴 하지만 — 이미 민주주의 개념이 확장되기 시작하였다. 가장 눈에 띄는 사례가 앞서 언급한 다르장송 후작의 《고찰》이다. 여기서 우리는 더 이상 통치 및 법적 질서가 아니라, 사회적인 영역에 근거한 '민주주의'의 새로운 이해와 맞닥뜨리게 된다. 다르장송은 훗날 토크빌의 관찰 방식과 유사하게, 이미 프랑스 역사를 "민주주의의 진보"라는 관점에서 바라보고 있다. 그런데 여기서 그는 왕을 그러한 민주적 발전의 선도자로 칭송하고 있다. 즉, 왕의 권위가 봉건적 권력을 억누르고 귀족의 특권을 없앴다는 것이다. 그리하여 "모든 이가 이처럼 말할 수 있는데, 민주주의는 군주정의 친구이고, 귀족정의 적敵임이 증명되었다ce qui nous prouve, quoiqu'on en dise, que la Démocratie est autant amie de la Monarchie que l'Aristocratie en est ennemie"는 것이다.[173] 이어서 그는 말하기를, 유럽에서 평화가 더욱더 진전됨에 따라 귀족은 이미 행정적 특권을 시민계층에게 빼앗긴 것처럼, 군사적 지도자로서의 역할 또한 잃어버릴 것이다. 그리하여 민주주의와 왕권은 함께 지배적 위치로 성장하리라는 것이었다. "프랑스에서 민주주의를 확대하는 조처들Dispositions à étendre la Démocratie en France"[174]로서 그는 대략 개혁

부 장관의 정책 선상에 있는 일련의 자유주의적 개혁들을 예견하였
는데, 이를테면 "귀족 신분의 폐지déstruction de la Noblesse", 국토의
물질적 번영, 군주정의 안정을 지향하는 것들이었다. 다르장송에
게 '민주주의' 개념은 순수한 헌법정치적 이해를 넘어서 시민의 성
장 의지와 사회적 평등의 요구를 위한 역사철학적인 코드가 되었
다.[175] 그가 이 개념에 덧칠한 군주주의적인 색채[176]는 훗날 프랑스
혁명 초기에 나온 구호인 "왕의 민주주의Démocratie royale"[177]에 영
향을 주었다.

　위와 몇 가지 점에서 비슷했던 민주주의 개념의 확대·발전 경향
은 본격적으로 칸트에 의해 시작되었다. 그는 '통치 형태forma imperii
로서의 민주주의'와 '정부 운영 형태 혹은 통치 방식forma regiminis으
로서의 공화제'를 구별하였다.[178] 칸트 이후로 군주제는 "공화제적"
일 수 있었다.

프랑스혁명의 시대

프랑스혁명은 그 경과 과정이 매우 독특하다는 특징을 갖고 있어서, 독일인들의 언어 생활 속에서도 민주주의를 새롭게 이해하도록 자극하였다. 점차로 정치적 시의성을 지니게 된 학자들의 이론, 정치 소책자, 시민 독자들을 위한 사전에 이르기까지 그 자극은 실로 모든 영역에 이르렀다.

CHAPTER IV

Das Zeitalter der Französischen Revolution

IV. 프랑스혁명의 시대[179]

●●●   1780년에서 1800년까지는 민주주의를 근대적
으로 이해할 수 있는 결정적인 의미를 지닌 시기이다. 이 단어가
갖는 오늘날의 의미는 본질적으로 이 시기에 발전하였고 확산하
였다.

이 단어와 관련한 언어 사용 관례는 두 가지 방향으로 변화하였
다. 1) '민주주의'는 이제 학자들의 언어에 속하는 단어에서 일반적
으로 사용되는 (비록 아직도 격렬하게 포위 공격을 받긴 하였지만) 정치
적 개념들이 되었다. 특정한 정당의 노선을 스스로 묘사하거나 헌
법제도를 특징짓는 데 이용되기도 하고, 몇몇 경우에는 국가 기록
에도 출현하였다. 2) 이처럼 이 단어의 사용이 확장됨에 따라 이에
발맞추어 그 내용도 확대되었는데, '민주주의'는 이제 그 원래적인
헌법정치적인 의미, 즉 국가 형태를 넘어서 보편적인 사회적이고
역사철학적인 내용을 담게 되었다. 이러한 의미의 확대 과정은 '기

독교 민주주의', '사회적 민주주의'와 같은 신조어의 출현에서도 명확하게 드러난다.

한스 마이어

1. 역사철학적 지평의 열림: 빌란트, 칸트

프랑스혁명은 그 경과 과정이 매우 독특하다는 특징을 갖고 있어서, 독일인들의 언어 생활 속에서도 민주주의를 새롭게 이해하도록 자극하였다. 점차로 정치적 시의성을 지니게 된 학자들의 이론, 정치 소책자, 시민 독자들을 위한 사전에 이르기까지 그 자극은 실로 모든 영역에 이르렀다.

빌란트의 《독일 메르쿠어*Teutscher Merkur*》에 실린 시의적절한 논평은 현실로 부각되고 있는 민주주의의 문제가 무엇보다 아리스토텔레스적으로 규정된 선이해先理解에 입각하여 다뤄졌음을 보여준다. 빌란트는 이러한 선이해에 의거하여 민주주의에 대한 비판의 척도를 얻었다. 이밖에도 그의 비판은 영국, 독일과 미국의 혁명사에서 추출한 과거 사례들을 이용하였다. 혁명이 진행된 10년 동안 빌란트는 마침내 이러한 현대적 현상을 언어적으로 더 올바르게 표현하는 데 성공하였다.

빌란트는 네 가지의 상이한 관점에서 자신의 비판을 정교하게 다듬었다.

1) 우선 그는 민주주의의 기원에 의거하여 거주민이 3백에서 4백만이 넘어가는 곳에서는 순수한 민주주의가 전적으로 불가능하다고 하였다. 단지 도시국가에서만 그러한 민주주의가 실현될 수 있다고 하였다. "2,500만 명의 인간들에게 민주주의를…… 도입하려는 것은…… 경박하고도 무분별한 것"이라는 것이다. 프랑스는 "민주주의적 공화국"을 위해서는 너무 큰 나라이기에, 굳이 그러한 헌법적 이상을 달성하려면 알자스와 로렌 지방, 또한 3대 교구를 반환하여 크기를 줄여야 한다는 것이다.*

2) 민주주의란 — 플라톤, 루소, 백과전서의 민주주의 항목 필자 드 조쿠르de Jaucourt가 말한 의미에서 — 덕이 충만한 사람을 전제로 하는데, 이러한 사람은 교육을 통해 길러질 수는 없다. 따라서 미국의 각 주들과는 반대로 "풍속이 순수하지도 순진무구하지도 않은" 프랑스에 민주주의를 도입하려는 것은 자연스럽지 않은 상황이라는 것이다.[180]

3) 빌란트는 단지 "이론상으로만" "순수한 민주주의"의 가능성을 인정할 수 있다는 견해에 경도되어 있었다.[181] 그럼에도 불구하고 보다 중요한 것은 그가 이러한 헌법 형태 전반에 대해 이론적으로 심사숙고하고 있었다는 점이다. 루소에 의거하여 그는 순수한 민주주의를 결코 달성될 수 없는 "정치적인 망상"[182]으로 간주하였다.

---

* [옮긴이] 이하의 본문에 나오는 Demokratie와 Demokratismus는 둘 다 민주주의로 번역할 수 있으나, 개념사 연구의 특성에 맞게 전자는 민주주의로, 후자는 데모크라티즘으로 번역했다.

왜냐하면, 그러한 민주주의는 제도적으로 스스로를 폐지하는 방향으로 나아가기 때문이라는 것이었다. 자신의 저서 《아가톤의 역사 *Geschichte des Agathon*》에서 전형적으로 표현한 것처럼[183] 그는 이러한 생각을 자신의 그리스 연구, 영국혁명 당시의 천년왕국론자들 및 수평파와의 유사 비교, 프랑스혁명에서 벌어진 광경을 통해 입증하였다. 이러한 사례들은 "민주주의적인 광기"를 부채질하고, "민주주의라는 정치적 복음"을 주장하지만, 그러나 실제로는 "'평민 귀족'의 악덕 정치kakistokratie"로 인도할 뿐이라는 것이다.[184]

빌란트는 위와 마찬가지로 경험적인 사실과 인물들을 강조하면서, 민주주의의 제도적인 결함을 다른 방식으로 지적하였다. "다른 국가에서와 마찬가지로 민주주의는 다스리는 자와 다스림을 받는 자로 이루어져 있다. 그러나 고유한 특징도 갖고 있는데, 그것은 다스리는 자가 동시에 다스림을 받는 자이며, 역으로 다스림을 받는 자가 주권자 자신이라는 것이다." 바로 이 점이 상호 간에 영향을 주는 속임수이며 이로 인해 다른 사기 행위가 나타난다. 이로써 "(민주주의)가 모든 통치 형태 가운데 최악의 것"이라는 점이 명백해진다.[185] 또한, 그의 비판은 여러 지배 형태 가운데 하나로서 민주주의 개념에 담긴 과거 시대의 포괄적 의미 내용을 증거로 진행되었다. 이에 근거하여 빌란트는,

4) "군주제적인 민주주의 혹은 민주주의적인 군주정"의 가능성, 즉 왕은 "단지 제1의 시민, 다시 말해 프랑스의 시장Maire de France" 이라는 가능성도 부정하였다. 이런 식으로 "나쁘게 조직된" 민주주

의는 원래의 모습으로 유지될 수 없다. 이러한 민주주의는 자신의
중간 상태를 벗어나서 전개된다는 것이다.[186]

빌란트가 자코뱅 집권기까지의 혁명에 대한 편지들을 집필하면
서 행한 비판은 경험적 관찰들로 꽉 채워져 있긴 하지만, 아리스토
텔레스가 나눈 통치 유형의 범주 이론을 넘어서지 못했다. 그는
《네 개의 눈이 바라보는 여러 대화*Gesprächen unter vier Augen*》(1798)에
서도 이전과 마찬가지로 경험적으로 설명되곤 했던, 민주주의에
적대적인 정치적 관점을 거의 바꾸지 않았다. 그러나 그는 이 글에
서 이미 — 모든 의미론적인 비판에도 불구하고 — 프랑스혁명의
언어에 준거하여 일련의 현상들을 지적하였다. 그는 비록 "민주주
의적인 정파"의 대변자로서 공화주의자들이 소수에 불과하다고 생
각하였지만, 그럼에도 관습적으로 당연시되었던 공간적 한계를 극
복한 "대의 민주주의"의 가능성을 받아들였다. 그가 비록 민주주의
를 "단지 유토피아 속"에서만 찾았다 할지라도, 이 개념에 요청된
정당성을 부정하지는 않았다. 또한, 그가 전통적인 군주정 내부의
"질서와 안정"을 극단적으로 옹호했다 하더라도, "보편적인 야만과
미개화를 향한 최후 단계"의 모습을 보여주면서, 동시에 프랑스인
들에 의해 가속화되고 있는 "보편적 민주주의의 프로그램"을 기록
에 남겼다.[187] 프랑스인들은 "가능한 한 가장 짧은 시간 안에 지구
전체를 민주화"하려 한다는 것이다.[188] 빌란트는 "민주화"에 맞서
혼합된 헌법 체제의 이상을 내세우려 하였다.[189] 그럼에도 그는 민
주주의 개념의 확장을 이데올로기적인 운동의 신호탄으로 받아들

여만 했다. 그는 "보편적인 민주주의의 본산"[190]에 대한 날카로운 비판을 결코 아끼지 않았다. 그러나 바로 이 때문에 이제 보편적인 미래 기대 개념으로 확장된 민주주의 개념을 충분히 분석할 수 있었던 현실주의자로 남았다. 그는 말한다. 공화주의적인 헌법은 "일종의 예언자적 정신 속에서 다른 세기와 이를 위한 자질이 언젠가는 갖춰질 다른 인민을 위해 만들어진 것이다"라고.[191]

민주주의 개념의 이러한 전환은 칸트에 의해 이론적으로 이루어졌다. 비록 그는 "공화주의"라는 용어를 사용했지만 말이다. 그러면 어떻게 민주주의 개념이 역사철학적인 기대 개념으로서 독일어권에 도입되었는가를 살펴보자. 이를 위해 칸트 이외에도 괴레스Görres, 슐레겔Schlegel, 아른트Arndt가 거명될 것이다.

1795년 칸트는 전통적인 방식에 따라 정태적으로 규정된 세 가지의 지배(통치) 형태, 즉 "독재정치Autokratie, 귀족정치, (통치 형태 forma imperii로서의) 민주주의"에 대해 질문을 하였다. 그런데 이 질문에 우선하여 그는 정부의 운영 형태에 관한 질문을 제기했다. "정부의 운영 형태forma regiminis는……국가가 자신의 절대 권력을 어떻게 사용할 것인가에 대한 방식과 관련이 있다. 그리고 이 방식은 (대중을 국민/시민으로 만드는 일반 의지의 문서인) 헌법에 기초한다. 그렇다면 이러한 관련 속에서 공화주의적이냐 전제주의적이냐 하는 것이 문제가 된다." 칸트는 관습적으로 구분된 3대 지배 형태에 맞서 반드시 더 좋은 미래로의 전환을 가져다줄 양자택일적 대안을 내세웠다. 지금까지 관습적으로 생각된 한 지배 형태의 다른 형태로의 변화란 단지 "한 나라의 헌법이라는 기계적 존재"에 속하는 것으로서, 그 이상의 것을 가져다주지는 않는다고 한다. 실제로 중요한 것은 미래에는 국민이 어떻게 다스려져야 하는가 하는 정신, 즉 통치 방식과 종류이다. 오로지 이것만이 "유일하게 정당한 헌법"으로 인도한다고 한다. 권력 분립이 정비된 곳, 대의제에 의해 입법이 보장되는 곳, "법이 스스로를 지배하는" 곳, 그곳에서만 "유일하게 불변하는 일국의 헌법, 즉 순수한 공화제"가 지배한다.[192] 반면 권력 분립이나 대의제가 용인되지 않는 지배 형태는 문자 그대로 전제정인데, 무엇보다 민주주의가 그런 형태라는 것이다. 이를 통해 칸트는 민주주의에는 언제나 전제적 폭정으로 변화될 수 있는 위험이 내재한다는 오래된 격언을 극단적으로 표현하였다. 민주주의는 명실상부 전제적이라는 것이다. 이와는 달리 군주정이나 귀족정과 같은 나머지 지배 형태는 프로이센의 프리드리히 2세 치하에서처럼 공화제적, 즉 대의제 공화국이 되거나 아니면 전제적으로 될 가능성을 지닌다는 것이다. 이러한 역사철학적으로 미리 취해진 운동 원리들을 칸트는 "전제주의Despotism*"와 "공화주의Republikanism"로 명명하였는데, 여기서 전제주의는 이미 사멸될 것으로 선고되었다고 하였다. 이러한 역사 운동을 따르는 자는 전승된 기존의 지배 형태를 "점진적인 개혁들"[193]을 통해 효과적으로 순수한 공화제 원리들의 가치가 구현되는 방향으로 이용해야 하

---

* [옮긴이] "독재" 항목에서는 Despotism을 Tyrannis와의 용어적 구별을 위해 '전제권력'으로 번역했다.

는 과제를 갖고 있다는 것이다. 공화제는 텔로스τέλος/목적이고, 공화주의는 운동의 원리였다. '공화주의'는 이처럼 역사 운동의 지표이자 동시에 행동 개념이 되었다. 이 개념은 공화제라는 이론상 불가항력적으로 도출되는 목적을 유일하게 진실한 헌법으로 삼아 이를 추구해야 한다는 도덕적 요구를 담고 있었다.

이처럼 칸트는 아리스토텔레스적인 폴리테이아politeia 개념을 역사철학적으로 변환시켰는데, 이는 '공화국(제)'에 −주의/−ismus를 붙여 만든 신조어, 즉 공화주의Republikanismus에 잘 표현되었다. 이를 통해 칸트는 결코 무시할 수 없는 영향력을 행사하였다. 왜냐하면, 그의 《영구평화론》이 지속적으로 토의되면서, 이후 계속해서 진행된 개념의 전개에 자극을 주었기 때문이다.

1) 칸트는 프로이센 군주정과 프랑스 공화국 간의 바젤평화협정을 단지 일회적인 것이 아니라, 여러 나라의 현존하는 지배 형태들과는 상관없이 진보하는 세력들을 하나로 뭉치게 할 수 있는 공동의 프로그램으로 이해할 수 있도록 하였다.

2) 칸트는 이를 실행 가능하게 하기 위한 이론을 만들었는데, 이 이론을 통해 아리스토텔레스가 말한 3대 지배 형태를 무력화시켰을 뿐만 아니라, 군주정, 공화정, 전제정이라는 몽테스키외가 묘사한 헌법 유형학 또한 무력하게 만들었다. 현존하는 전제정을 적으로 했던 몽테스키외의 논쟁적인 시도는 칸트에 의해 양자 대립*의

---

* [옮긴이] 공화주의 대 전제주의

논리로 첨예화되었다. 물론 이때 칸트는 다양한 헌법 유형이 현존한다는 정치적 사실 관계를 무시하지 않았다. 군주정도 개혁의 길 위에서 순수한 공화국이라는 혁명적인 목표에 도달할 수 있다는 것이었다.

3) 이를 통해 "광의의 공화제res publica latius dicta"라는 전통적인 상위 개념이 군주정에 대비되는 헌법 유형학적인 반대 지위에서 벗어나, 마키아벨리와 몽테스키외가 완성했던 것과 같은 "공동체 개념 일반"[194]으로 다시 통용되었다. 그러나 공화제는 이제부터는 모든 지배 형태를 포괄하는 공식적인 상위 개념이 아니라, 역사철학적인 질을 얻은 방향의 개념이 되었고, 이러한 역사철학적 방향 개념을 실제적으로 채우는 것이 도덕적·정치적 의무가 되었다. 칸트는 자신이 시도한 통치 형태와 통치(정부 운영) 방식의 구별이 대략 헌법과 행정의 대립을 의미하는 것이라는 견해에 대해 강하게 반발하였다. 라인킹Reinking과 비첸도르프Wizendorff가 처음 시도하고, 푸펜도르프가 인정한 "공화제의 형태와 그 운영 방식 간의 구별 Distinction inter formam reipublicae, ejusque modum administrandi",[195] 또한 "최고의 정부에 대해서는 바보들 간에 다투도록 하라. 가장 잘 운영되는 것이 최고다"라는 교황의 시詩[196]야말로 이러한 견해가 널리 퍼져있었음을 보여주는 증거이다. 아무튼, 칸트는 명시적으로 이러한 견해를 비난하였는데, 그 어떤 효율적인 행정에 의해서도 대체될 수 없는 순수한 공화제를 제도적으로 안정시키는 것이 그에게는 문제의 핵심이었기 때문이다.

칸트에게는 비록 미래에나 실현 가능한 것이기는 해도 궁극적으로 단 하나의 국가 헌법 체계만이 가능한 것이었는데, 그것이 대의 제도를 지닌 공화제였다. "이밖의 다른 모든 정부 형태, 이른바 대의제가 아닌 모든 것은 참으로 기형적이다."[197] 또한, 실제적으로 보존할 가치가 있는 정부의 종류, 행정의 양식은 그것이 공화제라는 선험적인 명령을 완수할 때에만 제도적인 조건을 만족시킨다는 것이었다.

앞서 언급된 바와 같이 빌란트는 아리스토텔레스의 3대 지배 형태 이론을 고수하면서도, 언론을 통한 논쟁 속에서 민주주의 개념이 역사철학적으로 정당화된 기대 개념 및 행동 개념으로 확대되고 있음을 분석하였다. 이에 반해 칸트는 아리스토텔레스의 3대 지배 형태 이론 자체를 허물어뜨렸다. 그는 '민주주의'라는 단어에 대해 논쟁적인 견해를 밝히면서, 또한 이에 암시된 만인에 대한 만인의 지배라는 — 그러나 만인이 모두 지배자가 되는 것은 아니라는 — 지배 형태에 대한 논쟁적 태도를 보이면서, 민주주의 개념이 운동 개념이 될 수 있는 근거를 공화제의 이름으로 마련하였다. 바로 이 지점에서부터 젊은 세대에 의한 개념의 의미 변화가 일어나기 시작했다. 피히테는 1796년 칸트 철학을 수용하면서 이러한 해석을 이어받았는데, 이에 의하면 "민주주의란 위에서 밝힌 의미에서 단순히 비정치적인 헌법일 뿐만 아니라, 순전히 법에 반反하는" 것이라고 했다.[198] 왜냐하면, 민주주의에서는 평민이 재판관이자 동시에 이해 당사자가 될 수 있기 때문에 그러하다는 것이다. 그러나 동시에 그는 다만 "민주주의는 좁은 의미에서는, 다시 말해 대표자들을 갖는다는 의미에서는 적법한 헌법이라고 말할 수는 있다"고 하였다.[199] 이로써 피히테는 쾨스터Köster의 입장을 반복하였는데, 이는 단어사적으로 말해 '민주주의'와 '공화정' 사이의 첨예한 경계가 이미 약화하였음을 의미한다. 나아가 슐레겔과 괴레스는 이제 이러한 과정을 의도적으로 촉진시켰다.

1796년 프리드리히 슐레겔은 자신의 저서 《영구 평화에 관한 칸트의 글에 자극받아 저술된 공화주의 개념에 관한 시론》에서 의식적으로 염원된 유토피아로 안내했던 칸트를 넘어섰다. 그는 "단지 조금씩 진전되는 항구적인 접근 과정을 통해서만" 실현될 수 있는 목표 지점에 있는 시민적 자유의 요청을 배제하였다. 다시 말해 "모든 지배와 종속의 폐지"라는 결코 도달할 수 없는 도덕과 정치의 일치 가능성을 배제하였다.[200] 이처럼 사실을 시인하면서 슐레겔은 이상적 헌법을 향한 역사적 진보를 포기하지 않고서도 공화정에서 민주주의로 개념의 변화를 달성할 수 있었다. 그에 의하면, 이러한 역사적 진보의 노정 위에서 임시적인 독재Diktatur 또한 공화주의적 제도로 가능한, 그러나 무엇보다 경험 세계에서 나타나는 다수의 의지가 "선험적으로 생각된 절대적인 일반 의지의 대용품"으로 여겨질 수 있게 하는 다음과 같은 "허구"가 합법화되어야 한다는 것이었다. "공화주의Republikanismus는 필연적으로 민주적이다. 또한 데모크라티즘Demokratismus은 필연적으로 전제적이라는 입증되지 않은 역설은 올바른 것이 될 수 없다." 이처럼 슐레겔은 순수한 민주주의는 달성할 수 없다는 오래된 명제를 차용하긴 했지만, 이러한 민주주의 속에서 테러의 근거를 발견했던 칸트와는 달리, 경험적 도달 불가능성이라는 관념 속에는 항구적인 접근 과정 속에서 민주주의를 성취하려는 역사적 요청 또한 포함되어 있다고 결론을 내렸다. 슐레겔 역시 칸트처럼 지배 형태의 순환 과정이 역사적으로 올바른 운동이라고 여겼다. 그러나 이제부터는 민주주의의 방향으로 운동한다고 생각하였다. "고대인들은 중우정치가 항상 전제정치로 귀결된다고 하였지만, 현대인들은 그것이 틀림없이 데모크라티즘Demokratismus으로 귀결될 것이고, 따라서 사람들에게 과두정치보다는 덜 해롭다고 확신한다." 이처럼 이제 공화주의 Republikanismus의 자리에 데모크라티즘Demokratismus이 들어서게 되었다.

1798년 젊은 괴레스는 이상과 같은 의미에서 두 개념을 수용하였고, 두 개념 모두를 정치 표어로 사용하였다. 그는 자신의 저술 《신앙고백》에서 "민주주의적 형태가 도입되는 세기는 아직 모습을 드러내지 않았고", 완전히 지배가 없어진 상태는 마지막 시대에도 출현하지 않을 것이라고 단언했다.[201] 동시에 그럼에도 불구하고 이를 위한 길은 개척해야 한다고 하였다. 그는 이를 위한 구체적 프로그램을 위의 저술에 연이어 제1차 대프랑스 동맹전쟁* 말미에 쓴 《보편적 평화, 하나의 이상》(1798)에서 발전시켰다.

* [옮긴이] 프랑스혁명전쟁.

이상적인 국가 형태는 스스로 권력을 분립할 줄 아는 홀라키 holarchy*적이고 민주주의적인 형태이다. 홀라키가 완성되면 모든 사람은 입법과 행정 권력을 동시에 갖는다. 구체적으로 말하자면, 프랑스는 민주주의적인 정상 국가의 형태를 갖추었다. 모든 "규제 국가Regulativstaaten"**에 맞서 — 이들과 평화를 체결해야 하는 — 이 정상 국가는 역사적 운동을 뒤로 되돌리는 것이 아니라, 이상적인 민주주의적 목표들을 보편적으로 채우는 방향으로 이끌어가기 위한 수많은 일련의 교육과 개입의 권리들을 부여받았다는 것이다.[202]

괴레스는 칸트가 그랬던 것처럼 또다시 통치 형태와 통치 방식 (정부 운영 방식)을 구별했다. 그러나 칸트와는 달리 역사철학적인 목표 개념을 교육 개념으로 변화시켰다. 그리고 교육 개념으로서의 민주주의는 경험적으로 제시할 수 있는 정상 국가를 단지 정치적일 뿐만 아니라 법적인 의무로 강제해야 했다. 이러한 의미에서 민주주의 개념은 모든 국가에서 전유될 수 있었는데, 심지어는 훗날 反나폴레옹 선전에 이 개념을 응용했던 곳에서도 그러했다. 예를 들어 에른스트 모리츠 아른트Ernst Moritz Arndt는 다음과 같이 역사적 법칙을 공식화했다. "아직 민주주의가 아닌 모든 국가는 여러 세기가 지남에 따라 더욱 민주주의적인 나라가 될 것이다." 그는 이러한 법칙이 결실을 보게 하기 위해서는 "기독교 제3 시대의 표식", 즉 "혁명의 권리jus revolutionis"를 지니는 것이 중요하다고

---

* [옮긴이] 상호 작용하는 부분들의 자율적·자급자족적 결합체.
** [옮긴이] 프랑스혁명에 맞서 결성된 대프랑스 동맹국.

했다.[203]

다른 한편으로는 이러한 역사철학적인 민주주의의 기대 지평 속에서 법치국가를 이룩하기 위한 개혁들을 합리화하기 위해 칸트의 통치(지배) 형태와 통치(정부 운영) 방식 간의 대립이 다시 다루어졌다. 하르덴베르크Hardenberg는 자신의 1807년 9월 12일의 리가Riga 어록에서 다음과 같이 쓰고 있다. "군주제 정부의 민주주의적 원칙, 이것은 오늘날의 시대정신을 위해 적절한 형태로 보인다."[204] 여기서 하르덴베르크는 재차 순수한 민주주의는 절대로 실현될 수 없다는 오래된 토포스를 차용하였다. 그는 말하기를 만약 이를 희망한다면 그 시점을 확실히 2440년(메르시에가 꿈꾼 유토피아)으로 미룰 수는 있을 것이라고 하였다. 다르장송이 길을 닦고 칸트가 이론적으로 확증한 — 아리스토텔레스가 말한 — 민주주의와 군주정의 협력은 이후 19세기에 이르기까지 영향력을 발휘할 수 있었다.

이처럼 광범위하게 확장된 역사철학적인 민주주의 해석의 틀 내에서 이 단어의 장場에 일어난 변화, 즉 일련의 새로운 의미 형성과 전이가 완성되었다. 이제 민주주의 개념에 일어난 근대적 정치화, "사회화", 당파적 조작 등을 하나씩 살펴보아야 한다. '민주주의'가 어느 정도로 행동을 위한 개념, 또한 미래에 실현되어야 할 것을 의미하는 개념이 되었는가를 이미 '민주주의자Demokrat'라는 신조어가 잘 보여준다. 이 단어에는 행동을 담당한 사람이라는 뜻이 강조되어 있었다.

라인하르트 코젤렉

2. '민주주의자'

혁명과 함께 민주주의 개념의 당파적 정치화가 시작되었다. '민주주의자'("민주주의적인 정부 형태의 지지자")라는 단어와 그 반대 개념인 '귀족주의자'가 두드러짐으로써 이러한 과정의 서막이 열렸다. '민주주의자'라는 용어가 사용된 최초의 사례는 덴마크 출신의 클롭스토크Klopstock에게서 발견된다. 그는 1760년 덴마크의 상속 및 주권 취득 증서 체결 100주년 기념을 위한 송가頌歌에서 "법과 수백 명이 지배하는" 곳뿐만 아니라, "법과 일인이 지배하는" 곳에서도 희생을 감당할 준비가 되어 있고, 따라서 바로 여기에 위대한 평화의 기회가 존재한다고 확언하였다. 그는 노래한다. "오, 자유, 자유! 오로지 민주주의자만 외치는 것이 아니다 / 네가 누구인지를 알라 / 선한 왕들에게 행운이 되는 아들 / 그 또한 그것을 알고 있다네!"[205]

'민주주의자'라는 말을 사용한 또 다른 사례는 네덜란드에서 찾아볼 수 있는데,[206] 로테르담의 도시 귀족 호겐도르프van Hogendorp는 1784/87년의 혁명 운동 당시 서로 적대했던 당파들을 "귀족주의자들"과 "민주주의자들"로 명명했다.[207] 나아가 1789년 벨기에에서 봉기가 일어났을 때 혁명파의 지도자는 스스로를 "용감한 민주주의자braves Démocrates"와 "좋은 민주주의자bons Démocrates"라고 불렀다.[208] 이후 혁명 기간에 프랑스에서는 이 단어가 급진 혁명가 그룹의 자기 호명으로 등장하였다. 물론 이 용어는 아직 다른 단어들, 즉 '애국자', '자코뱅주의자', '상퀼로트'처럼 선호도가 매우 높았던 단어들에 비해서는 그 유통 정도가 현저히 떨어졌다.[209] 이후 이 개념은 비난과 욕설을 표현하는 단어로 쓰이면서 유럽 전역에 널리 영향을 끼치고 반향을 불러일으켰다. 혁명의 반대자들은 이 개념을 비난과 욕설의 단어로 쓰면서 — 마치 혁명가들이 자신의 반대자들을 '귀족주의자들'이라고 낙인찍었던 것처럼 — 친혁명적 세력과 논쟁을 벌였다. 무엇보다 독일에서는 프랑스혁명이라는 드라마가 "귀족주의자들"과 "민주주의자들" 간의 투쟁으로 여겨졌다.[210]

아래에서 언급될 증거들에 의하면 — 19세기에 때때로 그렇게 추측되었던 것처럼[211] — 이러한 언어 사용 관례가 앵글로색슨 국가들로부터 유입되었다는 주장은 근거가 없다는 것을 알 수 있다. 1789년 이전에는 영어권의 언어 영역에서 '귀족주의자'나 '민주주의자'라는 표현 모두가 발견되지 않는다. "어떤 '민주주의자'도 미국혁명을 위해 싸우지 않았다. 귀족정의 시대에는 이 체제가 도전받지 않는 한, '귀족주의자'라는 말을 들어본 적이 없다."[212] 오히려 '민주주의' 및 '민주주의적'이란 표현은 영어권에서는 오래전부터 당시까지도 명백히 비난의 메시지였다. 이러한 표현들은 단지 마지못해 프랑스로부터 수입된 것에 지나지 않았다. 1790년 영국의 "연표annual Register"에 있는 다음의 주석은 시사하는 바가 크다. "민주주의자[democrates, 프랑스어 철자로 되어있음]는 이미 모든 권력의 고상함을 까발려 버렸다."[213] 워즈워드Wordsworth는 1794년의 편지에서 "나는 민주주의자라고 불리는 혐오스러운 계급의 인물이다"라는 말을 했다.[214] 미국의 경우 1796년에도 윌리엄 코빗William Cobett은 '민주주의자'를 방어적인 동시에 중상모략적인 의도 속에서 '자코뱅주의자'와 동의어로 사용했다.[215] 미국에서는 '민주주의' 및 '민주주의자'라는 말을 꺼리는 태도가 19세기까지도 계속되었다.[216] 물론 이 단어들을 부분적으로나마 긍정적으로 이해하려는 경향도 있긴 했는데, 이러한 새로운 태도는 — 아주 가끔 제퍼슨 Jefferson이 이 단어들에 대해 공감을 표현했음에도 불구하고[217]— 1828년 이후의 "잭슨 민주주의Jacksonian Democracy"와 이후 "민주주의자들"의 당*이 출현하고서야 관철될 수 있었다.[218] 1845년 프리드리히 폰 라우머Friedrich von Raumer는 미국에서 다음의 말을 전했다. "이제 두 당 모두가 자신들을 민주주의자라고 부른다."[219]

이와는 달리 여러 혁명전쟁에 휩싸인 유럽에서는 이 단어들과 관련된 언어 사용이 각각의 정치적 입장에 따라 찬성과 격정어린 거부 사이에서 요동쳤다. 네덜란드에서는 예전과 마찬가지로 이후로도 '민주주의자'라는 단어는 긍정적인 울림을 주었다.[220] 반면 1750년 이후로 종종 이 단어를 사용해온 독일에서는[221] 공화주의자에 대한 비난으로 사용되었다. "지금 프랑스에서 주인 행세를 하는 민주주의자들"[222]이라는 표현이 그것이다. 그러나 이러한 표현은 곧 더욱 첨예해지는 혁명의 소용돌이 속으로 빨려 들어갔다. 1794년

* [옮긴이] 미국 민주당.

겐츠Gentz는 말레 뒤 팡Mallet du Pan 번역서의 서문에서 다음과 같이 적고 있다. "혁명이 진짜로 어떻게 진행될지 모른다는 것, 여러 모습으로 변형되고 있는 혁명을 판단하는 데에 논리적 일관성이 없다는 것 — 바로 이러한 점들로 인해 어디에서나 마찬가지로 독일에서도 모든 민주주의적인 정당과 반민주주의적인 정당들이 각각의 하위 정당들로 분열되었다. 그러나 이러한 정당들의 차이란 다양한 오해와 오류에 입각한 것이고 그 자체로도 또한 그 자신을 위해서도 완전히 무의한 것이다. 그리하여 오늘날에도 1792년 10월 5일까지의 민주주의자들, 제2차 입법부 출현까지의 민주주의자들, 1792년 8월 10일까지의 민주주의자들, 루이 14세 처형까지의 민주주의자들, 올해 6월 브리소Brissot파 추방까지의 민주주의자들이 존재한다." (겐츠가 이 글을 쓸 당시에는 아직 로베스피에르는 실각하지 않았다.)[223] 이와 같이 혁명이 진행됨에 따라 '데모크라티즘Demokratismus'이라는 역사철학적인 운동 개념은 다양한 스펙트럼의 '민주주의자들' 속에서 표출되었던 관점에 따른 당파적 개념들로부터 해방되었다.

이미 1792년에 '민주주의자' 개념을 독일어로 번역하려는 최초의 시도가 있었다. 이러한 시도는 아직은 언어학적으로 중립적이지만, 실제로는 혁명에 친화적인 태도를 보여준다. 캄페Campe는 '민주주의자Demokrat'를 "인민의 친구 혹은 인민정부의 친구"로 번역하면서 이에 관해 설명했다. "왜냐하면 민주주의자는 스스로가 직접 지배하기를 원하지 않기 때문이다. 그가 원하는 것은 단지 인민이 자신의 대변자를 통해 지배하기만을 원할 뿐이다. 자신이 직접 지배하기를 원하는 자는 선동 정치를 원한다."[224] 아델룽Adelung에게 '민주주의자'는 "민주주의적 헌법을 선호하고, 이 헌법에 헌신하는 사람"을 의미했다.[225] 캄페는 자신의 《외래어의 독일어 번역사전Verdeutschungsbuch》(1813)에서 이 개념에 대해 상론하였다. "이 단어는 1) 인민이 자신의 대변자를 통해 스스로를 지배하는 국가의 시민을 뜻하며, 따라서 자유시민으로 번역될 수 있는데, 다른 나라들, 즉 (네덜란드 등 저지대 나라들같이) 자유로운 나라들도 비록 운은 없었지만 이를 추구했었다. 2) 자유시민적인 신념을 품고 있는 사람을 뜻하는데, 여기에는 자유시민적인 신념의 소유자, 인민의 친구, 인민적 신념의 소유자, 자유의 친구가 속한다. 얼마 전까지 일인 지배와 귀족의 친구들은 민주주의자Democrat라는 말을 욕설로 사용했다. 이 단어는 포스Voß가 (1794년 문학 연감에서) 말한 것처럼 '전승된 모든 것은 개선될 가망이 없다는 견해를 취하는' 사람들을 욕하는 데 사용되었다. 단지 이러한 부자연스러운 언어 사용 관례만이 이를 촉발한 상황과 함께 과거로 사라질 것이다."[226] 셸링은 (1796년) 자신이 민주주의자, 계몽사상가, 일루미나티 단원 등이 아닌가 하는 의심을 감수해야 했다.[227] 이와 유사한 맥락에서 피히테Fichte는 1799년 라인홀드Reinhold에게 다음과 같은 편지를 썼다. "나는 그들이 내가 갖고 있다는 이른바 무신론을 추적하고, 나도 이제 막 이해하기 시작한 소위 자유사상가라는 것을 내 안에서 찾으려 하며(칸트는 특유의 불명료함으로 인해 이 점에서는 운이 좋았다), 내가 악명 높은 민주주의자 중 하나임을 밝히려 한다고는 생각하지 않았다. 그들은 그들 자신이 어둠 속에서 어렴풋이 느끼듯이 나의 철학이 깨우치고 있는 자주독립의 정신을 마치 유령처럼 두려워한다."[228]

폰 아레틴Von Aretin은 극단적 민주주의자들Ultra-Demokraten과 극단적 귀족주의자들Ultra-Aristokraten이라는 말을 했다(1809).[229] 당시에는 '극단적Ultra'이라는 접두어를 쓴다는 것이 종종 혁명의 급진화 현상에 맞서 원래의 의미들을 지키고자 하는 시도의 일환이었다. 그러나 아른트와 같은 신념이 확실한 대중적 명망가들은 그들이 생각하던 "원래적" 개념들을 공표해야 했다. "민주주의자, 민주주의적, 민주주의는 최근 20년간 널리 울려 퍼지면서, 또 이러한 가운데 잘못 쓰이면서, 모든 좋은 사람들의 가슴과 귀를 미혹하는 일종의 쥐약이 되어버렸다. 그러나 이 개념들 속에는 그 어떤 혐오스러운 것도 담겨 있지 않다. 이 개념들은 오로지 인민들이 말하는 위대하고 보편적인 것과 관련을 맺고 있다. 최상의 황제들과 왕들, 그리고 모든 고귀한 인간들 또한 이 개념들이 인민을 위해 존재하며, 인민을 위해 인민과 함께하는 통치를 의미한다는 것을 잘 알고 있다. 인민Volk은 신성하지만, 어리석은 폭민暴民Pöbel은 신성하지 않다. 인민을 위해 인민을 통해 지배받기를 원하는 사람이 민주주의자이며", 반면 폭민과 함께 지배하려는 자는 "중우衆愚정치주의자Ochlokrat"이다.[230] 이처럼 아른트에게서는 모든 역사철학적인 미래 기대의 배후에 그간 점차로 쇠퇴하던 아리스토텔레스의 도식이

다시 빛을 발하고 있다. 이러한 전통주의적인 의미에서 눈에 띄는 것은, 독일에서는 프랑스와 다르게 "자유로운 신념을 가진 사람"이라는 주된 의미 이외에 "민주정 하에서 살아가는 사람", "자유시민" 혹은 "자유로운 나라"라는 객관적 의미가 아직도 지속하고 있었다. 이러한 의미에서 외르텔Oertel은 1830년의 《외래어 사전》에서 '민주주의자'에 대해 아직 다음과 같은 설명을 하고 있다.

"1) 원래 인민의 지배자, 2) 자유로운 시민, 인민이 자신의 대변자를 통해 스스로를 지배하고, 전체 공동체를 통해 자신의 목소리를 내는 국가의 시민, 3) 자유시민적 신념의 소유자, 자유의 친구, 인민의 친구."[231]

3. '정치·사회적 집단 개념으로서 '민주주의'

'민주주의자'라는 새로운 현상이 나타나자 이제 '민주주의'와 '민주주의적'이라는 말이 더 이상 국가 형태와 관련을 맺지 않고 사회 계층과 정치 세력을 표현하는 말로 쓰이기 시작했다. 이러한 언어 사용 관례는 이미 다르장송이 준비한 것이다.[232] 이어 프랑스혁명 기간에 확산하였으며 18세기에 일반화되었다. 그리하여 독일에서는 혁명 기간에 '귀족주의적인' '민주주의적인' 신분이라는 말을 쓰곤 했다.[233] 1790년에는 '민주주의적인 당파'라는 표현이 네덜란드에 등장했고,[234] 이 표현은 빌란트가 종종 차용하곤 했다. 1798년에서

1800년 사이에 캐슬레이Castlereagh는 아일랜드 주지사의 비서였는데 다음과 같이 말했다. "국가의 일반적인 민주주의적 힘은 보편적 부와 번영 때문에 매일 상승하고 있다. ……가톨릭 세력은 민주주의에서 더 많은 부분을 차지하고 있다."[235] 장로교도인 울프 톤Wolfe Tone은 아일랜드에서의 "새로운 사람들의 민주주의"를 언급하였다.[236] 프랑스에서 왕정복고를 위해 싸운 선구자, 에크슈타인Eckstein 남작은 왕정복고 이후 프랑스의 내정 상태에 관한 글에서 "왕정의 폐지를 원하는 인민 내부의 민주주의적 파당"을 언급하였다.[237] 프랑스혁명사 서술에서는 미네트Mignet, 라마르틴Lamartine, 미슐레Michelet 이래로 하층민과 민주주의의 지지자들을 지칭하기 위해 "개인적인 민주주의la démocratie personnelle"라는 말을 사용하는 것이 일상화되었다. 이러한 언어 사용 관례는 아마도 틀림없이 그 기원을 혁명 시기에서 찾을 수 있을 것이다. 민주주의 개념의 이러한 의미는 부정적인 관점에서도 등장했는데, 이러한 언어 사용 관례를 위해서는 버크Burke와 그의 책을 번역하여 영향력을 발휘한 겐츠Gentz가 큰 역할을 했다. 이들에 의하면, 인민은 그 자신의 주권자로서 그들의 숫자가 증가하는 만큼 그에 비례하여 자신에게 경솔함을 허용한다. 그리고 이러한 경솔함은 다시 권력의 남용을 허락한다는 것이다. "이 점에 있어서 완성된 민주주의란 모든 정치적인 괴물 가운데 가장 *부끄러움을 모르는* 괴물이다. 이처럼 가장 부끄러움을 모르는 것이라면, 이는 동시에 가장 경박한 것이기도 하다."[238] 이러한 언어 사용, 즉 행위와 태도에 근거하여 정적을 구체적으로 표현하기 위한 언어 사용은 이후로 독일어 어휘에서 더 이상 사라지지 않았다.

4. 프랑스혁명

새로운 의미 형성과 의미 확대 속에서 가시화된 민주주의 개념의 변화는 물론 프랑스혁명의 언어 사용 자체에서도 잘 드러난다. 혁명 당시 개별 작가들의 사례에서 알 수 있다시피 이제 확고한 헌법 정치적인 윤곽이 결여된 열정적인 민주주의 개념이 등장하였다. 옛날의 위클리프식 민주주의 정의 — 즉 "인민을 위한 모든 것, 인민에 의한 모든 것, 인민에 대한 모든 것tout pour le peuple, tout par le peuple, tout au peuple"이라는 정의[239]를 다시 차용한 푸쉐Fauchet 에 의하면 민주주의의 법칙은 신이 인간에게 부여한 것이었다. 이를 따르자면 민주주의는 신이 재가한 정부 형태였다. 그리스도는 "우주의 민주주의를 위해pour la démocratie de l'univers" 죽은 것이었다.[240] 혁명 당시 이른바 헌법 선서 주교였던 그레구아르Grégoire 주교는 "기독교와 민주주의의 자연스러운 동맹alliance si naturelle du christianisme et de la démocratie"에 대해 말하였다.[241] "형제애 민주주의démocratie fraternelle", "기독교 민주주의démocratie chrétienne"와 같은 것들이 이 시기를 대표하는 개념들이었다.[242] 물론 이러한 열정적인 민주주의 개념은 혁명 초창기에는 그 어떤 직접적인 정치적 의미를 전혀 갖지 못했다. 예를 들어 이러한 개념은 1790년의 보통선거권 논쟁에서 아직 아무런 역할을 하지 못했다.[243] 비로소 자코뱅파의 지배 및 국민공회 정권이 시작되면서 이러한 개념이 정치적 공론장에 등장하였다. 이를테면 에로–세이셸Herault–Séchelles은 국민공회의 헌법 초안을 "대의제적"이고 "민주주의적"이라고 찬양했다.[244] (반면 헌법 초안 그 자체에는 '민주주의'라는 말이 포함되지 않았다.) 로베스피에르는 1794년 2월 5일의 발언에서 실제로 '공화국'과 동의어로 사용된 민주주의 개념을 발전시켰다. 그에 의하면 '민주주의'는 직접민주주의적이고 대의제적인 요소들을 포괄할 수 있는 것이었다. 여기서 결정적인 것은 헌법에 따른 형태가 아니라, "공공의 미덕vertu publique" 및 "평등에 대한 사랑amour d'égalité"과 같은 뜻을 지닌 민주주의의 정신, 즉 "영혼"이었다. 이때 그는 《백과전서》에 근거하여 이러한 민주주의의 정의를 현실화한 것이다.[245] 물론 민주주의라는 단어가 국민공회 정권에서도 유일한 지배권을 획득하지는 못했다 할지라도, 시대정신의 징조가 된 것은 틀림없다. 콘스탄틴 슈타마티Constantin Stamati는 예를 들어 1793년의 서신들 중 몇몇 편지에서 "민주주의 이후 제2년"이라는 연도를 표기하였다.[246]

이와 같은 새로운 민주주의 개념의 반향이 가장 강하게 나타난 곳이 1796년에서 1800년 사이의 혁명적 이탈리아였다. 이곳에서 사람들은 "민주주의적 정부, 민주주의적 교육, 민주주의의 부활, 인민의 민주화governo democratico, educazione democratica, Risorgimento della democrazia, democratizzare il Popolo"를 말했다. 마치 연극 작품처럼 "하늘의 민주화"가 선언되었다.[247] 이몰라Imola 주교 — 훗날의 비오Pius 7세 교황 — 는 1797년 크리스마스를 맞아 신자들에게 좋은 기독교인이자 서로 형제같이 지낼 것을 권유했는데, "이렇게 되면 그대들은 또한 최고의 민주주의자들이 될 것이"라고 했다.[248]

이상과 같은 모든 혁명적이고 역사철학적인 확장과 변형에도 불구하고 독일어 문헌들에서는 전통적인 방식으로 민주주의 개념을 규정하는 일이 빈번하게 나타났다. 물론 여기서도 이미 1783년 쾨스터Köster가 했던 것처럼 대의민주주의를 향한 의미의 확장, 또 몇몇 작가들에게서 그러했듯이 이 개념을 공화국 개념과 융합하는 일이 일어나긴 했지만 말이다. 이론가들은 무엇보다 민주주의에는 전체 인민에 의한 주권의 실행이라는 것이 들어있다는 공리에 집착했다. 이러한 의미에서 1793년 에버하르트Eberhard는 다음과 같이 서술했다. "시민사회의 연합이 이뤄진다면, 이 연합체는 자신이 최고의 지배를 스스로 실행할 것인가, 아니면 이를 타자에게 이양할 것인가를 결정해야 한다. ……이 연합체가 정치적인 주체 전체가 주권의 실행을 지속해야 한다고 결정한다면, 그 연합체가 취하는 정부 형태 혹은 국가 헌법은 민주주의이다."[249] 1794년 포세Posse는 다음과 같이 진술했다. "한 국가의 모든 구성원이 그 국가의 행정에 직접 참여하지 않는다면, 민주주의의 특징에서 멀어지고, 귀족정이나 군주정이 출현한다."[250]

1796년 《백과사전Conversations-Lexikon》은 프랑스혁명의 진행 과

정에 근거하여 오래된 스타일의 결론을 도출했다. "완전히 순수한 민주주의는 결코 실현될 수 없다. 왜냐하면, 결코 교활한 머리를 가진 자들이 사라지지 않을 것이기 때문이다. 이러한 자들은 자신들의 뜻대로 인민을 조종하며 종종 폭력으로 억압한다. 1793년의 헌법은 프랑스에서 순수한 민주주의를 도입하고자 했는데, 그럼에도 불구하고 순수한 민주주의는 오랫동안 불가능할 수밖에 없다는 것을, 또한 그것이 본질적인 의미의 민주주의의 원칙으로부터 상당히 일탈하지 않았는가 하는 것을 태생적으로 보여준다.[251] 1804년 바그너Wagner는 루소의 사상에 근거하여 이와 유사한 진술을 했다. "스스로가 직접 스스로를 다스린다는 민주주의의 이념은 훌륭하게 보이긴 하지만, 매번 서술될수록 필연적으로 몰락할 수밖에 없다. 왜냐하면, 스스로가 스스로를 다스릴 수 있는 인민은 그 어떤 광장 Forum이나 민회가 필요하지 않기 때문이다. 그러한 인민의 사생활은 스스로 공적인 것이 될 것이다. ……그러나 민주주의는, 통치할 수 있는 능력을 소유한 자에게 공동의 존재인 자신을 온전히 바치면서, ……정부를 소유하는 데에서는 사기를 당할 것이다. 왜냐하면, 대중 선동가는 결코 지배자로 비쳐서는 안 되기 때문이다. 반면, 민주주의는 희망을 가지고 각 개인의 재능이 자신을 지배하도록 자극하고 각 개인에게 가장 자유로운 삶을 선사한다."[252]

여기서 결론적으로 확증할 수 있는 것은 혁명이 실제로는 순수한 혹은 절대적인 민주주의에 대해 전통적으로 취해진 유보적 태도를 없애는 데 성공하지 못했다는 점이다. 오히려 혁명은 급진민주주의적인 것으로 비친 헌법의 실험에 실패함으로써 전통적인 유보적 태도를 현저히 강화시켰을 뿐이다.

이처럼 나폴레옹 시대 이후로도 민주주의 개념은 헌법정치적 핵심 영역에서 이전과 마찬가지로 논란거리로 남아 있었다. 민주주의라는 단어에 관해 거부감이 가장 강하게 나타난 곳이 영어권이었는데, 이곳에서는 단지 그 누구보다 페인Paine과 폭스Fox가, 이보다는 약한 정도로 제퍼슨이, 그리고 훗날에는 잭슨Jackson만이 이 단어에 대해 긍정적인 의미를 부여했다.[253] 그러나 1814/15년 빈 회의 이후 왕정복고 시대의 유럽 대륙의 언어 사용 관례에서도 '민주주의Demokraite' 및 '데모크라티즘Demokratismus'[254]은 대개 방어적 의미의 욕설이나 비난의 단어로 쓰였다. 1848년과 49년의 혁명기에 가서야 비로소 이 단어는 폭넓은 ─ 부분적으로는 긍정적이기도 한 ─ 의미를 얻게 되었다.[255] 그런데 이러한 혁명 시기가 남긴 결과는 '민주주의' 개념이 헌법정치 및 국가 형태 영역에 고정된 그간의 의미를 잃어버리고, 역사적·이데올로기적인 의미로 확대되었다는 것이다. '민주화하기demokratisieren'라는 표현의 등장 또한 이러한 의미의 확대 현상과 맥을 같이하고 있는데, 이 표현은 이미 1798년 빌란트가 사용한 바가 있고, 캄페의 《외래어의 독일어 번역사전Verdeutschungsbuch》(1813)에서 아래와 같이 다른 식으로 표현했다. "1) 자유시민적인 신념들을 표현하고, 드러내보이고, 밝히고, 과시하고, 자유시민 되기, 2) 자유시민적인 신념들을 유포하기."[256] 이상과 같이 '민주주의'는 특정 경향성과 운동을 표현하는 개념이 되어버렸다. 이처럼 변화된 민주주의 이해는 무엇보다 1848년 3월 혁명 이전에 천천히 그 입지를 구축하였다.

한스 마이어Hans Maier(1931~)
독일의 정치학자, 정치가, 저널리스트, 역사가. 프라이부르크 등지에서 역사, 독문학, 철학 등을 공부했다. 뮌헨대학교 정치학 교수, 바이에른 주 문화부 장관 및 주 의원 등을 역임했고, 카를 야스퍼스상 등 수많은 학술 및 문화상을 받았다.

라인하르트 코젤렉Reinhart Koselleck(1923~2006)
20세기의 가장 중요한 역사가 중 하나. 하이델베르크대학교 박사. 보훔 및 빌레펠트대학교 역사학 교수를 지냈다. 《역사 기본 개념 *Geschichtliche Grundbegriffe*》 사전을 기획·편집함으로써 개념사를 정초했으며, 역사기호학 등 역사이론으로 세계적 명성을 얻었다.

역사 운동의 지표로서
민주주의(19세기)

프랑스혁명 이후 민주주의는 유럽 전역에서도 강대국을 가능케 한 구성 형태이며, 따라서

현재를 직접적으로 결정하는 정치적 힘으로 여겨졌다. 19세기에 행해진 민주주의에 관한

이론적 논의는 바로 이러한 점이 특징이었다.

CHAPTER V

Die Demokratie als Indikator gwschichtlicher Bewegung(19.Jahrhundert)

V. 역사 운동의 지표로서 민주주의(19세기)

●●● 프랑스혁명 이후 민주주의는 유럽 전역에서도 강대국을 가능케 한 구성 형태이며, 따라서 현재를 직접적으로 결정하는 정치적 힘으로 여겨졌다. 19세기에 행해진 민주주의에 관한 이론적 논의는 바로 이러한 점이 특징이었다. 이 개념은 이제 더는 학술적 개념이나 기껏해야 "열강"이 아닌 미미한 주변부 국가들(당시 미국, 스위스, 네덜란드)에서 실현된 국가 형태가 아니라, 각 민족의 삶을 더욱 강하게 만드는 힘이 있는 중심적인 역사 운동으로 여겨졌다.

슈테거Steger가 편집한 1849년의 《증보 팸플릿*Ergänzungsblätter*》은 독일을 위해 다음과 같은 주장을 표명했는데, 이는 19세기에 나온 민주주의에 대한 모든 학술적·정치적 논의들의 핵심을 찌르고 있다. "모범이 된다고 빈번하게 찬양되어왔던 사회 형태가 갑자기 우리 사이에서 진리가 되어버렸다. 이론적 논의가 이제 살과 뼈를 지닌 존재를 마주 보고 있다. 민주주의는 문헌에서 걸어 나와 삶 속으로 발걸음을 옮기고 말았다. 예기치 않은 손님의 갑작스러운 출현에 다소간이라도 혼란스러움을 느끼지 않는다면, 확실히 우리는 인간이 아니다."[257]

1. 헌법정치적 이해

민주주의 이론은 점차로 민주주의적인 실행 쪽으로 방향을 전환해 갔다. 이러한 과정은 19세기의 유럽 혁명들을 통해, 또한 당시 그 중요성이 부각되던 미국의 헌법 모델[258]을 통해 전개되었다. 이와 같은 방향 전환은 무엇보다 민주주의에 대한 엄밀한 헌법정치적인 이해에 강조점의 변화를 주었다. 이제 이 개념을 군주정이나 귀족정과 같은 대안적 체제와 대비되는, 즉 다른 것과 명료하게 구별되는 국가 형태로 이해하려는 경향이 점점 약화하였다. 이 개념은 오히려 그때그때의 사회적 상태와 역사적 상황에 따라 귀족제 및 군주제의 요소들과 결합할 수 있는, 현대 헌법들 모두에 내재한 고유한 정치적 요소로 간주되었다. 이에 따라 아래와 같은 오래된 의미들이 민주주의 개념으로부터 방출되었다. 1) "순수한" 혹은 "직접적" 민주주의와의 고착, 2) 약소국 및 단순한 사회 형태들과의 결합, 3) 귀족제적 혹은 군주제적 질서들의 반대. 그러면 지금부터 이러한 발전 과정을 추적해보자. 이러한 과정은 영어권이나 로마(라틴)어권에서도 나타나지만, 여기서는 주로 독일어권의 사료를 중심으로 서술될 것이다.

a — 대의제 민주주의

프랑스혁명 기간에 독일의 민주주의 이론에서는 '민주주의'를 '직접민주주의'와 동일시하고, 인민의 직접 통치가 제한된 모든 형태를 귀족정이나 군주정으로 넘어가는 과도기로 이해하려는 경향이 압도적으로 강했다. 그럼에도 불구하고 3월혁명 이전에 이미 프랑스 이론가들의 영향을 받아 이러한 태도에서 벗어나려는 일이 벌어지기 시작했는데, "제한적(혹은 대의제적) 민주주의"라는 사상의 발전이 그것이다.[259] 푈리츠Pölitz에 의하면 이러한 민주주의는 다음과 같은 점 때문에 귀족정과 구별된다. "인민의 대표자들은 그 어떤 특수한 신분적 이해관계가 아니라, 인민의 보편적인 이해관계 자체를 관철할 수 있을 뿐이다. 즉, 대표자들은 전권을 위임받은 자가 아니라, 대리인의 성격을 가지고 행동한다. 이들은 선거로 지명된다. 인민 대표자들의 머릿수는 각 신분이 아니라, 인민 전체의 숫자에 의해 통계적으로 확정된다."[260] 물론 이러한 사상이 전혀 논쟁의 여지가 없지는 않았다.[261] 그러나 순수한(직접적) 민주주의와 대의제(온건한) 민주주의가 구별되었다는 것은 3월혁명 이전에 벌어진 토론이 남긴 성과였다. 이러한 성과는 블룸Blum,[262] 마이어Meyer,[263] 브로크하우스Brockhaus,[264] 블룬칠리/브라터Bluntschli/Brater 사전에서 발견되는데, 특히 블룬칠리/브라터 사전은 대의제 민주주의를 "귀족제적이고 절제된 민주주의, 즉 고상한 민주주의"라고 명명했다.[265] 여기서 특기할 만한 것은 민주주의 이론이 더 이상 — 18세기까지 지속된 이론들이 그러했던 것처럼 — 대의제 민주주의를 순전한 혹은 위장된 귀족정으로 규정하지 않고, 대의제적 형태를 갖춘 민주주의적인 질서라는 넓은 영역을 한편으로는 "절대적인 민주주의"[266]와, 다른 한편으로는 본래적 의미의 귀족정과 구분하려 했다는 점이다. 이는 변화된 역사적 상황을 보여주는 명백한 징표로서, 이제 민주주의라는 것이 더는 앵글로색슨 세계의 소도시 정부의 형태나 스위스 여러 지방의 민회Landesgemeinde의 형태로 등장하는 것이 아니라, 강대국들의 헌법 형태에 영향을 끼치고 변형을 가하는 것으로 이해되었다는 것을 보여준다.

b — 규모가 큰 강대국에서의 민주주의

이에 상응하여 이론상으로 민주주의적인 정부 형태는 이제 더 이상 규모가 작고, 단순하며 사회적으로 동질적인 국가 구성체에 한정되지 않게 되었다. 물론 슐뢰처Schlözer는 아직도 민주주의를 "단순히 소박한 이해력만으로 가능한 공동체의 일, 그 이상의 다른 것을 해보지 않은 작고 순진무구하며 문명화되지 못한" 인민에게서나 가능한 것으로 간주했다. 같은 맥락에서 그는 "강대하고 세련되었으며, 이 때문에 타락한 인민에게는 민주주의란 모든 정부 형태 가운데 가장 전제적인 것"이라고 했다.[267] 그러나 바로 이 말은 동시에 민주주의를 바라보는 관점이 3월혁명 이전 시기에 서서히 변화하기 시작했음을 의미한다. 이러한 과정에서 가장 결정적인 것이 무엇보다 미국의 사례였다. 미국은 — 1836년 뤼더F. A. Rüder가 토크빌의 《미국의 민주주의》를 번역하자 — 이제 민주주의 정부 형태에 관한 이론적 성찰의 중심에 확고히 서게 되었다.[268] 이러한 맥락에서 1838년의 브로크하우스 사전은 다음과 같이 진술하고 있다. "실제적인 인민의 지배로서 민주주의는 미국에서 전개되고 있다. 이러한 민주주의는 그곳에서 앞으로도 오랫동안, 또한 다양한 모습으로 — 이렇게 될 수 있는 능력을 갖추고 있는데 — 자신을 관철할 것이 확실하다. 이러한 미국의 민주주의는 스스로도 계속해서 발전할 뿐만 아니라, 매우 큰 의미를 지니고 있다. 유럽의 더 많은 언어로 번역되면 될수록…… 이곳에서 더욱더 뿌리를 내리고 기반을 다질수록, 더욱 의미심장하게 낡은 유럽에 영향을 끼치게 될 것이다."[269] 미국은 — 또한 영국도 약간은 — 절제된 혹은 대의제적인 민주주의의 모범으로 간주되었는데, 자유주의 세력이 프랑스혁명이 좌절된 이후로 여러 차례에 걸쳐 이러한 민주주의에 자신들의 희망을 걸어왔기 때문이다. "이러한 정부 형태의 장점은 바로 다음과 같다. 인민 의지의 힘으로 일차적이고 가장 직접적인, 때로는 격정적이고 불명료한 장광설이 아니라, 일련의 중간 단계들과 기구들을 통해 세련되고 온건하며 명료하게 민주주의를 실현할 수 있다는 점이 그것이다. ……절대적인 민주주의는 특히 그 영향력이 극도로 위험하다. 만약 — 이는 쉽게 일어날 수 있는 것인데 — 권력이 반대 세력 없이 무제한적으로 인민회의Volksversammlung의 수중에 장악된다면, 그리하여 무조건 모든 상황에 개입하거나, 각 구성원의 개인적 자유와 명확히 모순되는 국가의 전능全能함을 정당화하기 위해 인민회의나 그 지도자에 의해 오용된다면, 그러하다. 바로 이 때문에 특히 미국에서 조직된 것과 같은 대의제 민주주의가 최고의 장점을 지닌다고 훌륭한 평가를 받고 있다. 미국에서는 최선의 인민 자치정부라는 원칙이 모든 관계에서 가능한 한 국가 권력을 가장 필요한 부분으로 최소화하고, 최대한 엄격하고 신중하게 실행한다는 것이며, 이러한 원칙은 모든 분야에서 확고하게 뿌리를 내리고 있다."[270]

c — 민주주의, 귀족정, 군주정

이론적 논의가 절대적 민주주의에서 대의제적 민주주의로, 또한 소규모의 – 원시적인 민주주의에서 거대한 영토의 문화적으로 발전된 민주주의로 옮아감에 따라 마침내 민주주의와 귀족정의, 그리고 무엇보다 군주정과 헌법정치적인 대립이 약화하였다. 민주주의가 국가 헌법 질서를 구성하는 요소 또는 그 일부분 정도로 파악되면 될수록 (또한, 다른 것과 구별되는 특정한 국가 형태가 아닌 것으로 이해될수록), 상기한 나머지 정부 형태들과 대립하는 것으로 간주되는 일이 점점 더 적어졌다. 물론 귀족정과 민주주의 간의 혁명적 대립 관계는 19세기에도 계속되기는 했다. 예를 들어 빌라우B. Bülau는 민주주의를 "귀족정적 원리"와 대립하는 것으로 파악했다.[271] 마이어Meyer 또한 이 두 가지 정부 형태 사이에는 대립이 존재한다고 보았다. "여기에는 권리와 의무의 평등이, 저기에는 특권과 특혜가 있다. 둘 사이에는 오로지 투쟁만이 있을 뿐이다. 실로 적이 괴멸될 때까지 계속되는 투쟁만이."[272] 그러나 이미 1838년의 《현대 백과사전Conversationslexikon der Gegenwart》은 다음을 언급하면서 이 둘의 대립을 상대화했다. 영국을 예외로 하면 유럽 전체에서 귀족정은 몰락하는 상태에 있고, 따라서 민주주의는 단지 군주정만을 실제적인 적수로 삼고 있다는 것이었다.[273] 1849년 슈테거Steger 또한 낡은 귀족정이 종말을 맞고 있다고 확언했다. 그러나 그는 동시에 근대화된 귀족정을 — 이러한 조합을 통해 온건해진 — 민주주의와 결합시키기를 원했다. "양원제의 방식으로 귀족정과 민주주의가 나란히 구성될 수 있다. 하나가 다른 하나를 통제하면서 이 둘은 동등한 권리를 가질 수 있다. 또한, 올바른 귀족정과 진정한 민주주의도 동시에 가능하다. 옛날에는 귀족정은 귀족에, 민주주의는 중간 신분에 속한 것이었다. 이러한 상태는 이제 극복되었다. 신분으로서의 귀족은 자신의 권리를 잃어버렸고, 중간 신분은 이제 더는 민주주의의 담당자가 아니다. 정부들이 이러한 진리를 인식한다면, 귀족들로부터 귀족정을 빼앗고, 예전의 민주주의로부터 현재의 귀족정을 만들며, 새로운 민주주의에게 걸맞은 위치를 부여할 수 있다. 오늘날 무엇이 귀족적 지위를 요구하는가? 지성과 돈이다. 이둘의 힘이 함께 합쳐졌을 때 그러하지, 지성 없이 돈만으로는 안 된다고 한다. 그러하다면 제1차 헌법의 오류가 재현되기 때문이라는 것이다. 따라서 상원에는 대지주, 상인, 공장주, 부유한 자영업자,

교수, 의사, 약사, 성직자, 교사 및 공무원의 대표자들이 자리를 차지하게 될 것이다. 하원은 보통선거권을 통해 구성되어야 한다. 이러한 권력 분립이 축복을 가져다줄 것이다."[274]

사람들은 또한 민주주의 세력과 계몽군주의 동맹 가능성을 의식하고 있었다. 이에 대해 1824년 하르트레벤Hartleben은 다음과 같이 말하였다. "이 정치적 전쟁에서 운이 좋게도 민주주의는 군주정이 아닌, 귀족정의 월권에만 맞서 싸우고 있다. 따라서 우리는 양쪽으로부터 공정성이 출현하리라고 소망할 수 있다. 특별히 입헌 독일의 상황에 대해 말하자면, 독일의 거의 전 지역에서 통치자들이 다음을 확신했다. 각 신분은 완전한 사랑, 진실성, 충성을 지닌 채 군주제적인 원리를 파괴하고자 하는 것이 아니라, 내각의 자의성과 오용에 맞서고 있다는 것을 말이다."[275] 휘브너Hübner의 《신문 및 백과사전Zeitungs- und Conversationslexikon》은 심지어 신성동맹* 의 국가 원리들과 '민주주의' 간에 다리를 놓으려 했다. 이에 따르면, '민주주의'는 "비록 정치적 권리를 갖지 못한다고 하더라도" 막연하나마 가족과 같은 국가공동체Staatsfamilie의 혹은 그 구성원 다수의 보편적인 이해의 지배로 규정된다는 것이다. "물론 별다른 위험 없이 군주제 하에서 이러한 이해가 지배적인 것이 될 수 있다고 여겨지며, 실제로 그렇게 될 수 있다. 군주정이 여기서 자신이 위험에 빠지지 않는다고 믿을 때, 가장 현명한 이 동맹의 법칙은 변경되지

---

* [옮긴이] 1815년 빈 체제 아래에서 결성된 프로이센, 오스트리아, 러시아 절대 왕실 간의 동맹.

않았다. 왜냐하면, 세습군주들과 그 신민들이 끊임없이 공유하는 민족적 이해라는 기본 원칙이 존중되기 때문이다."[276]

반면 헤겔은 '군주정'과 '민주주의' 개념의 융합에 반대하였다. 1820년대 초 그는 《법철학》에서 다음과 같이 서술했다. "새로운 시대에 군주정 하에서 민주주의적인, 귀족정적인 요소들을 말하는 것은 적절하지 않을 것이다. 왜냐하면, 이러한 것들이 군주정 하에서 일어난다면, 그러는 한, 이것들은 진정한 의미에서 더 이상 민주주의적이거나 귀족정적인 것이라고 규정될 수 없기 때문이다."[277] 그러나 1849년 슈테거는 이러한 개념적인 성찰에 구애받지 않고 '민주주의적 군주정'을 미래를 위해 노력할 만한 가치가 있는 목적으로 주목했다. 그에 따르면, 만약 군주정을 민주화하는 데 실패한다면, "민주주의는…… 사회주의를 유발할 것"이라는 것이었다.[278] 여기서 그는 로베르트 블룸Robert Blum[279]과 마찬가지로 프로이센 왕 프리드리히 빌헬름 4세Friedrich Wilhelm Ⅳ의 발언, 즉 "가장 폭넓은 민주주의적인 토대에 기초한 군주정"이란 말을 시대의 구호로 인용했다. 나아가 1852년 브로크하우스 사전은 민주주의가 "군주제적 원리보다는 귀족제적인 원리를 더 많이 공격"했으며, 옛날에는 "군주정이 민주주의 속에서 귀족정에 맞서는 자연적 동맹을 구했고, 또 찾았다"고 확신할 수 있었다.[280] 1850년대 말 블룬칠리Bluntschli는 군주정과 민주주의적 조류 간의 관계에 관한 논쟁을 원칙 선상에서 정리했다. 이에 따르면, 군주제적인 유럽의 정치적 과제란 민주주의적 요소들에 대한 억압이 아닌, 올바른 조직화와 존중이라는 것이었다. "군주정은 민주주의적인 요소를 그 자연적 정당성 속에서 조용히 인정하는 가운데, 스스로 그 속에서 가장 확실한 버팀목을 찾을 뿐만 아니라, 동시에 조직적 질서들을 통해 이 요소의 과도함과 방종을 막아낼 힘을 갖는다."[281] 이처럼 절대적 민주주의와 이것의 귀족정 및 군주정과의 극복될 수 없는 대립에서 출발한 이론적 논쟁의 결론은 대의제적이면서 왕권과 밀접하게 연합한 민주주의라고 할 수 있다. 고전적 이론은 이제 명백하게 변했다. 고전적 이론에서는 귀족정적인 질서들의 기호였던 것이 이제는 "대의제적 민주주의"로서 확장된 민주주의 개념 속에 편입되었고, 나아가 최종적으로는 민주주의의 지배적인 기본 유형 그 자체가 되었다.

　이처럼 낡은 개념들이 결정적으로 부드러워질 수 있었던 것은 사람들이 확실히 근대적이고 규모가 큰 강대국들로 확장되었으며, 정치적 불안정이라는 낡은 낙인으로부터 해방된 민주주의의 실체를 대면했기 때문이었다. "민주주의는 질서와 힘을 지닌 채 국가안에서 존재할 수 있다. 마치 그리스와 로마의 역사가 말해주고, 새롭게 북아메리카의 여러 주가 증명하는 것처럼 말이다. 따라서 민주주의는 아나키와 혼동되어서는 안 된다."[282] 이에 상응하여 대의제 민주주의 개념과 함께 민주주의가 철저히 높은 평가를 받게 된것도 이론적인 주요 성과이다. 이제 이 단어와 관련하여 새로운 역사의 서막이 열렸는데, 20세기에 들어와 '민주주의'는 과거의 이론과는 완전히 반대되는 긍정적인 의미를 얻게 될 것이었다. 이 시기는 이러한 과정의 준비 단계였다. 그러나 아직 '민주주의'가 자유주의적인 시민층 밖에 있던 보수적이고 시대에 반동적인 자들과 사회주의적인 유토피아를 꿈꾸던 자들에게는 — 곧바로 부정적이거나 곧바로 긍정적으로 강조되면서 — 고전적 이론의 급진성과 날카로움에 의해 각인된 개념으로 남아있었다.

2. "민주주의적 원리"

민주주의 개념의 두 번째 발전 방향을 언급하도록 하자. 엄밀한 의미의 헌법정치적 영역 바깥에서 일어난 사회적·정신적인 민주주의 개념 및 "민주주의적 원리"론으로 가는 발전이 그것이다.[283] "민주주의적 원리"란 아리스토텔레스의 폴리테이아 이론과 느슨하게 결합하면서, "긍정적인 조항을 추가로 삽입하지 않고 구성원들이 공동체를 이루려는 직접적인 행위로부터 나온 헌법"으로 이해되었다(로텍Rotteck).[284] 이와 관련한 기본적 사상은 이미 하르트레벤Hartleben에게서 발견되는데, 그는 좁은 의미의 정치적 민주주의와 넓은 의미의 민주주의 개념을 구별하고 있다. "민주주의는 단지 공화국과 고귀한 양반들이 없는 국가에서만 가능하다. 그러나 시민들이 정치적 자유, 다시 말해 공공의 업무를 결정하는 데 법적으로 인정된 몫을 누리는 질서 잡힌 국가들은 무제한적인 자의적 지배가 없는 민주주의적 원리 그 자체를 갖고 있다."[285] 로텍은《국가사전

Staats-Lexikon》에서 이러한 민주주의적 원리에 대한 자유주의적인 해석을 상론한다. 이에 의하면, 지배 형태로서가 아니라 원리로서의 민주주의가 원천적인 사회계약에 담긴 뜻에 따라 각각의 (군주제적이거나 귀족제적인) 국가 헌법의 기초가 된다. 따라서 "법치국가"에서는 언제나 민주주의적 원리, 즉 "전체 의지의 적법한 지배라는 사상"을 지키는 것이 필수적이다. 이에 근거하여 로텍은 "전체 의지"를 헌법적 적법성에 맞게 대변할 수 있는 제도로서 보통평등선거권이 아니라, "지혜롭게 제어된 자유선거"에 기반한 "인민위원회"를 요청하였다. 이로써 로텍은 한편으로 절대적 권력이 되어버린 귀족적 특권에 대해서는 철저한 거부의 태도를, 다른 한편으로 군주정에 대해서는 의존적 태도를 결합하였다. 이에 맞춰 로텍은 현대 민주주의의 문제를 해결하려 했는데, 그는 "군주제적-민주주의적 원리"를 단지 폭력적 전복에 의해서만 실현할 수 있는, 위험한 "공화제적-민주주의적 원리"와 대비시켰다. "로베스피에르의 공포정치는 민주주의적인, 다시 말해 만인을 위한 권리의 보장을 지향하는 원리에 입각한 것이 아니었다. 이러한 원리는 마치 중국의 절대주의와 공통점이 없는 것만큼 자코뱅주의와도 공통점이 없는 것이었다."[286] 미래의 민주주의적 발전에 대한 자유주의적 시민의 기대와 요구를 표현한 로텍의 이 글에서 잘 드러나는 것은 군주정에 대해 명백히 친화적인 태도, 즉 왕과 함께 자코뱅주의적인 급진민주주의를 힘을 모아 막아내자는 것이었다. 그러나 이 글에서는 이뿐만 아니라 더 시사적인 점도 드러나는데, 그것은 민주주의

운동에서 헌법정치적인 목표들의 정확한 제시를 신중하게 피하고 있다는 것이다. 민주주의적 원리란 결코 국가 형태로서의 정치적 민주주의를 완전히 실현할 것을 요구하는 것이 아니었다. 입헌군주제 하에서도 이러한 원리는 충족될 수 있었다. 나아가 단적으로 각각의 헌법정치적 조정과는 상관없이 충족될 수 있는 것이었다. 민주주의적 원리라는 것은 귀족정 및 군주정적인 원리들에 맞서 진행된 선전용 구호였는데, 스스로가 비판한 귀족정 및 군주정적인 원리들과 마찬가지로, 당대의 정치적 현실과 순수하게 이성적으로 결정된 요청들이라는 이상 사이에서 진자운동을 하는 상태에 머물렀던 것이다. 그리고 민주주의적 원리는 군주제와 마찬가지로 낡은 귀족정적인 국가 형태들로부터 그 정치적 구체성을 벗겨내어, 이를 다양한 방식으로 역사적 혼합을 이룰 수 있는 능력을 갖춘 경향들, 원리들, 운동들로 변화시키는 데 도움을 주었다.

마침내 이러한 상황에서 민주주의라는 정치적 개념이 사회적 혹은 이념적 개념으로 축소되는 일이 일어났다. 독일에서는 이러한 현상이 이미 1830년대 말에 일어났다. 예를 들어, 1840년 브로크하우스는 민주주의 개념 규정에서 이 개념을 아직 전통적인 정치적 개념으로 이해하였다. 그러나 정치적 개념 이외에 이미 — 점차 더욱 중요한 것이 되어가던 — 두 가지의 다른 개념 규정을 서술하였고, 이것이 민주주의 항목의 중심적 내용을 구성하고 있었다. "인민 대중 혹은 다수 인민의 욕구와 물적 이해관계의 힘으로서의 민주주의, 이러한 민주주의는 모든 곳에서 또한 모든 헌법 아래에서 관철된다. 왜냐하면, 인민은 모든 곳에서 먹거리와 적절하고도 완벽한 임금을 요구하기 때문이다. 이러한 요구는 법 앞의 평등 없이는 전혀 상상할 수 없는 영업의 자유, 생업의 가능성 및 법의 보호와 맥을 같이 한다." 그리고 "고도의 정신적 혹은 도덕적 이해관계의 힘으로서의" '민주주의'는 "전체의 안녕이 본질적으로 인민들의 도덕적 향상, 공정성, 진리, 이타利他적 활동에 달려 있게 만들고, 이러한 것들을 국가 생활의 최고의 과제로 인식시킨다"(굵은 글씨는 옮긴이의 강조).[287]

물적 이해관계의 힘, 즉 예견치 못했던 폭발력을 지닌 사회 문제는 — 예를 들어 로텍에게서 발견되다시피 — 민주주의적 희망들과 시민적–자유주의적 이해관계의 조화로운 결합 속에서 진행되어 온 민주주의 개념의 발전사를 종식시켰다. 1840년 브로크하우스는 자신의 사전에서 3월혁명 이전 시기 민주주의 진영에서 인지되었던 경계선을 언급하였다. 사람들은 "단순히 기성 사회구조의 정치적인 토대뿐만 아니라, 사회적 토대 또한 전복되어야 한다는" 사상과 마주친다는 것이다. 이러한 사상에 의하면 "유산계급(부르주아지)은 지금까지 누려온 정치적 특권뿐만 아니라, 자신들의 특권이 기초하는 물적 기반 또한 무산계급(진정한 인민)을 위해 통째로 혹은 부분적으로라도 내어주어야 한다. 한마디로 사회의 모든 계급 사이의 완전한 정치적 평등뿐만 아니라, 물적·사회적 평등이 이룩되어야 한다"는 것이다. "이러한 의미에서 사회–민주주의적social–demokratisch 국가 질서, 민주주의적이고 사회적인 공화국이 민주주의적 원리 발전의 필연적인 목적으로 언급된다. 바로 이 지점에서 민주주의의 당은 (혹은 오늘날 자주 듣는 것처럼 언어적으로 오도된 민주주의의 당은) 단지 민주주의적 원리의 정치적인 결과들, 즉 보통선거권과 모든 국민(시민)적 권리들의 절대적인 평등을 인정하고 관철하려는 순수한 민주주의 당과 사회-민주주의 당으로 나뉜다. 후자는 앞에서 말한 정치적 획득물들을 단지 모든 인간의 보편적인 사회적 평등을 얻기 위한 수단으로 간주하고 있다(굵은 글씨는 옮긴이의 강조)."[288] 프랑스 제2공화정에서의 《사회적 민주주의의 역사적 실제》를 로렌츠 폰 슈타인Lorenz von Stein은 헌법적·행정적 문제와 연결된 맥락 속에서 이를 관찰하였다. 그에게 확실해 보인 것은 다음과 같은 것이었다. "이제부터는 순수한 민주주의나 순수한 사회주의는 더 이상 존재하지 않을 것이다. 이로써 최종적으로는 국가 생활과 국가 활동의 중심점이 이동할 것이다. 즉, 헌법의 문제에서 행정의 문제로 전이될 것이다."[289] 독일 사회민주주의당의 발전 과정을 보자면 슈타인이 내린 예견의 핵심은 어느 정도 타당한 것이었다. 반면 "순수한" 민주주의를, 이를 달성하자마자, 단지 투쟁해서 극복해야 할 전 단계로 간주한 혁명적 마르크스주의는 그의 예견과는 다르게 전개되었다.[290]

3. 민주주의 개념의 역사화

19세기 사람들이 피할 수 없었던 욕망은 이른바 경향, 원리, 역사적 운동으로 이해된 민주주의를 유럽사의 진행 과정 속에 자리매김하는 것, 또한 근대적인 민주주의적 이념들의 확실한 "별자리점을 치는 것"이었다. 그러나 이러한 일은 프랑스혁명 이전 시대와 비교할 때 기본적으로 새롭고도 다른 방식으로 일어났다. 혁명 이전 시기에는 민주주의적인 통치 형태의 요소와 기원이 성찰될 때면, 그것이 본질적으로 전통적인 순환설에 따라 행해졌다. 즉, 이러한 성찰은 (귀족정이나 군주정 및 그것의 퇴화한 형태들로부터) 민주주의로 이행하는 "격변"을 이끌어낼 수 있는, 그리고 이에 따라 통치자의 행동 규칙을 설계하는 방식으로 이뤄졌다. 반면 19세기에 들어와 사람들은 그러한 탐구의 실용적인 의도와 순환론적인 경향에서 벗어났다. 다시 말해 민주주의란 대다수의 이론가들에게는 더 이상 다른 형태의 헌법을 전제로 하고 어느 날 다른 형태에 의해 해체되는 헌법의 상태*가 아니라, 수백 년 이래의 "역사적 경향"이 모든 운동의 힘을 그 지점으로 집중시키는 하나의 역사적 종착점을 의미했다. 이에 발맞추어 사람들은 이제 현상에 대해서 모든 상황이 고려된 하나의 보편적인 설명을 추구했다. 이러한 설명은 역사적으로 (여기서 단지 가장 중요한 설명 시도를 언급한다면) 세 가지 방향에서

---

* [옮긴이] 여기서 민주주의란 헌법 교체의 순환 고리 속에 있는 특정 헌법으로서의 민주주의를 의미한다.

나왔는데, 이는 다음과 같다. 1) 민주주의의 고대적인 전사前史로부
터, 2) "고대 게르만(독일)의 자유"로부터, 3) (앵글로색슨적) 프로테
스탄티즘으로부터.

a ― 폴리스의 재수용

독일에서는 불과 소수의 사람만이 근대 민주주의의 역사적인 본보
기를 고대의 민주주의 공동체에서 찾았다. 정치적 동력 및 역사적
비교 척도였던 혁명적 구호 "로마인들도 이렇게 했다Ainsi faisaient
les Romains"는 프랑스혁명기 이후로는 프랑스에서도 독일에서도
영향력이 없었다. 물론 근대적인 민주주의적―공화주의적 설계도
를 작성하는 데에는 인문주의적인 요소가 현재성을 지니고 있었
다. 그러나 니부어Niebuhr 이후로 엄격한 사료 비판의 토대 위에서
고대사 연구가 진행되었고, 이로 인해 혁명시대의 프랑스와 독일
과 비교해볼 때 고대 민주주의의 실제에 대해 본질적으로 더욱 회
의적이었으며, 이를 과도하게 이상화하려는 것에서 벗어나려는 자
유로운 시선이 생겨났다. 그 결과 고대 민주주의에는 정치적 권리
에 있어서 모든 국민Staatsbürger, 나아가 모든 인간의 절대적인 평
등권에 대한 인식이 결코 없었다는 진술이 거의 일반화되었다. "인
구의 다수를 차지하는 노예들에게는 아무런 권리도 없었다는 것,
또한 통치 참여 문제와 관련하여 국민들 사이에서도 법적으로 차별
이 있었다는 것(예를 들어 솔론의 헌법에 따라 최하위 계층은 공무公務에
서 배제되어 있었다는 것) ― 이러한 것들은 결코 민주주의의 본질과

모순된다고 여겨지지 않았다. 이는 이러한 불평등의 점진적인 철폐, 공권력의 인민 대중 전체에 대한 무차별적인 이양, 그 결과 나타난 타 계층에 비해 가장 많은 머릿수를 지닌 최하위 계층의 지위 상승을 통해 이미 민주주의적 원리의 힘이 관철되었을 때에도 그러했다."[291]

b — "고대 독일의 자유"의 재수용

앞엣것보다 더 강력했던 것이 "고대 독일의 자유"라는 주제였다. "고대 독일의 자유"는 특별히 헌법의 역사에 관심을 두었던 독일 자유주의자들 사이에서 일종의 근대 민주주의의 원형으로 간주되었다. 이러한 역사상의 요소들은 게르만 민족의 통치에 있었던 "모든 자유민의 거의 완전한 평등", "이러한 자유민들의 진정한 자치"라는 것이었다. 이러한 상태는 통치자가 행하는 강제가 부재하고 통치자의 행위와 민회의 동의가 결합되었다는 점에서 근대적−자유주의적인 것으로 해석되었다. 그런데 이러한 견해에 의하면 이와 같은 "보편적인 자유와 평등"의 상태는 이미 중세 초 및 중세 전성기에 봉건법Lehnsrecht이 형성됨에 따라 폐지되고, 원래 동등한 권리를 부여받았던 사람 중 다수가 소수 — 이들의 정점에는 최고의 봉건 영주인 왕이 있었는데 — 에게 종속되었다. "민주주의적 평등이 드디어 군주정적−귀족정적인 조직으로 변질되었다." 단지 유럽의 몇몇 지역, 이를테면 스위스의 원주原州Urkanton 같은 곳에서나 오랜 민주주의적 헌법이 유지되었을 뿐인데, "이들 소규모의 민주주의 정체들은 이후 곧 거대한 봉건국가들의 연합에서 탈퇴하여 독립적인 공화국이 되었다." 반면, 거대한 봉건국가들 안에서는 도시들, 상거래 분야, 산업 분야에서 시작된 아래로부터의 민주주의적인 운동이 점차 발전하였다. 또한, 이러한 운동은 차츰 봉건적 종속에 있는 하층 신분들, 특히 농민을 포함시켰다는 것이다. "이처럼 중세시대에 지배 신분에게 경멸적 취급을 받고 억압당하던 인민의 한 부분이 점차로 상기한 다른 신분의 뒤를 따라 이러한 부자유와 멸시의 상태에서 벗어나 많건 적건 간에 이전에는 홀로 권리를 누렸던 신분과 완전한 평등을 달성하였다." 그러나 이로써 이러한 발전은 아직 끝난 것이 아니라고 한다. 왜냐하면 프랑스혁명으로 만들어진 "평등한 자들의 사회" 내부에 또다시 돈과 부동산을 가진 새로운 귀족이 형성되었기 때문이며, 따라서 민주주의적 원리가 아직도 계속해서 작용하기 때문이라는 것이다. "이러한 관점에서 자산, 토지소유, 재산에 의한 불평등선거권 등과 같은 모든 배타적인 조건의 폐지와 함께 보통선거권과 머릿수의 지배가 민주주의적 원리의 필연적인 요청과 자명한 결과로 선언되었다."[292]

c ─ 프로테스탄트 전통에 근거하기

마지막으로 19세기에 행해진 민주주의에 대한 역사적 추론들 가운데 가장 영향력이 컸던 표준적 방식Topos을 언급하자면, 민주주의적인 정부 형태를 프로테스탄트 종파의 정신 및 역사와 결합하는 것이었다. 이러한 견해는 이미 3월혁명 이전에 여기저기서 표명되었고(무엇보다 프랑스의 가톨릭 전통주의자들이 논쟁적으로 표명하였는데), 토크빌의 《미국의 민주주의》(1835/40)를 통해 대중적으로 유행하였다. 물론 이러한 견해는 프로테스탄트적인 특정 유산 이외에 보편적인 기독교 전통의 의미(개별 영혼의 무한한 가치 및 이에 근거한 개인의 가치, 신 앞에서 모든 인간의 평등 등) 또한 강조하였다. 독일에서는 이러한 가르침이 대체로 게르만 전통의 영향에 대한 강조와 결합되었다. 이에 대한 공신력 있는 증거로서 게르피누스Gervinus의 발언을 인용할 수 있는데, 그는 《19세기 역사서설》(1853)에서 이러한 가르침을 상론하였다. 이에 의하면 "게르만 민족은 종교적 지반 위에서 정신과 신념이 각성되었고, 나아가 교회와 국가 속에서 최초로 자유로운 질서들을 확립하려고 한 이후로 커다란 소명을 부여받았다." 중세의 "조합Genossenschaft 정신"은 근대에 들어와 "민주주의적인 자유의 씨앗을 뿌린 개인주의 정신으로 변형"을 이루었다는 것이다. 그에 의하면, 모든 삶의 영역에서 "독일인의 민족적 본성은 여러 힘들의 형성과 자유로운 운동에 대한 요청을" 보인다고 한다. "모든 민주주의적 질서와 이러한 질서들의 존속 가능성"은 바로 여기에 근거한다는 것이다. "당시의 로마 세계, 또 오늘날의 슬라브 세계와 비교해볼 때 게르만 민족들이야말로 이러한 위대한 가르침을 지속해서 새로운 시대들에게 주곤 하였다."[293] 즉, 게르만적-프로테스탄트적 국가 및 교회가 형성되었다는 것은 근대의 "민주주의적인 결과들을" 이미 내다보았다는 것을 의미한다(같은 책, 45쪽). 이후 "민주주의적인 결과들"이 등장하기까지의 과정은 다음과 같다. 우선 칼뱅주의에서는 귀족정적인 요소들이 등장하였다. "그것*은 서유럽에서는 칼뱅주의 안에서 귀족정적인 국면을 거쳤고, 이후 이 종파가 청교도적으로 심화하면서, 일시적으로 영국에서, 계속해서 (북)아메리카에서 자신의 민주주의적인 발전을 이룩하였다(49쪽)." 그러나 이런 점에서 볼 때 라틴아메리카는 단호하게 "자신들의 모든 근원적 야만과 인간에 대한 경멸"의 방향으로 옮아갔다. 1789년 이후로 게르피누스는 구대륙 유럽에서도 또다시 자유로운 민주주의의 개선 행렬이 진행되고 있다고 생각하였고, 계속해서 러시아를 향해 뻗어 나가 마침내 완성될 것이라고 예견하였다.[294]

민주주의의 근대적 전개 과정에 대한 게르피누스의 당파적인 묘사는 논박과 이론의 여지가 없지 않았다. 특히 가톨릭 국가 헌법학자 하인리히 최플Heinrich Zoepfl은 자신의 저서 《독일에서의 민주주의》(1853)에서 이 저명한 문학사가의 작품을 일일이 논박하고자 했다.[295] 그런데 이 저서도 게르피누스의 작품과 동일한 의미를 지닌 것이었다. 이 저서가 자유주의적인 독일의 선입관과 판단을 매우 개방적인 시각에서 모범적으로 조명했기 때문이다. 이른바 근대적 민주주의 운동은 종교개혁의 최종 결과들(자유주의 지식인들은 이를 게르만적인 정신의 행위라고 해석했는데)이 드러난 것이며, 따라서 민주주의의 발전과 장래의 운명은 본질적으로 프로테스탄트 세

---

* [옮긴이] 게르만적-프로테스탄트적 전통.

력의 업적과 훈육에 달려 있다는 확신이 그것이다.

4. 고대와의 작별

전체 19세기를 가득 채운 민주주의에 대한 성찰의 마지막 특징을
언급하자면, 이제 고대와 근대의 민주주의, 전래된 개념과 민주주
의적인 정부 형태가 갖는 현재의 실상은 깊은 심연에 의해 서로 분
리되어 있다는 인식이 자라났다. 1857년 블룬칠리는 다음과 같은
언급을 했다. "근대 민주주의는…… 본질적으로 고대 헬레네의 그
것과 다르다. ……바로 고대 민주주의의 특징, 즉 추첨에 의한 공
직과 민회는 선거에 의해 공직이 맡겨지고, 미숙한 민회 대신 선거
에 의해 엄선된 대표자 집단을 선호하는 새로운 민주주의에 의해
비난을 받고 있다. 바로 이러한 두 가지의 가장 중요한 관계에 있어
서 민주주의적 원리는 더 분별력 있고 더 유능한 인사들에 의해 운
영되는 귀족정적인 장점을 통해 개선되었다. 고대의 민주주의는
직접적인 것이었고, 근대의 민주주의는 대의제적인 것이다. ……
따라서 우리는 고대적인 생각과 고대로부터의 전승에 결코 만족하
지 않는다. 만약 우리가 대의제 민주주의를 인식하고 이를 다른 국
가 형태와 구별하려고 한다면 말이다.[296] 심지어 바게너Wagener는
다음을 강조했다. "고대와 근대의 민주주의"는 같은 목적에 도달하
려 했는데, 이른바 "평등과 엮여진 자유"가 그것이다. 그러나 근대

민주주의는 이론으로부터 나온 이성의 요구인 반면, 고대의 민주주의 개념은, 최소한 아리스토텔레스가 말한 민주주의는 폴리테이아politeia의 실행과 폴리테이아를 항구적으로 위협하는 폭민들의 지배를 모방한 것에 불과하다는 것이다.[297]

이와 마찬가지로 19세기의 민주주의 이론의 발전 과정 또한 명백한 특징을 보여준다. 여기서도 역사적 실제의 새로움과 고유성에 직면하여, 개념적 추상화와 전승된 것의 단순한 수용이라는 관행적 결합 상태가 더 이상 유지되지 못하고 빠르게 해체되었다. 그리하여 이미 19세기 중엽이 되면 민주주의 개념이 한 걸음씩 발전할 때마다 고대적 개념의 내용으로부터, 심지어 이 단어가 행해온 헌법정치적인 구체화 전반으로부터 해체된 채 새로운 방향으로 나아가기 시작했다.

한스 마이어

근대적 운동 속의 '민주주의'

'민주주의'는 이러한 과정을 통해 스스로 확신에 찬 의도에 의해서건, 아니면 경멸적 의도

에 의해서건 간에 당파를 지칭하는 것이 되었다. 더 나아가 '민주주의'는 이제 새로운 방

식으로 보편적 차원에서 실현되거나 반박되어야 했다.

CHAPTER VI

'Demokratie' in der modernen Bewegung
VI. 근대적 운동 속의 '민주주의'

1. "민주주의적 원리"와 입헌군주정

●●●   지금까지 우리는 결코 완전히 명료하지는 않았지만 상대적으로 명확히 정의할 수 있었던 전통적인 '민주주의' 개념 및 이를 수용한 개념이 어떻게 학자들만의 폐쇄된 영역을 넘어서 혁명적이고 정치적인 투쟁의 마당 한가운데로 들어서게 되었는가를 살펴보았다. '민주주의'는 이러한 과정을 통해 스스로 확신에 찬 의도에 의해서건, 아니면 경멸적 의도에 의해서건 간에 당파를 지칭하는 것이 되었다. 더 나아가 '민주주의'는 이제 새로운 방식으로 보편적 차원에서 실현되거나 반박되어야 했다. 즉, 이제 더 이상 소규모 공동체라는 특수한 형태 속에서 예외적으로만 실현된다는 주장을 넘어서거나, 반대로 새로운 것을 실현하려는 요구 속에서 반박되어야 했다. (직접민주의라는 고전적인 의미에서) 민주주의란 많

은 인구를 가진 대규모의 국가들에서는 실현될 수 없다는 주장은 더 이상 민주주의에 대한 반박으로 충분하지 않았다. 왜냐하면, 이제 민주주의는 '대의제 민주주의'라는 용어로 각인되었고, 이를 통해 민주주의 개념이 근대적 헌법에 적용될 수 있게 결정적인 진전을 이뤘기 때문이다. 헌법적으로 제도화된 "인민" 대표의 도움을 받아 기본적으로 모든 국가에서 통치하는 자와 통치받는 자의 일치가 가능해야 했다. (피히테와 슐레겔 이후로) 이와 같은 헌법을 '민주주의', 이러한 노선의 정치적 신념을 '데모크라티즘Demokratismus', 이를 추구하기 위해 의식적으로 행해지는 운동을 '민주화'라고 부른 만큼, 이제 이 개념의 확장과 다양하고도 상호 모순적인 사용을 가능케 할 수 있는 길이 활짝 열렸다. 민주주의에 대한 모든 이해와 해석의 기초가 될 수 있었던 것은, 우선 예를 꼽자면 칸트의 "공화주의"에서처럼, 역사철학적인 올바름이라는 생각이었다. 그러나 이미 19세기 초반 수십 년 동안 그 목적과 방법이 너무나 다양하게 이해되었고, 이에 따라 이 단어가 제안하는 암시적인 힘이 유래 없이 상승되어, 마침내 기조Guizot가 1848년 혁명에 대한 인상을 피력하면서, 이것이 모든 당파들에 의해 마스코트처럼 사용되는 "보편적인, 주권자의 단어le mot souverain, universal"라고 묘사할 수 있을 정도가 되었다. "그러한 것이 민주주의라는 단어의 제국인데, 여기서는 이 단어를 자신의 깃발에 쓰지 않고서는 그 어떤 정부나 정당도 감히 생존할 엄두를 내지 않으며, 권력을 갖고 있다고 믿지 않는다Tel est l'empire du mot démocratie que nul gouvernment, nul parti n' ose vivre, et ne croit le pouvoir, sans inscrire ce mot sur son drapeau."[298]

실제로 '민주주의'는 1789년에서 1848년 사이에 점점 모든 근대적인 또는 근대적인 것과 조화를 이루는 운동과 이데올로기에 편입되거나, 아니면 이러한 것들과 결합해갔다. 구체적으로, '민주주의'는 (입헌적이고 개인적인) 자유(자유주의), (사회주의와 공산주의에 이르기까지) 정치적이고 인간적으로 이해된 평등, 민족과 민족주의 운동, (항상 동일하게 개념화된) 기독교, 심지어는 군주정 및 군주주의에 편입되거나 이것들과 결합하였다. 그러나 동시에 서유럽 및 중부 유럽에서 혁명기에 생성된 이러한 모든 가치지향적인 거대한 조류와는 달리 '민주주의'에 맞서는 방어적이고 반동적인 경향도 매번 발견된다. 1848년 이후 독일에서는 이 개념이 발산하는 매력에 대해 유보적인 태도도 언제나 강했으며, 특히 1871년* 이후로는 이러한 태도가 다시금 증가하여, 마침내 적대적 태도마저 생겨났다. 과거로부터 전승된 군주정과 귀족정적인 제도들 및 가치들을 지키려는 움직임, 부분적으로 심지어는 이러한 것들을 강화하려는 움직임으로 인해 민주주의 개념은 1918년까지도 독일 헌법을 특징짓는 데 — 헌법과 관련한 역사적 회고나 미래에 대한 기대에 있어서 — 사용되지 못했다. 이처럼 19세기 독일에서는 최종적으로 1849년 기조가 프랑스를 위해 확정했던 "민주주의라는 단어의 제국"이 도래하지 못했다. 그럼에도 불구하고 1840년대와 1848/49

---

* [옮긴이] 1871년은 수십 년간 지속한 독일 통일 운동의 결과, 최초의 국민국가인 독일제국이 건설된 해이다.

년의 혁명기에는 독일 또한 이 개념이 팽창되는 데 커다란 몫을 할 수 있었다.

대의제를 갖춘 "입헌국가"가 이슈가 되었던 1815년 직후 수년간, '민주주의'라는 개념, 좀 더 정확히 말해 '민주주의적 요소' 및 '원리'라는 개념이 쇄도했다. 이 시기는 인민 다수의 더욱 강력한 공동 결정을 강조하는 흐름이 국가 헌법 속에 담겨야 했던 때였다. 이러한 흐름과 결합된 것이 고대 게르만적인, 그러나 "봉건주의"에 의해 파괴된 자유라는 자유주의적–낭만주의적 표상이었다. 이러한 자유를 천명하기 위해 '민주주의'라는 단어가 제공되기 시작했다.

a ― 원리들과의 결합: 괴레스, 로텍

괴레스는 입헌군주제라는 새로운 헌법 유형을 "민주주의적인 원리"의 도움으로 규정할 수 있는 ― 일시적으로는 강력했으나 최종적으로는 좌초된 ― 가능성을 옹호했던 전형적인 인물이다. 괴레스에게 중요했던 것은 군주정적 원리와 민주주의적 원리가 서로를 적대적 세력으로 간주하여 분열되는 위협적 상황을 막고, 이 둘을 이러한 이원화 과정에서 끌어내 유기적으로 결합하는 것이었다. 나아가 당대의 역사적인 경향과 합리적이고 진보적인 경향이 중재되어야 한다는 것 또한 그에게는 중요한 문제였다.[299] 그는 아래로부터 위로 발전해가는 개별성과 다양성에서 유래하는 "민주주의적 원리"는 하나의 통일적인 정치적 전체라는 의미에서 위로부터 아래로 영향을 끼치는 군주제적 원리를 수용해야 한다고 했다. 그에 의하면, "황제의 관료들이 토지 소유자의 민주주의와 함께 무장한 귀족 신분 속에서 하나가 되면서"[300] "봉건제도"를 만든 중세의 헌법을 모범삼아야 한다는 것이었다. 괴레스는 한편으로는 중앙집권적 절대주의의 "과도한 압박"과 다른 한편으로는 자코뱅 전제정치의 저편에 있는 미래의 이상적인 헌법을 무엇보다 토지 소유자들이 주가 된 민주주의의 토대 위에서 만들려고 했다. 이러한 헌법은 공동체로부터 성장한 민주주의 고유의 책임감과 군주정에 대한 충성심을 하나로 엮는 것이어야 했다. "만약 민주주의Democratie가 먼저 그 공식적인 전제정으로부터 떨어져 나와 다시 예전의 기반에 뿌리를 내린 채, 우선 스스로에게, 이어서 무력한 군주정에 활기를 불어넣고 생명력을 부여한다면, ……그 운동은…… 헌법 속에서…… 다시 성장하는 것이 될 것이다."[301]

에른스트 모리츠 아른트Ernst Moritz Arndt는 괴레스의 "역사적" 민주주의와 유사한 생각을 피력하였다. 그는 자코뱅이 '민주주의'를 잘못 사용한 까닭에 이 단어가 "모든 선한 자들의 가슴과 귀를 미혹하는 일종의 쥐약이 되어버렸다"고 하면서, 이제 현재를 위한 역사적인 숙고를 통해 그 진정한 뜻을 다시 찾고자 했다. "모든 거주민 계급의 뜻을 모아 구성된 명시적이고 안정적인 헌법을 가진 각 민족은 이로써 이미 민주주의적인 헌법을 소유하고 있는 것이다. 그렇다면 각 민족의 가장 크고 가장 명예로운 일부분인 농민과 시민들이 공개적으로 대변되는 곳, 그곳에서 사람들은 헌법이 이미 민주주의적이라고 부를 수 있다."[302]

괴레스는 비록 양자 간의 균형을 강조하였음에도, 그가 지닌 생각의 저울은 "민주주의적 원리"라는 이성법적 측면보다는 "역사적"인 측면에 더 많이 기울어져 있었다. 그러나 아레틴Aretin의 입헌적 국가 헌법에 관한 책(1824)과 이를 이어나간 로텍의 책(1839)에서는 무게중심이 이와는 정반대로 기울어졌다.[303] 여기서는 "국가 거주민 전체로서의" 인민 속에 "세 가지 이해관계들이 — 학교에서 쓰는 말로는 원리들 혹은 요소들이라고 하는데 — 나타난다. 군주정적, 귀족정적, 민주주의적 이해관계가 그것이다. 그리고 민주주의적 이해관계는 단순히 인민의 하위계층에 의해서만 대변되는 것이 아니라, 토지 소유, 조합의 정신, 인습에 얽매이지 않은 모든 활동으로 대변된다. 즉, 상업적 신분, 동산의 소유자들, 학자와 예술가들, 기업가들, 나아가 전반적으로 그 내면이 활발함, 교양 및 발전의 욕망을 특징으로 삼는 모든 사람들이 대변한다." "민주주의적인 이해관계"는 이러한 국가 헌법의 의미에서 또한 당시로서는 새로웠던 헌법들의 최상의 규범Optimal−Soll에 따라 자유주의적인 국가 헌법 이론이 내세운 통상적인 "정치적"이고 "시민적"인 자유들을 요구하였다. 요컨대, 민주주의적인 원리는 본질적으로 (여기서는 이름 붙여지지 않은) 교양과 재산을 지닌 "중간 신분"이 내세운 것으로서, "세 가지의 주요 이해관계"를 "현명하게 통합하고 상호 제한하는 입헌군주정"을 통해 자유주의의 요구들이 관철될 수 있도록 필요한 힘을 실어주어야 했다.[304] 이처럼 상기한 원리들(이해관계들)을 조화시키려는 노력은 군주제와 민주주의뿐만 아니라[305]— 상원을 통해 — 귀족정도 서로 화합할 수 있을 정도까지 폭넓게 추구되었다. 그러나 민주주의가 오래된 혼합 헌법 이론을 근대적으로 변화시키면서 원리로 받아들여졌다는 사실은, 1837년 로텍 스스로가 다음과 같이 묘사한 것처럼, 더욱 철저한 입헌주의 이해와는 완전히 대립되는 것이었다. 이에 의하면 귀족제적 원리는 "민주주의적 원리의 명백한 부정이다. 이와 마찬가지로 후자는 전자의 불구대천의 원수이다."[306]

민주주의적 원리가 언제나 귀족제적 원리와 거리를 취할 수 있었던 것처럼, 군주제에 대한 위에서 말한 시선 또한 이론의 여지가 없는 것이었다. 즉, 당대의 군주제적 경향과 민주주의적인 경향은 자유주의적인 의미에서 — 역사적 혹은 이성법적인(아니면 이 둘 모두의) 근거 위에서 — 서로 화해해야 하는 것이었다. 이처럼 자유주의적으로 이해된 민주주의는 운동 개념으로서, 진보적이지만 전통적인 요소들과 타협을 통해 제한된 목적을 가리키고 있었다.

1815년 이후 수년간 제정된 헌법들에 기초한 남독일의 우월 의식은 바로 위와 같은 민주주의 개념에 근거하고 있었다. 이를테면 1838년 하인리히 가게른Heinrich v. Gagern은 "남부 독일에서의 민주주의적인 경향들"을 프로이센과 대비시켜 강조하였다.[307] 그러나 이와는 반대로 "민주주의적인 원리"는 입헌주의에서 분리될 수도 있었고, 1807~1823년간의 프로이센 개혁들 및 프로이센과 결부될 수도 있었다. 1834년 다비드 한제만David Hansemann은 "귀족 세력의 약화…… 하층 인민계급의 세력 확장", 지방 선거에서 재산에 따른 차별의 완화, "인민의 무장" 등을 — 프랑스 및 입헌주의를 취한 독일 연방국들과 대비시키면서 — "민주주의적인 것"으로 강조하였다. 이러한 나라들과 비교해 볼 때 그에게는 "정부의 민주주의적인 경향" 및 대다수 프로이센 관료들의 민주주의적 요소와 의도가 의심할 바 없이 잘 드러난 것처럼 보였다.[308] 여기서 "군주제적 정부 속의 민주주의적 원칙"이라는 하르덴베르크의 양자 결합의 시도가[309] 1830년 7월혁명의 영향 하에 정치적으로 사고하는 "라인 지역 프로이센"의 "중간계급" 출신 인사의 현대적 사회 의식 속에서 새롭게 수용되었던 것이다. 한제만의 "민주주의적 경향"이란 말은 단지 죽어가는 "귀족정" 때문만이 아니라, 대의제적—입헌주의적 민주주의라는 형식적—정치적 개념 때문에 부각되었고, 바로 이러한 사실로 인해 자극을 주는 용어가 되었다. 여기서 "요소"나 "경향"으로서의 '민주주의'는, 물론 절대적이거나 민주주의 개념 전체를 대표하는 것은 아니었지만, 토크빌의 그것과 비교해볼 때 실질적으로 사회적 성격을 띠게 되었다. 이러한 사실은 이후 얼마 지나지 않아 전개될 단순한 정치적 민주주의와 확실한 사회적 민주주의 및 사회 혁명 사이의 구별을 앞서서 보여주었다고 할 수 있다.

b — 원리들과의 이별: 겐츠, 슐라이어마허, 헤겔

민주주의 개념을 독일의 헌법적 현실에 끼워 넣는 일은 최종적으로는 관철되지 않았다. "원리들"이 지닌 분열적 힘이 전면에 부각되었기 때문이었다. 아레틴이나 로텍과 같은 중재자들이 아니라, 메테르니히Metternich나 겐츠Gentz와 같은 "반反혁명"을 대변하는 정치가 및 이데올로그들이 빈 협약 제57조에 입각하여 "원리들"과의 결합을 방해했다. 이 조항에 따르면 "전체 국가 권력은 국가 원수에게 하나로 귀속되어야" 한다는 것이었다. 겐츠는 이에 의거하여 "신분제에 따른" 헌법과 "대의제에 따른 헌법"을 구별하고(1819), 이를 통해 독일연방Deutscher Bund의 헌법 형태와 일치해야 했던 각 회원국(영방국가)들의 헌법에서 민주주의적인 요소를 기본적으로 배제했다. "신분제에 따른 헌법들"은 "그가 속하는 신분 전체를 통해 각 신분의 구성원이나 대표자가 국가적 입법에 참여하는 권리를…… 누린다." 그러나 "대의제에 따른 헌법"은 "인민의 최고의 주권이라는 이와는 반대되는 개념에 기초하고 있다." 이 헌법은 요컨대 "이른바 인민의 자유(즉, 보편적인 자유의지)라는 가면과…… 권리의 보편적인 평등이라는 망상, 혹은 더 좋게 표현하여, 법 앞의 보편적 평등이라는 것을" "신분제에 따른 헌법"에서는 아직 보장되어 있는 "신이 만드신 결코 지워질 수 없는 신분과 권리의 구별의 자리에 앉혔다는 것이다.[310] 겐츠는 비록 직접적으로 민주주의라는 말을 하지는 않았으나, 메테르니히가 독일의 국가 헌법으로부터 제거하려고 노력했던 것이 민주주의였다고 하였다.[311] 프로이센에서도 또한 이러한 상황에서 '민주주의'는 헌법적인 개념 바깥에 머물러 있었다. "민주주의적-대의제적인 이념들, ……민주주의적-혁명적 움직임, 남독일의 입헌주의적 경향들은 대중으로부터 분리되고" 배제되어야 한다는 것이었다.[312] 빌헬름 폰 훔볼트Wilhelm von Humboldt는 니부어에게 보낸 1819년 4월 22일자 편지에서 토지 소유와 조합이 헌법의 토대이자 "데모크라티즘Demokratismus에 맞서는 가장 확실한 보호막"이라고 했다.[313]

이에 앞서 몇 년 전에는 슐라이어마허Schuleiermacher가 이러한 경향, 즉 '민주주의'를 현대적인 헌법의 실제와 맞지 않은 것으로 보는 것은 역사 이론적인 근거를 갖고 있다고 했다. 슐라이어마허는 민주주의란 단지 작은 규모의 정치적 구성체에서나 가능하다는 낡은 이론을 헌법사의 보편적 전개 과정을 구성하는 데 도입했다. 그는 민주주의를 — 비록 그것이 순수한 형태가 아니라, 귀족정인 것이나 군주정적인 형태로 변화된 것이라 할지라도 — 부족법이라는 정치적 원시성 속에 편입시켰다. 반면, 근대적인 "고등 질서를 지닌 국가"는 "중간 국가"의 귀족정적 중간 형태가 역사적으로 극복된 후에는 오로지 군주제적으로만 구성될 수 있다고 했다.[314] 요컨대, 슐라이어마허는 1796년 슐레겔의 《공화국 개념에 관하여》[315] 이후 독일에서 여러 차례 되풀이되거나 심화된, 역사적 필연을 지닌 민주주의를 향한 운동이라는 혁명적 표상을 전복시켰다. 이는 유토피아적인 미래 기대와 (프랑스혁명까지 포함한) 역사적 경험을 대립시키면서 진행되었다. 그에 의하면, 거대한 영토를 지닌 근대국가는 "전체 인민의 통일성을 의식 속에서 진실되고 필연적인 자연적 단위로서 파악하며, 삶의 형태들 속에서 표현하는" 국가라는 것이었다. 그는 이러한 근대국가를 현재와 미래를 위한 역사적·경험적 추론을 통해 군주정적인 국가로 확증하면서, '민주주의'의 불합리성을 논박하였다.

헌법 이론에서 — 비록 이미 "대의제적" 민주주의가 주제가 된다 해도 — 민주주의 개념의 적용을 저지하려는 시도가 1820년경이 되면 널리 퍼져 있었다. 이를 1818년의 브로크하우스 사전을 통해 알 수 있다. 민주주의는 "멈출 수 없이 귀족정이나 전제정으로 타락하게 되어 있으며, 새로운 시대에는 민주주의들이 번성하지 않는다"는 것이다.[316] 민주주의가 들어오지 못하도록 출입구를 봉쇄하고 민주주의가 새롭게 확산되는 것을 책임 있는 자들의 "오류"로 돌리려는 이러한 경향은 — 로텍의 영향에도 불구하고 — 중도 성향의 백과사전들에서 계속되었다. 예를 들어 브로크하우스의 《현대 백과사전》(1838)은 "실제적으로 인민이 지배하는 민주주의는 그 활동의 장을 아메리카에서 발견"하였다고 하였다. 그러나 이 글의 필자는 토크빌과는 반대로, 그곳에서도 민주주의가 무조건 최종적인 것은 아니라고 보았다. 나아가 유럽에서는 민주주의가 "자라나거나 뿌리를 내리지 못할 것이며", 만약 그런 일이 벌어진다면 이는 정치적 실패의 결과로 그렇게 될 것이라고 했다. 또한 그는 민주주의란 단지 (고등 교양이 일반화될 정도로 확대된 상태 아니면 원시적인 상태와 같은) 극단적인 상황에서만 효과적일 수 있다고 하였다. 나아가 "물질적 이해관계"가 정당한 차원 이상으로 부각될 수 있다는 점에서, 근대적인 민주주의적 경향은 재앙을 가져오는 것으로 간주되었으며, 따라서 이를 막아야 한다는 견해가 옹호되었다. 이와 같이 민주주의는 지배 및 정부 형태로는 비난받았을 뿐만 아니라, "보다 고상한 정신적 혹은 도덕적 이해관계"를 욕보이는 것으로서 거부되었다.[317] 아마도 브로크하우스 사전의 이상과 같은 민주주의 이해는 3월혁명 이전 시기 교양 시민층 다수의 여론을 대변한다고 할 수 있을 것이다. 괴테 또한 '민주주의'가 논의되는 것을 잠재우고, 현재 및 미래의 헌법적 실제를 진지하게 특징짓는 것과 관련하여 이 개념을 무용지물로 만들려는 당대의 광범위하게 퍼진 경향에 대해 언급했다. "우리가 아무것도 소유하지 못하거나 어떤 것을 평온하게 소유하는 일을 제대로 평가할 줄 모르는 청년 시절에는 모두가 민주주의자이지만", 나이가 들면 재산과 재산 상속으로 인해 "귀족주의자"가 된다는 것이다.[318]

또한 1820년경 저술된 헤겔의 국가론에서도 민주주의적인 원리는 본질적인 요소로 허용되지 않았다. 이는 헤겔이 괴레스와는 달리 민주주의적 원리를 역사적이고 영속적인 것으로 본 것이 아니라, 프랑스혁명에서 유래한 평등주의적이고 개인주의적인 것으로 파악했기 때문이다. 그가 구상한 "구체적 국가"에서는 대의제 민주주의가 설 자리는 없다. 그 국가는 "특별한 원환圓環Kreis들이 유기적으로 구성된 전체이고", 그 구성원은 "보편적인 것을 위한 자신의 실제적이고 생생한 결정을…… 무엇보다 조합과 공동체 등의 영역에서" 이루어내는 국가이다. 그는 "모든 이가 국가 업무에 참여해야 한다는" 표상을 어리석은 것으로 간주했다. "이러한 표상, 즉 민주주의적 요소를 그 어떤 이성적 형식 없이 — 단지 이러한 형식을 통해서만 가능한 — 국가—유기체Staats—Organismus 속에 집어

넣으려는 표상은 단지 피상적인 생각"에 불과하다는 것이다. 헤겔은 "국가의 구성원이 된다는 추상적인 결정"을 특정 신분이나 조합에 소속되는 것에 빗대어 말했다. 이러한 소속 유형에 근거하자면 "개인들과 대중 다수의"의 대표성과는 반대로, 하나의 대표성만 유의미할 수 있다는 것이다. 헤겔은 그러한 원자적이고 추상적인 견해에 맞서서 (명백히 비민주주의적인) 국가관을 내세웠는데, 이에 의하면 국가란 "자기 자신이 원환(둥근 고리)이 되는 그러한 지체肢體들로 이뤄진 유기체로서, 그 안에서 비非유기적인 대중들로 변할 수 있는 계기가 전혀 나타나서는 안 된다"는 것이었다. 즉, "이미 각 원환들 속에서 현존하는 공동체적 존재들이 정치적인 것으로 등장하는 지점에서, 즉 최고의 보편성의 관점 속에서 등장하는 지점에서, 이것들이 다시 무수한 개인들 속으로" 해체되게 해서는 안 된다는 것이었다.[319] 헤겔은 '귀족정'이나 '민주주의'라는 전통적인 개념들을 사용하지 않으면서, 조합적으로korporativ 질서가 부여되고, 이성적이고 교양 있는 국가 공무원이 다스리는 유기체로서의 "구체적인 국가"라는 헌법을 숙고하여 개념화했다. 또한 그는 "입헌"군주제로 나아가야 할 "계기들"을 "평가절하"할 때에도 상기한 전통적인 개념들을 거부하였다. 그러한 양적인 구별로는 "사실의 개념화"에 아무런 기여도 할 수 없다는 것이었다. "새로운 시대를 맞아 군주정 속에서 민주주의적인, 혹은 귀족정적인 요소들이 너무나 많이 이야기되고 있는데", 이는 적절하지 않다는 것이다. 왜냐하면 "여기서 표명된 결정들이란, 그것이 정확히 군주정 속에서 행해지는 한, 더는 민주주의적인 것도 그렇다고 해서 귀족정적인 것도 아니기 때문이다."[320] 요컨대 오래된 혼합 헌법 이론을 근대적 헌법에 적응시키는 것은 헤겔에게는 무의미한 것이었다. 귀족정과 민주주의는 오래된 지배 형태든, 요소 또는 원리들이든, 그 무엇이든 가장 가능성 있는 정치적 이성을 표현해내려는 군주제적—조합주의적인 관료국가를 위한 출발점으로는 가치가 없었다. '민주주의'는 개념적으로 이러한 독일의 국가 헌법 바깥에 존재했다. 그러나 헤겔에게 독일 바깥에서는 이 개념이 중요한 역할을 했다. 그는 "로베스피에르 치하 3년의 프랑스 헌법"을 "민주주의적"인 것으로 명명했다. 왜냐하면 이 헌법이 본격적으로 직접민주주의적인 것이었기 때문이다. 헤겔은 "그 헌법은 전체 인민이 수용했다. 그러나 물론 그만큼 더 적게 실행되었다"고 적었다.[321] 이 헌법은 "힘"이 있는 것이었으나, "단지 개인들로 이뤄진 원자화된 다수"에 근거하였다는 것이다.[322] 이처럼 헤겔에게는 극단적인 헌법은 지속적으로 실행될 수 없다는 것이 자명한 것이었다. 이와 마찬가지로 이성적인 질서에 대해 자코뱅적—민주주의적 위협이 지속적으로 가해졌다는 것 또한 그에게는 명백한 것이었다.

한마디로 헤겔은 민주주의를 혁명 속에 자리매김했다. 이로써 민주주의는 자유 정신의 자기 실현이라는 진보 과정 속에 필연적인 위치를 차지하였다. 하지만, 여기서 민주주의는 화해가 아닌, 새로운 분열을 낳았으며 역사적으로 헤겔의 법철학적 의미에서의 이성적 국가라는 최고의 단계에 뒤처진 것이었다. "인민의 거친 표상과…… 더 이상 국가가 아닌 형태 없는 대중을 그 기초로 삼는 혼란한 사상에 의거한 인민주권"[323]으로서의 민주주의는 헤겔에게는 비록 그 실제적 위험에도 불구하고 이미 시대에 뒤떨어진 것, 특히 게르만 민족들에게는 자코뱅 민주주의를 거쳐 새로운 화해와 자유로 진보한 역사 진행 과정에서 이미 극복된 단계를 의미했다. 바로 여기에서 헤겔의 이러한 민주주의관은 다음과 같은 정치적 영향력을 발휘할 수 있었다. 민주주의는 진보성과 필연성이라는 암시적인 힘을 얻었다. 그러나 민주주의는 이미 "뒤처진 것"이었고 더 높은 국가 이념에 의해 극복되었다. 그리고 이 국가 이념은 반드시 민주주의에 맞서 반동적이거나 방어적·복고적인 것은 아니었다. 민주주의에 대한 이러한 역사철학적인 평가절하는 독일에서 직접적 혹은 간접적으로 지속적인 영향을 끼쳤는데, 이는 제1차 세계대전 시기 서유럽에 대한 반대 개념으로서 그 절정에 다다랐던 독일 고유의 "국가 이념" 표상에 이르기까지 계속되었다.

2. 1848년경의 상황

1848년까지 특히 남부 독일에서는 민주주의 개념을 입헌적인 국가법과 접목하려 했던 로텍의 영향이 나머지 모든 경향과 대립하고 있었다.[324] 이에 덧붙여 하이델베르크의 국가 헌법학자 차카리에 Zachariä를 기억할 수 있다. 이 사람은 입헌군주제 하에서 두 개의 정당, 즉 "왕당파"와 "민주주의 당"이 영향력을 발휘하는 것과 정부 구성이 의회주의적으로 이 두 개의 당 중 매번 더 강한 당에 종속되어 이뤄지기를 원했다.[325] 이러한 방식의 의회주의적–민주주의적 경향은 "민주주의적 군주정" 개념에 상응하는 것이었다. 이 개념은 독일에서는 잘 알려져 있었으나, 거의 사용된 적은 없었고, 나아가 1848년*에 선전된 후로 최종적으로는 커다란 의미를 얻은 적이 없었다. 왜냐하면 로텍과 차카리에를 통해 특화된 이 노선이 실제로는 충분히 검증되지 않았기 때문이다.[326] 어쨌든 "군주제적 유럽에서도……. 억압이 아니라, 민주주의적 요소들을 올바르게 조직화고 존중하기 위한 노력을 기울일 수" 있다는 명제가 아직도 견지되고 있었다(블룬칠리 1857).[327] 나아가 1860년에 비더만Biedermann이 "독일의 더 좋은 민주주의 진영"에 대해 희망을 피력했을 때 그는 한 걸음 더 나아갔다. 그는 말하기를, "더 좋은 민주주의 진영"은 "마치 벨기에의 이른바 민주주의적인 군주정의 사례가 말해주듯이, 군주제적인 헌법 하에서도 정치적 자유에 대한 이성적인 민주주의적 염원을 충족할 수 있다"는 확신을 얻었다고 했다.[328] 그가 "더 좋은 민주주의 진영"이라는 말을 했을 때, 여기에는 다음과 같은 경험이 깔려 있었다. 민주주의 혹은 민주주의자는 거대하고 철저한 군주제적 국가와 사회로의 단순한 참여("민주주의적 원리")를 위해 입헌군주제와의 타협을 통한 중재의 방법을 추구하지 않았다.

* [옮긴이] 1848년은 독일 3월혁명이 일어난 해이다.

1848년 혁명이 보여준 것처럼 자유주의와 민주주의는 위에서 묘사한 '무엇에 대한 대가로 다른 것을 얻는quid pro quo' 경향과 갈라섰다는 것이었다. 달만Dahlmann이 《정치Politik》에서 전개시킨 바와 같이 자유주의적 입헌주의론에서는 '민주주의'라는 단어의 사용이 자제되었다. 달만은 비록 명시적으로 신분제적 원리를 반대하고 대의제 원리를 표방했음에도 불구하고 이 개념을 피했던 것이다.[329] 물론 민주주의라는 단어와 내용에 대한 달만의 신중한 태도는 19세기 중엽의 자유주의 가운데 극단적 "우파"의 그것을 보여주는 것이다.

한편, 게르피누스는 이와는 정반대의 지점에 서 있었다. 그에게 역사란 중세 이후 "종교개혁을 통해 후세대들에게 심어진 민주주의적 이념이 중세의 귀족정적인 제도에 대해 벌여온 유일무이한 투쟁"이었다. 그는 민주주의적인 것을 "개인주의 정신……, 자유……, 교양……, 신앙과 양심, 정치적 권리, 재산 소유와 영업에서 자유로운 운동"과 같은 전형적인 자유주의적 가치를 그 특징으로 보았다.[330] 게르피누스는 민주주의적 운동을 결코 멈출 수 없는 진보로 간주했다. 이러한 점으로 인해 그는 이미 토크빌과 엮이게 되는데, 또한 그가 다가오는 민주주의를 "사회"의 평등화, "모든 관계의 평등을 향한 노력", 대중의 해방 의지, "유럽 모든 지역에서 균일하게 민주화 된…… 서적들의 여러 영향"과의 맥락 속에서 개념화했을 때 그의 민주주의 개념은 토크빌의 그것과 유사성을 띠고 있었다.[331] 토크빌과 마찬가지로 게르피누스는 스스로 실현되고 있는 민주주의는 미국에서 그 절정에 도달했다고 보았다. 그는 스스로가 급진적인 민주주의자가 아니었음에도, 평등적 민주주의를 향한 필연적인 진보가 진행되고 있음을 잘 알고 있었고, 이러한 경향의 근거를 자유주의적인 것으로 보았으며, 미래에는 이러한 경향이 자유주의적인 이상들로 채워지리라 예상했다. 미국과 관련하여 이러한 생각을 한 사람은 게르피누스 혼자만이 아니었다. 로베르트 폰 몰Robert von Mohl, 카를 살로모 차카리에(Karl Salomo Zachariä), 프리드리히 무르하르트Friedrich Murhard는 이보다 앞서 이미 자신들의 민주주의 개념을 미국 모델을 척도로 하여 숙고했으며, 대표자들을 통한 인민의 지배(몰Mohl 1835)가 가능하다는 증거를 미국에서 발견했다.[332]

이러한 독일 학자들 모두는 토크빌의 《미국의 민주주의》(1835/40)를 알고 있었다. 그러나 이들 중 누구도 토크빌의 여러 전제와 결과를 완전히 수용하지는 않았다. 몰은 처음에는(물론 나중에도) 토크빌에 경탄하여 그의 이론을 집중적으로 파고들었다. 그러나 핵심적 주장(평등)에는 반대했으며, 군주제적이고 의회주의적인 국가들에서 국가와 사회에 단순히 참여하는 것("민주주의적 요소")을 넘어서는 평등주의적 민주주의는 거부했다.[333] 몰의 견해에 따르면 '민주주의'란 정치적–개인적, 정치적–제도적, 그리고 정신적 관점에서 볼 때 필연적으로 "중용"으로 귀결되기 때문이라는 것이었다. 그에게는 미국이나 스위스는 유럽의 군주정 국가들을 위해 추구할 만한 가치가 있거나 가능한 본보기가 될 수 없었다. 이 지점에서 몰은 독일 자유주의자 사이에서 지배적이었던 민주주의 이해의 원형을 보여주는데, 그는 특히 평등 민주주의의 위험이 지적되는 부분에서 토크빌의 날카로운 분석과 판단을 반겼다. 그러나 그는 토크빌의 진정한 면모, 즉 민주주의와 관련한 예견을 따라갈 수 있는 능력을 가질 수는 없었다. 1835년 토크빌은 미국식 모델의 '민주주의'를 근대 세계의 보편사적인 원리로 파악했었다. 이러한 원리란 — 먼저 미국에서, 또한 유럽에서도 확실히 시작되고 있는데 — 귀족적 생활 형태에서 벗어나 "신분의 평등"을 향한 추세에 의해 결정되어 있다는 것이었다. 토크빌은 미국의 민주주의에서는 모든 것이 이러한 원칙으로부터 결과한 것이라고 보았다. 또한, 유럽도 같은 방향으로 가고 있다고 여겼다. "위대한 민주주의의 혁명이 우리 가운데서 일어나고 있다Une grande révolution démocratique s'opère parmi nous." 이 혁명은 우연한 것도, 수정 가능한 것도 아니라는 것이었다. 이 혁명은 오히려 "신의 섭리에 의한 사실이……: 그는 보편적이고, 그는 영원하다. 그는 매일 인간의 힘에서 벗어난다. 모든 사람과 마찬가지로 모든 사건은 자신의 발전에 봉사한다un fait providentiel……: il est unversel, il est durable, il échappe chaque jour à la puissance humaine; tous les évenements, comme tous les hommes, servent à son développement."[334]

한마디로, 토크빌의 민주주의 개념은 사회 내의 기회의 평등이라는 원리에 근거하여 구상되었다. "탁월한 사회민주주의적 체제état social…… éminemment démocratique"와 "인민주권 원리principe de la souveraineté du peuple", 이 두 현상은 (국가와 사회가 분리되지 않은 채) 서로 결합하여 있다는 것이었다.[335] 그에 의하면 '민주주의' 개념 안에 들어 있는 것이 시민의 자유이다. 비록 이러한 자유가 다수결의 원리에 의해 위협당하고 (1, 2, 7) 근대 민주주의가 자유의 방향으로도 전제주의로도 기울어질 수가 있지만 말이다.[336] 토크빌은 비록 민주주의적 전제주의의 위험을 인식하고 이를 두려워하기는 했어도 결코 귀족제적 사회를 재건하자고 하지는 않았다. 오히려 그는 "신이 우리에게 살도록 허용한 민주주의 사회로부터 자유를 가져오는 일de faire sortir la liberté du sein de la société démocratique où Dieu nous fait vivre"에 지속적인 노력을 기울였다.[337] 요컨대 민주주의란 프랑스혁명 이후로 유럽 민족들에게는 신이 이미 결정한, 벗어날 수 없는 운명이 되었다는 것이다. 그 누구도 민주주의로부터 도망치거나, 대적할 수도 없다. 단지 민주주의가 과제로 내세운 것을 거부하느냐 아니면 실현하느냐 하는 것만이 있을 뿐이라는 것이었다. 헤겔의 세계정신이 민주주의를 이미 넘어선 것이었다면, 토크빌이 말하는 섭리란 바로 민주주의로 향해 나아가고, 이 안으로 들어가는 것이었다. 민주주의를 향해 모든 것을 삼켜버리는 소용돌이라는 이러한 보편사적이고 미래 예견적인 이해는 명백히 계몽사상과 프랑스혁명의 후계자 위치에 서 있는 것이었다. 물론 이러한 이해가 이 둘에 감화되어 나온 것은 아니었지만 말이다. 즉, 토크빌에게 있어서 민주주의를 향한 운동은 강제적인 것이었고 따라서 긍정해야 하는 것이었다. 그럼에도 불구하고 민주주의는 진보라기 보다는 오히려 숙명으로 평가되었던 것이다.

토크빌의 민주주의 개념은 독일에서는 큰 반향이 없었고, 정치적으로 19세기 동안 전반적으로 별 성과 없이 머물렀다. 근대적 민주화에 대한 가치중립적인 해석과 정치적 수용은 한편으로는 민주주의를 향한 진보를 옹호하는 쪽과 다른 한편으로는 민주주의를 혐오하는 쪽으로 갈린 이데올로기로 충만한 진영들 사이에 끼여 관철되지 않았다. 이와 동시에 독일에서 토크빌이 유명해짐에 따라 자신들이 토크빌과는 달리 민주주의자이며 이에 따라 민주주의를 자신들의 신앙고백의 대상으로 삼고 있다고 천명하는 사람들이 등장했다. "귀족정" 혹은 "반동의 당"에 맞서는 투쟁 속에서 — 여기서 1840년이 불가피하게 중요한 해로 떠올랐는데 — 민주주의는 필연적으로 확고한 신조가 되었고 "정치적 당Partei"이 되었다. 대략 다음과 같은 말이 표명되었을 때, 이는 토크빌의 민주주의 해석을 격정적인 어조로 뛰어넘는 것이었다. '민주주의'는 단순히 "통치자에 대한 반대나 특정한 헌법적 혹은 정치·경제적 변화만을 의미하는 것이 아니라, 현존 세계의 상태를 완전히 변혁하는 것이며 역사 속에서 아직 존재하지 않은 근원적으로 새로운 삶의 선포"라는 것이었다. 민주주의 정당은 아직 당분간은 허약하고 부정적이지만, 하나의 새로운 길의 출발을 목표로 삼고 있다. "현재의 모든 부조화가 조화로운 통일을 향해 해체되는 젊고 찬란한 세상"이 그것이다. "왜냐하면 그 원리에 따라" 민주주의 정당은 "보편적이고, 모든 것을 포용하는 세력"이기 때문이라는 것이었다.[338] 이러한 파토스와 절대성의 주장은 자유주의적인 경향을 뛰어넘어 "원리들"과 "요소들"을 — 이런 것들 아래에서 '민주주의적인 것'을 — 조화시키라고 지시했다.

'민주주의자들'의 이러한 자기 이해는 자신들을 중도적인 자유주의 국가 이론은 거부하면서도, 계속해서 민주주의를 실용적이고 타협 가능한 것으로 만들려고 노력하게끔 했다. 그리하여 프랑스 혁명기 동안의 귀족주의 당파와 민주주의 당파 간의 질적인 모순성이 재차 강조되었을 뿐만 아니라, 다른 한편으로 이러한 구도 속에서 부각되지 않았던 "부르주아–자유주의"가 강조되었다. 확신에 찬 민주주의자들은 강조하기를, — 여기서 빌헬름 마르Wilhelm Marr가 1844년에 한 발언을 인용하자면 — "부르주아–자유주의"가 현재, 즉 "썩어빠진 이 시기에 중요한 역할을" 수행하고는 있지만, 최종적인 성과에 대한 조망은 하지 못하고 있다고 하였다. "완전히 무제한적인 민주주의란 혁명이 일어난다면 자유주의자들에 맞서 지롱드당에 대적한 산악당Montagnards의 역할을 하는 것을 뜻한다."[339] 프뢰벨Fröbel은 매우 이론적인 노력을 기울인 인물이었는데, 그는 민주주의가 승리하리라는 낙관적 전망을 자신의 "문화단계론"에 접목시켰다. 그에 의하면, 종교적 속박에서 힘겹게 벗어나고 있는 국가는 "군주제적, 귀족제적, 민주주의적 공화국의 단계들을" 거친다. 이는 "헌법을 갖춘 사회라는 문화적 노선 위로 내딛는 위대한 행보들"이다. 마침내 민주주의 속에서 "도덕의 제국이 진정으로 구성"된다는 것이었다. 여기서 프뢰벨은 1840년대의 전형적인 "민주주의자"답게 (현재 혹은 가까운 미래를 위해서는) 민주주의의 국민국가적 실현을, (먼 장래를 위해서는) 보편적이고 초국민국가적인transnational 목표를 확고하게 내세웠다. 그의 말을 빌리자면, 마침내 실현되어야 할 것은 민주주의적으로 "구성된 인류 모두의 연합 공동체", 그리고 "보편적인 만국 연합" 단계를 향한 "인류의 보편적 자치"였다.[340]

1840년 무렵 '민주주의'를 현존하는 여러 독일 영방국가들의 헌법뿐만 아니라, 로텍이 구상한 그것의 의회주의적–자유주의적 발전과 대립시키려는 경향이 강해졌다. 나아가 그것을 '공화국'과 동일시하려는 경향도 뚜렷해졌다. 1840년의 브로크하우스 사전은 '민주주의'를 "새로운 시대에 들어와 공화국이라는 이름으로 이해하는 것과 같은 것"이라고 하였다.[341] 이 사전은 "공화국" 항목에서는 민주주의 혹은 공화국을 지속적으로 실현하는 것은 불가능하며, 단지 "민주주의자"나 "공화주의자"만이 이 불가능한 것을 가능하게 만들기를 원한다고 하였다. 이들은 1840년대가 시작되면서 대개의 경우 — 자칭 타칭으로 — '급진주의자'라고 불렸다. 영국에서 이미 오랫동안 사용되어왔던 이 단어는 프랑스의 정치언어에서는 '공화주의자républicain' 표현을 금지했던 1835년의 언론법 제정 이후로 빠르게 퍼져갔다. 프랑스의 민주주의자들은 1839년에 벌어진 사태의 맥락 속에서 '급진파radicaux'와 '온건파modérés'로 나뉘었다.[342] 독일에서는 — 이미 18세기에 만들어졌던[343] — '급진적'이란 단어가 프랑스의 영향 하에서 거의 동시에 빠르게 확산되었다. 비록 이 단어가 민주주의자들의 "정당"이라는 말과는 명료한 관련을 갖고 있지는 않았지만 말이다. 그리하여 마치 프랑스에서 '온건파'(민주주의자)에 대한 대립 개념으로서 '급진주의'라는 말이 표현된 것처럼, 독일에서도 곧 바로 (1842년 이후) 자유주의와 구별되는 표현이 등장하였다. 1843년 아놀드 루게Arnold Ruge는 "자유주의를 데모크라티즘Demokratismus 속으로 해체"하자는 주장을 하였다. 이 말은 독일연방에 의해 좌절된 해방전쟁*의 정신을 잇는 운동을 재개하고, "프로이센의 재생과 나폴레옹에 맞선 전체 인민의 봉기에서 엄청난 영향력을 지녔던" 당시의 "급진적 민주주의자들"을 다시 받아들이자는 뜻이었다.[344]

'급진주의'라는 표현은 1840년대가 시작되었을 때 일시적으로 퇴조한 듯했던 민주주의 개념을 담고 있었다. 하지만 1840년대가 경과하면서 '민주주의'는 점차 내용적으로 구체화되어갔다. 이 속에는 인민주권, 민족통일과 여러 민족의 연대, 정치적 (또한 점차 비중이 높아진 사회적) 평등 및 이것의 논리적 결과인 선거권 및 여타의 "인민의 권리"에 대한 요구와 같은 내용들이 담겼다. '급진적'의 개념 속에도 민주주의를 서술하는 이러한 모든 요소들이 담겨 있었다.[345] '급진적' 개념이 '민주주의'와 차이가 났던 점은, 단지 '급진적'이란 말만이 민주주의의 용어상의 내용들을 넘어서서 하나의 정신적 태도를 의미했다는 것이다. 이러한 정신적 태도란 1840년경

---

* [옮긴이] 1813년에서 1815년까지 전개되었던 반反나폴레옹 전쟁.

독일에서 나타난 철학적, 특히 (좌파) 헤겔주의적 경향에 의해 결정 되었는데, 극단적 이론에 대한 선호 및 근대적 의지강조주의 Voluntarism에 입각하여 민주주의(=공화국)뿐만 아니라, 이러한 이 념을 사회주의 혹은 공산주의로 발전시키려는 특징을 갖고 있었 다. 그리하여 '급진적'이라는 표현은 '민주주의적'이라는 표현과 결 합될 수 있었고, 마침내 '급진적-민주주의적'이라는 합성어도 등 장했다.[346] 그러나 이와는 달리 '급진적'이라는 표현이 매우 극단적 으로 이해되어 국민적staatsbürgerlich인 민주주의가 비록 평등 사상 과 공화국의 의미를 지닌 것이었다 할지라도 더 극단적인 미래 설 계에 뒤처진 것이 되어버린 경우에는 이 둘이 결합 관계가 다시 해 체될 수도 있었다. "이론상 우리는 가장 자유로운 사람들이자, 가 장 순수한 민주주의자들이며 가장 급진적인 공산주의자들이다. 그 러나 유감스럽게도 단지 이론상으로만 그러하다"라고 1847년 브루 노 바우어는 모제스 헤스의 1843년 발언을 인용했다.[347]

아직 의회를 구성하는 정당은 아니었지만 신념 공동체로서 이미 존재하고 있던 민주주의자들의 당이 1848년이 되면 여러 인민협회 Volksverein와 제국의회 및 개별 영방국가들의 의회들 속에 명시적 으로 등장하였다. 이 정당은 한편으로는 급진주의자들(공산주의자 들)[348]과 다른 한편으로는 (입헌군주적인) 자유주의자들과 ─ 그 차 이가 뚜렷한 것은 아니었지만 ─ 구별되었다. 비록 민주주의자들 은 자신들의 여러 단체와 두 번에 걸쳐 개최된 자신들의 전 독일 차 원의 회합에서 "민주주의적인 공화국"이라는 구호 하에 자유주의의 왼편에서 스스로를 결집하고 (헛수고에 지나지 않았지만) 통일적으로 조직하려고 하였으나, 정작 자신들의 민주주의를 명확하게 정의하는 데 성공하지는 못했다. 이들의 강령에는 공화국에 대한 신앙 고백, "허약한 자유주의"에 대한 경멸적인 평가, 인민의 분열, 즉 한편으로 "민주주의적인 당"과 다른 한편으로 "보수적이거나 입헌적인 당"으로의 분열[349]에 대한 지적 이외에 슈투트가르트의 조국(=민주주의) 중앙협회의 강령(1848년 7월)에서와 같이 중재적 입장의 조항들이 들어있었다. "우리 강령은 오로지 민주주의 안에서만, 민주주의를 토대로 하는 입헌군주제의 형태 및 공화국의 형태로 실현된다."[350]

또한 자유주의와의 경계도 유동적인 상태로 머물러 있었다. 그럼에도 불구하고 1848년 혁명은 자유주의와 민주주의 간의 분리를 가속화하고 뚜렷하게 만들었다. 이로써 민주주의자들은 혁명이 진행되는 동안에, 또한 그 이후에 "질서의 적"으로 명명되었다. 민주주의를 파문하려는 것이 전형적으로 1848/49년 이후 독일의 정치적 멘탈리티를 이루고 있었다. "민주주의에 맞서 오로지 군인들만이 도움을 준다"는 1848/49년의 표어는[351] 이 해의 경험에서 비롯되었고 기억 속에서 생생하게 지속되었다. "군인들"과 결부된 것은 성공이었고, "민주주의"와 결합된 것은 질서를 파괴하는 반항 및 실패였다. 독일인들은 이러한 것이 1866년 오스트리아 및 중부 지역 영방국가들과 더불어 대독일주의를 주장하던 민주주의자들이 패배했을 때 다시 한 번 증명되었다고 생각했다. 상기한 사건들의 북독일 연방이 나아가 독일제국이 건설되자 지몬Simon이 이미 1848년에 확증한 바 있던, 한편으로 (최종적으로 승리한) "보수주의자와 입헌주의자들"과 다른 한편으로 "민주주의자들" 간의 분열이 마침내 확고히 이뤄지게 되었다.

(1867년 이후로) 특히 민족자유주의자들Nationalliberalen을 자유주의의 대표격으로 본다면, 마침내 자유주의로부터의 민주주의자들의 분리가 이때 이후로 완결되었다. 이에 덧붙여 민주주의 자체 내부에서도 이미 1840년대 이후 예고되었던 다른 분열이 일어났는데, 그것이 (노동자) 사회적 민주주의와 스스로를 (좌파) 자유주의 혹은 공화주의적인 노선으로 이해할 수 있었던 (부르주아) 민주주의 간의 분리였다.

3. "사회적 민주주의"

"사회적 민주주의"는 독일어권에서는 먼저 1834년에 프랑스와 스위스의 노동자 장인조합들에서 이론적으로 발전되었다. 스스로를 민주주의자라고 느끼던 지식인과 — 다른 누구보다 바이틀링 Weitling이 대표적 인물이었는데 — 기능공(도제)들은 단순히 공화국만을 신봉했을 뿐만 아니라, 계속해서 평등의 원리에 입각하여 사회적 추론들을 행했다. 이는 바이틀링의 경우처럼 "사회주의" 및 "공산주의"라는 극단에 이르기까지 진행되기도 했다.

1793년에 발표된 인권의 내용들, 바뵈프Babeuf와 부오나로티 Buonarotti의 이론이 수용되고 가공되었다. '인민의 지배'와 '사회 혁명'[352]의 결과로서의 공화국이 국민적이고 통일적인 것으로, 동시에 국제적이고 연방적인 것으로, 특히 새로운 사회의 실현을 위한 헌법 형태로 개념화되었다. 요컨대, 이러한 공화국은 내용적으로 단순한 "정치적 민주주의와" 구별되는 "사회적 민주주의"를 의미했다. 비록 당시에는 "사회적 민주주의"가 거의 사용되지 않거나 최소한 널리 유포되지는 않았음에도 말이다.[353] 이를 통해 독일 노동자단체들은 1830년대 중엽 이후 벨기에와 프랑스에서 시작된 운동에 참여하였다. 브뤼셀에서는 이미 1836/37년에 《사회 토론. 사회주의적 민주주의자 잡지Le débat social. Journal démocrate socialiste》[354]라는 잡지가 간행되었다. 프랑스에서는 1840년경에 루이 블랑Louis Blanc, 르루Pierre Leroux 등의 영향 아래 "급진주의자들"[355](르드루롤랭Ledru-Rollin)이 "사회적"에 강조점이 찍힌 프로그램에 전념했는데, 이로써 "급진적 민주주의자들"에게 이제부터, 비록 공개적으로는 1840년대 중반 이후에 가서나 관용화된 것이긴 했지만, '사회적 민주주의자들' 혹은 '사회주의적 민주주의자들'이라는 단어 결합이 가능해졌다.[356]

로렌츠 폰 슈타인은 그의 첫 작품(1842)에서는 '사회적 민주주의'라는 말을 아직 쓰지 않았다. 그러나 이미 '사회적' 혁명을 '정치혁명'과 대조시킴으로써 국가 헌법 문제에 대한 사회학적 해석이라는 새로운 길을 닦았다. 프리드리히 엥겔스Friedrich Engels는 이러한 방식의 구별에 근거하여 1844년 영국에서 "부자(중간계급)에 맞서는"
가난한 자들의 투쟁, "귀족정에 맞서는 민주주의"의 투쟁이 일어날
것을 예견했다. 그는 영국에서 진전되는 민주주의는 "사회적 민주
주의"가 될 것이라고 하였다.[357] 이 용어는 1845년 카를 그륀Karl
Grün이 한 것처럼 사회혁명 운동에 강조점을 찍어 "민주주의적" 사
회주의라고 명명될 수도 있었다.[358] 1848년 혁명 당시에는 '사회적
민주주의자들' 혹은 '사회민주주의자들Sozial-Demokraten'이라는
명칭은 독일연방 내 민주주의적 단체들 및 각 회원국의 의회들에서
활동하던 (단지 정치적인) 민주주의자들과 구별을 위해 여러 "노동자
형제애Arbeiter-Verbrüderung" 단체들 안에서 일반적으로 사용되곤
했다. 이는 이미 1848년 3월 5일 하이델베르크 성 안뜰에서 행해진
프리드리히 헤커Friedrich Hecker의 발언에서 알 수 있다. 1849년 슈
테판 보른Stefan Born은 《형제애》에서 "우리는 스스로를…… 공공
연하게 사회민주주의자들이라고 알렸다."[359] 혁명이 진행되는 동안
여러 차례에 걸쳐 '민주주의적-사회적 공화국' 혹은 '사회민주주
의적 공화국'이란 표현이 말해지곤 했다.[360]

혁명이 끝나자 '사회적 민주주의' 혹은 '사회민주주의'라는 용어
는 로렌츠 폰 슈타인에 의해 개념적으로 정확히 규정되었다. 그는
프랑스의 사례를 가지고서 이론을 발전시켰는데, 여기서 "사회적"
민주주의는 "사회적" 운동과 "순수한 정치적 운동"의 교차점 위에
서 있는 것으로 파악되었다. 전자는 지금까지 지배를 당해온 "무산
계급"의 지배를 목표로 한다. 후자, 즉 "공화주의적 혹은 민주주의

적 운동"은 국민 간의 평등이라는 원리를 지닌 "자유로운 국가 헌법"을 목표로 한다.[361] 사회적이고 입헌적인 경향과 결합한 채, 전자는 국가행정 속에서, 후자는 국가 헌법 속에서 자기를 실현했다는 것이다. 그는 이 두 운동의 결합을 "사회적 민주주의"로서 개념화했다. "사회적 민주주의"의 원리는 "이에 따라 헌법에 있어서는 보통선거권이며, 행정에 있어서는 노동계급의 사회적 종속의 폐지이다. 따라서 사회적 민주주의에서는 헌법이 민주주의적인 요소이며, 행정은 사회적 요소이다." 슈타인은 이러한 발전의 필연성을 지적하면서, 또한 이 속에 담긴 ─ "사회 개혁이냐 사회 혁명이냐 ─ 라는 양자택일적 예측을 통해 그가 헤겔에서 유래하는 변증법적 사고를 전개했다는 차이점에도 불구하고 토크빌을 상기시켰다.[362] 이로써 슈타인은, 개혁을 통해 혁명을 막기 바라면서도, 사회국가가 도래하고 있다는 것은 명약관화한 사실임을 예견했다.[363] 이제까지의 민주주의는 "그것이 헌법에 주안점을 두는 한…… 무기력하다"고 하였다. 그는 계속해서 "그것이 행정을 자신의 대상으로 삼는다면, 더 이상 민주주의가 아니다. 두 계급이 자신들의 진정한 이해관계에서 상호 합의를 보는 순간, 이제까지의 민주주의는 종착점에 다다른다. ……민주주의가 새로운 형태로 변화되고 있다는 것이 이미 사회적 민주주의라는 표현 속에 암시적으로 표현되어 있다"고 말한다.[364]

1860년대가 되면 마침내 '사회적 민주주의'는 자기 호명으로서 대중적으로 유통되는 개념이 되었다. 이때 이 개념은 노동운동과 민주주의 결합 속에서 단지 '정치적인' 혹은 '부르주아적bürgerlich'*인 민주주의와 구별되는 것을 의미했다. 이로써 1848/50년 당시보다 이 개념은 더욱 명백하게 정당의 명칭이 되었다. 라살레Lassalle은 아직 이것의 사용을 꺼리기는 했으나, 이를테면 그의 동지 장 밥티스트 폰 슈바이처Jean Baptist von Schweitzer는 이미 1863년 10월 13일 "자유주의적 부르주아-정당"에 맞서는 "사회민주주의 당의 투쟁"을 말하고 있었고, 1864년 12월 15일에는 "사회민주주의자"라는 제목의 "전독일노동자총연맹Allgemeiner Deutscher Arbeiterverein"의 신문 제1호가 간행되었다.[365] 1867년 베커J. Ph. Becker의 《선구자Vorbote》에는 다음과 같은 말이 등장하였다.

"일방적인 정치적 민주주의가 정체된 혁명을 완전하게 관철시켜 부르주아지 공화국Bourgeoisierepublik으로 귀결 짓기를 원하는 동안, 사회민주주의는 곧바로 이를 넘어서 혁명을 더욱 진전시켜 새로운 인민국가의 건설, 즉 사회적인 새로운 문화의 시대에 봉헌하기 위해, 이런 결론이 더 빠르게 매듭질 수 있도록 도움을 준다."[366]

여기에는 "정치적 민주주의가…… 사회적 민주주의라는 더 논리적이고 더 진보적이며 더 고귀한 개념으로" 드높아졌다는 의식이 결합되어 있었다.[367] "사회민주주의 노동자당"이 1869년 아이제나흐에서 자신의 강령을 만든 이후로 '사회민주주의Sozialdemokratie'는 장래의 독일사회민주당SPD에 지속적으로 따라붙은 확고한 명

* [옮긴이] bürgerlich라는 말은 '시민적', '부르주아적'으로 번역될 수 있으나, 여기서는 맥락상 후자로 번역했다.

칭이 되었다.

1840년에서 1870년 사이의 '사회민주주의'의 개념사를 보면, 아직은 대개의 경우 사회적 목표 설정이 ('민주주의'를 위한 전통적인) 헌법정치적인 이상과 결합되어 진행되곤 했다. 그런데 19세기 중엽의 정치언어 속에는 이러한 것을 넘어서서 진일보한 경우도 발견된다. '민주주의'가 오로지 사회와 관련을 맺게 된 경우가 그것이다. "귀족정"에서 해방된 평등사회는 대략 1840년경 이후로는 '민주주의적인' 혹은 — 더 극단적으로는 — '사회주의적인' 사회로 명명되고 이에 상응하여 사회가 민주화 과정 안에 놓여있는 것으로 파악될 수 있었다. "사회는 더욱더 평등해지며, 스스로 민주화된다. 상류 신분의 교양, 향유, 정치적 지배, 풍속의 지배에서의 특권을 주장하는 목소리는 점점 더 기가 꺾이고, 하류 신분의 주장들은 더욱더 큰 목소리를 내고 있다."[368]

이와 비슷한 의미에서 루드비히 호이써Ludwig Häusser는 다음과 같이 말한다. 1831년의 바덴 지역의 조례는 "정치적 사회의 근간을 민주화했다."[369] 1848/49년 혁명기에는 '사회의 민주화'라는 표현이 정치언어 속에서 광범위하게 일상적으로 사용되었는데, 사회민주화는 "특정 국가 형태와 결코 결합해서는" 안 되며 "삶의 방식, 의복, 사회적 관계의 동질성" 속에서 드러난다는 생각과 결부되어 있었다.[370] 오늘날까지 일상적으로 쓰이는 이러한 '민주주의' 및 '민주화'에 대한 언어 사용 관례는 모든 사회 영역에 걸쳐 제한 없이 적용될 수 있었다. 여기서는 단지 이러한 언어 사용 관례의 뿌리, 즉 국가 정치적인 것으로부터 사회적인 것의 분리에 관해서만 언급하고자 한다.

4. 마르크스와 엥겔스

마르크스와 엥겔스는 민주주의 개념과 관련하여 지금까지 발전되어 온 자유주의적, 급진적, 사회적 민주주의로 분류될 수 없는 견해를 취했다. 이 두 사람은 초기에는 방금 언급한 모든 노선, 특히 급진적·사회적 민주주의자들과 깊이 결합해 있었으나, 1844년 이후로는 자신들을 '공산주의자'라고 부르면서 상기한 민주주의의 단계들을 명확하게 전부 통과하여, 이를 넘어섰다. 그러나 이 과정에서 그들은 (자신들의 이론에 맞추어 해석된) 민주주의에 대해 계속해서 책임감을 느꼈으며, 넓은 의미에서 민주주의에 대한 소속감을 늘 느끼고 있었다.

《헤겔 국가 헌법 비판》에서 마르크스는 헤겔이 거부했던 프랑스 혁명의 공화주의적 국면에서 나온 민주주의와 자신을 명백히 동일시했다. 군주주의자들 속에서 구체화된 국가주권에 반대하여 마르크스는 인민주권을 설정했는데, 이것만이 "형식, 즉 정치적 헌법"을 설정할 수 있을 뿐만 아니라, "내용과 형식"을 하나로 통일할 수 있다는 것이었다. "군주정에서 전체는, 즉 인민은 자신의 존재 방식 중 하나인 정치 헌법 아래에 종속된다. 그러나 민주주의에서는 이 헌법 자체가 단지 하나의 결정으로서, 정확히 말해 인민의 자기 결정으로서 등장한다." 이렇듯 민주주의란 "특별한 국가 헌법으로서, 모든 국가 헌법의 본질이자 사회화된 인간"이라는 것이었다. 여기서 그는 이러한 "특별한 국가 헌법"이 그 안에서 "인간적 존재"를 가능케 한다는 점에서 다른 모든 국가 형태와 근본적으로 구별된다고 하였다. 반면 "다른 국가 헌법들 안에서는 인간이란 법률적 존재이며, 따라서 정치적 인간이 비정치적이고 사적인 인간들과 분리된다"는 것이었다. 이렇게 볼 때 '민주주의'란 오로지 "공화국"일 수밖에 없는 것이었고, 이러한 "공화국"은 "단순한 정치적 헌법" 이상의 것이었다. 이러한 미래의 공화국 안에서 민주주의는 (분리되지 않은 온전한) 인간들의 자유를 실현할 것이었다. 마르크스는 민주주의가 이미 두 단계를 지나왔다고 하였다. 1) "인민의 삶과 국가의 삶이 동일했을" 때인 중세의 "부자유의 민주주의", 2) 근대의 국가와 사회의 분리("국가의 추상화, 사적 생활의 추상화")가 그것이다. 요컨대 마르크스는 '민주주의'를 인류의 정치적인 자기실현이라고 생각했다. 그리고 그 과정을 세 단계로 나눴는데, "실제적인 이원론" 속에서의 "소외"(중세)로부터 "추상적 이원론" 속에서의 양분화(근대)를 거쳐 "사회화된 인류"의 미래 속에서의 화해의 단계로 나아간다는 것이었다.[371]

다시 말해 헤겔이 말한 국가의 자리에 민주주의가 들어선 것이었다. 민주주의는 신의 인도로부터 해방된 역사 과정의 전 단계(헤겔)에서 최종 단계로 전위되었다. 이러한 사고의 출발점 속에서 프롤레타리아 및 공산주의에 의한 혁명이 역사의 목적을 위한 기호로 설정되었으며, 역사의 목적을 구체화하는 데 봉사하는 것이 되었다.

이 지점에서 마르크스는 엥겔스와 결합하였다. 엥겔스는 이미 1843년에 프랑스혁명을 "유럽에서의 민주주의의 기원"으로 불렀으며, 거짓되고 위선적인 민주주의로부터 "진정한 자유와 진정한 평등, 즉 공산주의가 출현"해야 한다고 첨언했다.[372] 2년 뒤에 그는 "민주주의, 이것은 오늘날 공산주의이며…… 민주주의는 프롤레타리아의 원리, 대중의 원리가 되었다"고 정의했다.[373] 이와 같은 '공산주의'와 '민주주의'의 동일시는 마르크스가 원래 가졌던 명백히 前前공산주의적인 시도가 갖는 의미에서 볼 때, 단지 미래의 최종 단계 및 공산주의자들의 "당"이 지닌 이러한 믿음에 대한 고백으로서의 가치만 지닌 것이었다. 현재를 위해서도 이러한 동일시가 프로그램 상으로 요구되긴 했지만, "민주주의자들의 당"이 혁명 이전과 혁명 시기에 요구했던 그러한 민주주의가 요구된 것은 아니었다. 단지 시한부로 그리고 적절한 시기에 — 이를테면 1848년에 — "민주주의자들의 당"과 정치적 동맹을 맺을 수는 있는 것으로 여겨졌다.[374]

마르크스와 엥겔스에게 이 당은 "소시민적인 민주주의자들…… 소시민층의 당"으로서, 한편으로는 "자유주의적 부르주아의 당"과 다른 한편으로는 "혁명적 노동자 정당"과 구별되는 세력이었다.[375] 이 두 사람은 자유–민주주의적 혁명과 그 실패(1848/50) 국면에서

'자유주의', '민주주의', '공산주의'라는 정치 용어를 '부르주아', '소시민', '노동자'('프롤레타리아')라는 사회적 속성을 통해, 또한 연방제적이고 군주제적인 국가에서 강하게 중앙집권화된 연방제 국가를 거쳐 통일적으로 중앙집권화된 공화제적이고 민주주의적인 (공산주의적인) 국민국가[376]로의 발전 맥락 속에서 개념화했다. 그럼에도 불구하고 이들의 프로그램 속에서 '민주주의'는 이미 '프롤레타리아'와 결합되어 있었고, 이는 혁명이 제한적인 목표를 지닌 소시민적인 혁명으로 진행되어 이 수준에서 중단되어서는 안 되고, "영구적인 혁명"이 되어야 한다는 전제 하에 그러했다.[377] 물론 "사회-민주주의"도 이 프로그램 속에 명시되어 있었다. 그러나 최종 목표로 개념화된 것은 아니었다. 왜냐하면 "일반적인 사회-민주주의적이라는 상투적인 표현들"이 결코 혁명적이지 않은 소시민적 민주주의와 타협하면서 이것과 연결되어 있었기 때문이었다.[378] 마르크스가 1848/49년의 프랑스를 회상하면서 쓴 문건에서 묘사한 것처럼, "이른바 사회-민주주의 당"은 사회적 강조점을 지닌 "새로운 산악당"으로 비춰졌다. "사회-민주주의의 본질적인 성격은 민주적이고 공화주의적인 제도들을 양대 적대 세력, 즉 자본과 노동을 폐지하고 지양止揚하기 위한 것이 아니라, 이 둘의 대립을 약화시켜 조화로운 상태로 전환하기 위한 수단으로서 요청되고 있는 것으로 요약"할 수 있다는 것이었다.[379] 마르크스와 엥겔스는 "순수한 민주주의"[380]의 진행 과정, 즉 "사회-민주주의"를 지나 공산주의라는 실제적인 민주주의로 가는 길을 열어 줄 혁명적 도약("프롤레타리아 독재")의 과정을 1843년에서 1852년 사이에 이론적으로 완전히 발전시켰다. 이후에 등장한 모든 진술들은 단지 각각의 국면에 대한 새로운 적용 및 적응에 불과했다.[381]

반면 라살레Lassalle은 이론을 정교하게 다듬는 데서 마르크스와 엥겔스에 뒤처져 있었다. 그는 1848년과 1863년 사이에 관례화한 일반적인 민주주의를 이해하는 중심이었다. 그의 의미는 개념사적인 독창성이 아니라, 1858년에서 1864년 사이의 상황에서 일반적으로 민주주의적인 것의 의미를 정치적으로 구체화한 데에 있었다. 요컨대 그는 민주주의와 자유주의를 구별하고 나름대로 자유주의(진보당)와 분리를 완성했으며, "노동자 신분"을 민주주의의 담당자로 선언하였다. "민주주의는 부르주아지와 노동자 신분을 하나로 묶은 끈이다. 이러한 이름을 흔들어대고 부정하면서, 사람들은 전자의 입장에서 이러한 하나로 묶은 끈을 끊어버리고, 깃발을 더 이상 민주주의적인 부르주아 운동이 아니라, 자유주의적인 부르주아 운동 위에 세웠다."[382] 또한 라살레이 — 물론 더 불명료한 것이긴 했지만 — '민주주의' 안에서 역사적 진행의 운동을 보았을 때, 그는 마르크스의 입장에 근접하기도 했다. 그럼에도 불구하고 그는 — 마르크스의 관점에서 볼 때 — "사회–민주주의"의 단계에 머물러 있었고 당시 일반적으로 대변되고 있었던 민주주의와 "민족Nationalität"("민족자결") 간의 관계를 특별히 강하게 강조했다.[383]

5. 민주주의 개념의 억압

독일제국 건설이 준비되고, 쟁취되었으며, 완성되었던 1860년대와 70년대에 (여러 다양한 분파 및 조직들로 이뤄진) 민주주의자들의 "당"은 패배했고, '민주주의'를 "귀족주의자들의 당" 혹은 "부르주아─자유주의Bourgeois─Liberalism" 당의 전통 속에서 이해했던 사람들이 승리했다. 이러한 사실이 독일제국 및 합스부르크 왕국의 독일어권에서 지배적인 독일식 '민주주의' 이해에 결정적 영향을 끼쳤다. 1871년 이후로 민주주의 개념이 무엇보다 독일 사회민주당 내에서 활성화하였고, "사회─민주적"("인민국가Volksstaat")으로 또한 "마르크스주의적"으로 발전했다는 것을 고려할 때, "부르주아적 bürgerlich" 민주주의자들이 전개한 사상 조류는 협소하고 허약한 것이 되었으며, 따라서 '민주주의'라는 단어가 1878년에서 1910년 사이 "자유주의freisinnig" 혹은 "진보" 정당들의 당 강령에 사용되지 않았다는 것은 당연하다고 할 수 있다. 단지 남부 독일에서만 영향력이 있던 "독일인민당"만이 이 단어에 집착하고 있었다. 이러한 점을 명확하게 지적한 사람이 프리드리히 나우만Friedrich Naumann 이었는데, 그는 1910년 이러한 정당들이 새로운 "진보인민당"으로 결집한 것과 관련하여, 이 신당 속에서 "남부의 민주주의자들이 나머지 자유주의 분파들과 연합할 수 있을 것"이라고 서술하였다.[384]

보수주의자들의 민주주의관은 헤르만 바게너Hermann Wagener가 《국가학사전》(1861)에서 밝힌 신념을 그대로 따르고 있었다. 그에 의하면 "순수한" 민주주의나 "대의제" 민주주의 모두는 "자유와 평등의 약속이…… 주연을 맞는…… 허구"이며, 따라서 민주주의를 지속적이고 제대로 실현하는 일은 불가능하다는 것이었다.[385] 새로운 독일제국을 지지했던 자유주의자들의 생각 또한 실제적으로 이러한 견해와 아무런 차이가 없었다. 이를테면 하인리히 폰 지벨 Heinrich von Sybel은 먼 장래에는 일반적인 헌법상의 발전이 민주주의로 나아갈 수는 있지만[386], 당대에는 민주주의적인 해결이 허용되지 않을 것이라고 하면서 — 트라이치케Treitschke가 그러했던 것처럼 — (프로이센의) 자치행정은 (영국의) 자치정부와 마찬가지로 본질적으로 민주주의적인 것이 아니라 귀족제적임을 강조했다.[387]

트라이치케의 민주주의 개념은 독일제국 건설기에 나타난 자유주의–보수주의적인 사상 융합의 원형적 유형이며 나아가 제1차 세계대전 이후까지도 계속된 지식인들의 독일제국–민족주의 Reichsnationalism 노선을 제시하는 것이었다. 그는 한편으로는 직접적으로 아리스토텔레스에 의거하면서, 다른 한편으로는 슐라이어마허(본서 164~165쪽을 보시오)와 로셔Roscher[388]를 차용하면서, 예를 들어 게르피누스와 프뢰벨이 발전시킨 민주주의를 향한 역사적 진보라는 표상을 급진적으로 전복시켰다. 그는 여기서 민주주의를 발전된 최종 단계라는 명예로운 자리가 아니라, 더 수준 높은 정치적 "완성"[389]을 향한 저급한 이전 단계로 자리매김하였다. 트라이치케는 프로이센적–독일적 입헌군주제라는 그간 분투하여 자신의 당대에 달성된 목표를 척도로 삼았다. 이 프로이센적–독일적 입헌군주제는 가능한 한 강한 국가적 통일성과 "자연적으로" 불평등에 기반한 (귀족적인) "시민사회"의 명망가—자치행정을 그 특징으로 삼는 것이었다. 그에 의하면 민주주의의 원리는 "평등"인데, 이는 사물의 자연적 속성에 의해 스스로 주어진 귀족제적 사회 조직에 위배되며, 따라서 민주주의는 단지 자기 고유의 원리에서 벗어나 더 이상 논리적 일관성을 갖추지 못할 때만 가능하다는 것이었다. 트라이치케는 이러한 주장을 스위스와 미국의 사례를 들어 펼쳤을 뿐만 아니라, 고전적 모델인 아테네의 민주주의 또한 이를 위한 증거로 활용했는데, 그에 의하면 아테네 민주주의는 노예제의 기반 위에 서 있었으며 실제로는 완전한 시민권자의 "대중귀족주의"라고 할 수 있다는 것이었다.[390] 그는 보편적 평등의 민주주의는 "용어 자체에 모순contradictio in adjecto"을 내포하고 있다고 말한다. 그것은 "상상할 수 없는…… 목표를" 달성하기 위해 노력한다. 이에 따라 그것은 "스스로에게 결코 도달할 수 없는 이상을 강요하기 원하는 투쟁적 성향의 특징"을 갖고 있다는 것이다.[391] 또한 트라이치케는 고대 민주주의가 개인을 부정했다는 것과 함께, 정치적인 자유와 개인의 자유를 규정한 국가 형태들을 특정하는 것이 당시에 널리 퍼진 "어리석은 짓의 유행"이라고 하면서 이를 거부했음에도 불구하고, 근대 군주정에서 자유가 실현되고 있다는 것을 지적했다. 이런 방식으로 그는 민주주의에 가장 많이 포함되어 있는 자유라는 속성을 부정했다.[392] 트라이치케는 정치적 "자연 이론"(아리스토텔레스, 로셔)과 역사적 경험 및 정치적 목표 설정에 근거하여 민주주의를 그 원리상 비현실적이며 실용적인 점에서 실제로의 적용 가능성이 미미한 것이라고 입증하긴 했지만, 근대 군주정 내부에서 "국가 형태의 민주화에 대한 역사적 법칙"이 진행되고 있다는 것도 인지했다. 물론 그는 이러한 법칙을 통해 군주정이 변화되기는 하겠지만, 결코 일순간에 국가 형태로서의 민주주의에 의해 군주정이 해체되지는 않으리라고 보았다. 그는 다음과 같이 말했다. 이러한 법칙은 "복지와 교육이" 계속해서 확대되어, "적극적 참여의 권리가 지속해서 더욱 광범위한 층"으로 이양될 것이라는 사실에 근거한다. 그런데 이러한 법칙은 이성적인 제약 속에 놓일 때만이 정당성을 갖는다. 이 점에 있어서 독일에서는 "유감스럽게도 보통평등선거권이 그 어떤 것도 이보다 더 비이성非理性적일 수는 없는 극단적 경계선에 도달했다"*는 것이다.[393] 이러한 경계를 넘어서는 것은 "시민사회"의 "자연적 속성"에 위배되는 것이었으며, 트라이치케가 반복해서 상기시킨, 모든 민주주의에 내재한 사회적·정신적 평등화 경향을 보여주는 것이었다. 그에게 "민주주의의 자연적 속성"이란 "귀족적"이고 "시민적인" 가치들에 비춰볼 때 "평균치 정도의" 가치밖에 갖지 못한 것이었다. 1864년 스위스를 방문했을 때 그는 "존경할 만한 일반적인 평균치"라는 이전에 느꼈던 인상을 확인했다.[394] 그는 자신이 받은 이러한 인상을 소규모 공간이라는 관념과 결부시켜, 민주주의는 단지 소규모 국가들에서나 가

---

* [옮긴이] 독일제국에서는 제국의회 의원 선거와 관련하여 남성 보통선거권이 실현되어 있었다.

능한 것이며, 이러한 국가들만 민주주의를 지속시킬 수 있다는 전통적인 표상을 자신의 현재, 즉 독일 문제에 은밀히 적용하였다. 그에 의하면 거대한 세계사적인 민족은 민주주의적으로 파악될 수도 없고, 파악해서도 안 되는 것이었다.

이상과 같이 민주주의는 독일제국이라는 공식적인 국가 의식 및 민족 의식에서 추방당했는데, 이는 '민주주의'가 독일제국의 국가 헌법을 위해 내적으로 수용되지 못했다는 사실과 부합한다. 엘리네크Jellinek는 아리스토텔레스 및 마키아벨리 이후의 전통에 준거하여 "민주주의"와 "군주정"은 화합할 수 없다고 하였다. 이를 따르자면 민주주의란 단지 — 유형적으로 구별되는 — "민주공화국"[공화국=비非군주정]으로서만이 실제로 등장할 수 있고 이론적으로 개념화될 수 있는 것에 불과하였다.[395]

6. 기독교 민주주의

지금까지 살펴본 바에 따라 결론을 내린다면, 1848년 이후 독일에서는 민주주의 개념을 지속적으로 헌법정치 사상에 구체적으로 접목하려는 욕구가 없었다고 할 수 있다. 이런 상황에서 이 개념은 단지 현존 체제에 대한 부정 속에서, 즉 혁명과 결부되어 사용되었는데, 사회주의와 공산주의라는 새로운 극단적인 혁명적 경향이 자기 방식대로 민주주의 개념을 독점하고, 이 개념을 넘어서기도 하고 나아가 불필요한 것으로 만들거나 아니면 이 개념을 "사회-민주주의"로 변화시켰다.

'민주주의'가 입헌군주제라는 독일의 국가 유형에 낯선 것으로 머물러 있었던 것과 마찬가지로 이 개념은 교회나 기독교와도 거의 결합하지 않았다. 독일에서 국가 생활과 교회 생활 사이의 관계에 전형적으로 나타났던 것은 다음과 같다. 기독교-사회적 운동은 있었지만, 그 어떤 기독교-민주주의적인 운동은 없었으며, '기독교 민주주의'라는 합성어는 단지 1848년경에만 존재했고 그나마 당시에도 단지 주변부적인 역할을 했을 뿐이다. '기독교-사회적'이란 표현은 현존하는 헌법 안에서 대변될 수 있었으나, '기독교-민주주의적'이란 표현은 이와는 반대로 혁명적인 노선을 가리켰다. 개신교와 가톨릭 양대 교회는 국가에 대해 서로 다른 관계를 맺고 있었음에도 불구하고 이러한 혁명적 노선에 대해 충분히 먼 거리를 취했으며, 이 양대 종파의 기독교 사회적 노선을 옹호했던 비허른Wichern과 케텔러Ketteler는 이 노선에 맞서 싸웠다.[396]

이처럼 '기독교 민주주의' 개념은 19세기 독일에서는 거의 비중이 없는 개념이었다. 물론 이 개념은 독일에서도 생소한 것은 아니었다. 이 개념은 프랑스에서는 이미 1791년 교회 투쟁과 관련하여 그 특징이 각인되었고, 1830년대와 40년대에 라므네Lammenais와 뷔셰Buchez에 의해 강력하게 유포되었다. 이 시기에 그 영향을 지속해서 확산하던 혁명과 스스로를 개혁하고 있던 가톨릭교회 사이의 분열이 나타나자, 이에 직면한 교회는 이 개념이 절실하게 필요로 했기 때문이다.[397] 이러한 필요성은 제3 공화정의 여러 조건 속에서 새로운 방식으로 지속되었는데, 특히 교황 레오 13세가 국가 형태에 관해서는 관심을 두지 않겠다는 것을 선전하고 이를 통해 가톨릭 신자들의 프랑스 공화국과의 "화해ralliement"를 가능하게 한 이후로 그러했다. 물론 교황의 교서 "공동체의 무거움Graves de communi"은 가톨릭 신자들에게 그들의 "기독교 민주주의"가 정치적으로 불필요한 결과들과는 선을 긋고 각국의 다양한 국가 헌법들에 대하여 중립적인 태도로 사회적·박애적인 일에만 스스로를 한정시킬 것을 지시했다.

이러한 교황의 교서가 발표되었을 때, '기독교 민주주의'라는 합성어는 프랑스를 넘어 다른 나라들, 특히 벨기에와 이탈리아에서는 이미 익숙한 것이 되었다.[398] 프랑스의 영향, 1891년과 1901년의 교황 교서, 출발 단계에 있었던 기독교 노동운동 같은 요소들로 인해 독일에서 '기독교 민주주의' 개념이 자라나고, (이 개념에 포함된 정치적 관련성에 대해서는 신중함을 유지한 채) 이 개념을 정치적 가톨릭주의 가운데 "좌파" 노선들이 사용하는 데 영향을 끼쳤다. 그러나 일반적으로 1918년 이전에는 1901년 교황 교서의 의미에 비추어 봐도 이러한 좌파 노선들은 위험한 것으로 규정되었다. 이탈리아에서는 이러한 노선을 "군중 기독교주의Demochristianismus"라고 불렀다.[399] 가톨릭과는 달리 개신교에서는 이 개념이 1918년까지도 완전히 낯선 것이었다. 그러나 이와는 별개로 언제나 '기독교 민주주의'는 가톨릭교회와 관련된 개념으로 남아 있었다. 왜냐하면, 이 개념 속에는 다음과 같은 전제가 내재해있었기 때문이다. 이 개념이 기원한 프랑스와 이탈리아 같은 나라들에서는 거의 전적으로 가톨릭 종파에 속하는 국민 속에서 혹은 이들 위에서 세속화된 국민국가가 건설되었으며, 이러한 국가들의 국민들은 가톨릭 신앙을 버리지 않는 한, 그들의 기독교-가톨릭적인 유대를 버리지 않은 채 민주주의적인 근대 국가에 통합될 수 있는 계기를 발견해야 했다는 점이 그것이다.

조망

비로소 19/20세기 전환기의 정신 운동의 맥락 속에서, 또한 성장하는 산업국가의 국민에

게 걸맞은 사회적이고 헌법정치적인 질서의 문제가 새롭게 제기되었을 때, '민주주의' 개

념을 현재의 구조 분석 및 운동 분석을 위해 다시 사용해야 할 필요성이 생겨났다.

CHAPTER VII

Ausblick

VII. 조망

●●●   독일제국에서 '민주주의'는 내용상으로나 개념상
으로 세 방향으로 전개되었다. 1) 트라이치케의 《정치학》이 그러했
듯이 억압되거나, 2) 좌파 자유주의자들, 특히 "독일인민당"이 그러
했듯이 의무적인 기억으로만 남아, 거의 실제적 영향력을 발휘하
지 못한 채 견지되거나, 아니면 3) 사회민주주의당이 그러했듯이
에르푸르트 당 강령 속에서 "근접한 목표들"로 구체화되어 사회주
의 속에 편입되었다. 비로소 19/20세기 전환기의 정신 운동의 맥락
속에서, 또한 성장하는 산업국가의 국민에게 걸맞은 사회적이고
헌법정치적인 질서의 문제가 새롭게 제기되었을 때, '민주주의' 개
념을 현재의 구조 분석 및 운동 분석을 위해 다시 사용해야 할 필요
성이 생겨났다. 이러한 점에서 볼 때 프리드리히 나우만이야말로
가장 큰 영향력을 행사한 사람이었다. 그는 1895년에는 아직 "군주
제적 절대주의" 및 "공화주의적 민주주의"라는 양극단을 거부한 채

이것들에 맞서 "입헌적 체제"를 강조하면서, "기독교-사회적 프로그램"을 당시 일반적으로 통용된 의미에서 정치적으로 작성했다.[400] 그러나 1900년부터는 '민주주의' 개념을 사용했는데, 이는 독일제국의 국가와 사회를 이 개념의 척도로 계측하고, 위기에서 벗어난 밝은 미래에 대한 기대를 총괄적으로 표현하는 개념으로 신봉하기 위해서였다. 트라이치케는 군주제를 취하는 거대 국가들의 커다란 영향력이 작은 규모의 국가에서나 가능한 민주주의의 미개함을 역사적으로 대체했다고 했다.

그러나 나우만은 이러한 생각을 수정했다. 나우만은 독일제국의 위대한 군주정은 여러 후진적인 (농업적, 산업적, 성직자적 성격을 지닌) "귀족세력들"과의 연합을 포기하고, 이들을 대신해서 "새로운 독일의 민주주의"와의 결합을 추구할 때만 유지될 수 있다고 하였다.[401] 이러한 민주주의는 낡은 민주주의와도 구별되는데, 이러한 민주주의가 경제와 국가의 현대적인 "거대 경영"에 적절하고도 적극적인 참여를 요구하는 성장하는 "산업적 인민Industrievolk"에 걸맞기 때문이라는 것이었다. "민주주의는 새로운 독일의 산업 대중이 기울이는 노력들을 위한 정치적 표현이다. 이러한 대중의 성장과 더불어 민주주의는 자라난다."[402] 나우만은 "산업화가…… 자신 속에 민주주의적인 사상의 새로운 도약을 담고 있다"는 것을 인식한 채, "민주주의적인 산업정책(표어: 기계와 인격을 지닌 개인)"이라는 개념을 만들어냈는데, 이는 성과의 향상과 인간의 품위에 맞는 공동 결정을 뜻한다.[403] 이로써 나우만은 "부르주아bürgerlich" 민주주의가 더는 캡슐에 갇혀있지 않게 했으며, "프롤레타리아" 민주주의가 더는 오프사이드 위치에 있지 않도록 했다. 그는 "산업적 인민"이라는 표상에 근거하여 위와 같은 계급에 따른 여러 민주주의 간의 분열을 해소하려 했고, 이를 통해 위험할 정도로 발전을 가로막고 있는 과거 회귀적인 "귀족세력들"에 맞서 진보성의 전선("원리로서의 데모크라티즘Demokratismus")[404]을 구축하려고 했다. 이러한 시도는 나우만이 자유주의와 사회주의가 민주주의와 데모크라티즘Demokratismus이라는 기호 속에서 정치적으로 서로 결합해 있다고 보았고, 정확히 '자유주의'와 '민주주의'의 분열을 극복하려 했기 때문에 나온 것이었다.

나우만이 주도한 민주주의 르네상스는 효과가 있었다. '민주주의'라는 단어는 곧바로 — 엄청난 시의성을 지닌 채 — 또다시 모든 사람의 입에 오르내리게 되었다. 그리하여 1918년 11월 중순* 발터 라테나우Walther Rathenau와 에른스트 트뢸치Ernst Troeltsch는 '독재'가 자행하는 폭력적 억압에 맞서 정치적인 새로운 출발(또, 그 종류와 노선)을 명확히하려는 의도 속에서 "민주주의 인민동맹"을 당명으로 채택했고, 1919년에는 이러한 의도를 현실화했다.[405] 1918년에는 하나로 결집한 자유주의 정당이 "독일민주당"이라는 이름으로 창당되었다. 자유주의자들뿐만 아니라 (나우만적인 의미에서) 사회주의자들, 또한 (비록 그 안에서도 다양하기는 했지만) 중앙당의

---

* [옮긴이] 이 시점은 독일 11월혁명 발발 직후이다.

가톨릭 교도들이 1917년에서 1919년 사이 각각 자유주의적, 사회적, 기독교 민주주의적이라는 수식어가 붙긴 했지만 모두 민주주의라는 기호 아래에 결집하였다. 이와 똑같은 일이 독일·오스트리아의 "민주주의공화국"에서도 일어났다. 바이마르에서 열린 국민의회*의 논쟁을 보면, 1919년이 되자 민주주의 개념이 사회주의자들과 독일 민주주의자들의 범위를 넘어서 광범위하게 수용되는 등 큰 진전을 이루었음을 알 수 있다. 물론 우파 진영은 이때도 새롭게 유행한 이 단어에 대해 긍정의 태도를 보이지는 않았다. 가톨릭중앙당은 늦어도 1918년 11월에는 양대 입장으로 분열되었다. 1910년의 교황 교서 "공동체의 무거움Graves de communi"의 관점에서 기독교가 받아들일 수 있는 정도의 민주주의에 대한 개념적 제한선을 설정하는 것을 뛰어넘어, 이제 '기독교 민주주의'가 헌법정치적으로 이해되어야 한다는 문제가 제기되었기 때문이었다. 가톨릭중앙당은 이러한 문제를 충분히 의식하고 있었다. 그러나 자신을 "기독교민주주의인민당"으로 부르자는 요청을 완수하지 못했고, 반대 목소리 앞에서 이를 양보하고 말았다. 이처럼 가톨릭중앙당은 자신이 실용적인 의미에서 사용한 "기독교 민주주의"를 일관성 있고 설득력 있게 개념으로 발전시키는 데 필요한 충분한 준비도 부족했고, 능력도 부족했다. 한편, 우파 정당인 독일민족인민당DNVP은 바이마르 국민의회에서 '민주주의'라는 단어에 대해 단지 간헐적인

* [옮긴이] 여기에서 민주 헌법인 바이마르 헌법이 채택되고 바이마르 공화국이 시작되었다.

논박을 하는 데 그쳤다.[406]

　1919년을 지배했던 경향은 '민주주의'를 모든 것을 포괄하고 보
편적으로 인정된 헌법 개념과 신념을 위한 개념이 되도록 하는 것
이었다. 그러나 독일과 오스트리아에서 이러한 경향이 또다시 후
퇴하는 일이 곧 벌어졌다. 제1차 세계대전 이전부터 있었던 민주주
의에 대한 오래된 유보적 태도는 아직도 영향력이 있었고, 1919년
이후 벌어진 정치적 진행 과정을 통해 정치 투쟁의 표면 위로 새롭
게 부각되었다.[407] 1848년으로 거슬러 올라가는 1920년대 민주주
주의자들의 자기 이해에 맞서 또다시 오래된, 그리고 곧 민족사회
주의Nationalsozialismus*에 의해 새롭게 주장된 심연이 '독일적'('–민
족적national')인 것과 '민주주의적'인 것 사이를 갈라놓았다. '민주
주의'는 제1차 세계대전 때보다 더욱 강하게 "서구의 민주주의"라
고 지칭되면서 선동적으로 평가 절하되었다. 히틀러는 드물기는
하지만 1925년에서 1928년 동안 간혹 민족사회주의를 "게르만적
민주주의"의 뿌리라고 하면서 양자를 연관지었다.[408] 그러나 이렇
게 연결 지으려는 시도는 그 스스로에 의해 명시적으로 중단되고
말았다. 이로써 모든 것이 "획일화"되었고 그러는 한 극단적으로
민주주의에 적대적이었던 1930년대 독일인의 의식 속에서 그 어떤
영향력도 발휘할 수 없었다.

　1945년 이후 민주주의 개념이 독일어권에서 다시 수용되었을 뿐

---

* [옮긴이] 민족사회주의의 줄임말이 나치즘이다.

176
코젤렉의
개념사 사전 **17**

만 아니라, 이 개념이 자유(자유로운 질서)와 권리(법치 국가)의 가치
들로 채워지고 파시즘 및 전체주의적 독재의 반대 개념이 되었다는
것은 당연한 일이었다. 이에 발맞추어 민주주의는 일상적 표어가
되었으며 ― 1919년 채택된 바이마르 헌법에서와는 달리 ― 독일
연방공화국의 기본법(24조 1항)에 편입되었다. 그 내용은 다음과 같
다. "독일연방공화국은 민주주의적이고 사회적인 연방국가이다."
그런데 무엇이 "민주주의적인 것"인가에 대한 정의는 제시되어 있
지도 않았고, 이와 관련하여 의회 위원회에서 아무런 토론도 이뤄
지지 않았다.[409] 그러나 민주주의와 관련하여 어느 정도 의식적인
동의가 이뤄졌는데, 그것은 민주주의가 서구 국가들에서 발전했으
며, 1848년에서 1919년 기간의 독일 고유의 전통에 입각한 의회주
의적이고 대의제적인 국민국가Volksstaat이자 "독재가 아닌 체제"를
민주주의로 이해하는 것이었다. 카를로 슈미트Carlo Schmid는 민주
주의를 시민의 평등과 자유, 권력의 분립과 기본권 보장이라는 특
징들을 지닌 "고전적 민주주의"로 규정했다. 이상과 같이 민주주의
개념은 "서독의" 국가법 및 사회법 위에 불명료하게 고정되었다.
그러나 민주주의 개념이 특정 헌법에 고정된 상태는 1945년 유럽
의 소련 점령지에서 "인민민주주의"라는 서구 국가들의 민주주의
개념에 대립하는 개념화가 이뤄지면서 흔들리기 시작했고, 1948년
독일의 소련 점령지에서 일어난 독일 기독교민주주의연합CDUD
과 독일 자유민주주의당LDPD의 강제 통합 이후로는 더는 유지될
수 없었다. 독일의 소련 점령지는 "독일민주주의공화국"이 되었는

데, 이때 "민주주의"는 "부르주아bürgerlich" 민주주의와 대립하는 "사회주의적" 민주주의로 개념화되었다.

이처럼 동·서독 양국은 스스로를 "민주주의적인" 국가로 불렀는데, 서독은 자신을 "다원적"이고 "자유로운" 나라로, 동독은 자신을 "인민민주주의적"이고 "중앙집권적"인 나라로 불렀다. 이는 그 어떤 정당도 민주주의 개념을 통해 확보된 자신의 적법성을 이제는 포기할 수 없다고 믿게 되었다는 사실에 부합하는 것이었다. "기독교민주주의연합CDU"(1945)이 창당됨으로써 기독교와 근대적이고 혁명적 뿌리에서 나온 민주주의 간의 결합을 금지하는 낡은 명령이 효력을 잃게 되었다. 물론 이때도 민주주의에 대한 다양한 해석과 개념 정의가 존재했다. 1920년대의 반反민주주의적 우파 정당들에서 기원하는 소수 급진파들의 연합 정당은 동독에서 이미 1948년에 "독일 민족민주주의당Nationaldemokratische Partei Deutschlands"이 만들어진 이후 서독에서 자신을 "민족민주주의"적인 당이라고 불렀다. 마침내 서독에서는 의회 바깥의 야당 급진파들마저 민주주의의 이름으로 독일연방공화국의 민주주의를 강하게 반대하면서, 동시에 대개는 동독 및 소련의 민주주의를 거부하면서 발언을 했다. 이처럼 '민주주의'는 모두가 사용하며 모든 것을 의미하는 만유萬有All-Begriff 개념이 되었고, 이를 통해 잠재적으로 (토포스적으로) "텅 빈 상투적 표현Leerformel"이 되었다. 이제 이러한 민주주의 개념은 매번 다양하고도 상호 모순되는 내용들로 채워질 수 있었으며, 그 논리적 결과로서 민주주의는 다양한 방식으로 실현될 수 있다는 다원주의가 인정되거나, 아니면 "진정한" 민주주의로서의 민주주의 혹은 소비에트식의 "고등한 유형으로서의 민주주의"를 절대화하고 오로지 이러한 민주주의만 대변하는 일이 가능해졌다. 이 경우 정치적 반대편이 주장하는 민주주의는 민주주의의 반대 개념들(특히 '파시즘'과 '전체주의'가 사용되었는데)을 적용함으로써 혐오의 대상이 되었으며 '비非민주적인 것"으로 폭로되곤 했다.

이상과 같은 독일의 민주주의 개념의 전개 과정은 독일 역사만 가지고는 설명할 수 없다. 이러한 전개 과정은 '민주주의'가 "모든 것을 포괄하는 우상偶像과 같은 개념"으로 확대된 전 세계적 맥락 속에 위치한다. 1951년 수백 명의 학자가 참석한 유네스코 심포지엄의 결과는 이미 이러한 점을 확증했다. 거기서 도출된 결론은 다음과 같다. "아마도 역사상 최초로 '민주주의'가 아주 다양한 노선들을 영향력 있게 대변하는 사람들에 의해 모든 정치적·사회적 조직 체계들을 자기 방식대로 이상화하기 위한 표현으로 주장되었다."410

베르너 콘체

베르너 콘체|Werner Conze(1910~1986)
독일 사회사 연구의 선구자. 쾨니히스베르크대학교 박사. 하이델베르크대학교 교수 및 독일 역사학회 회장을 역임했다. 코젤렉의 교수 자격 논문 지도교수이자 《역사 기본 개념》 사전 공동 편집인을 지냈다. 나치 역사가로서의 전력이 있다.

코젤렉의
개념사 사전 13
근대적/근대성, 근대

Modern/
Moder
nität,
Moderne

한길사

독재

고대에서부터 프랑스혁명
이전 시기까지

'독재Diktatur'라는 단어는 '전제정Tyrannis'이라는 용어와 마찬가지로 고대로부터 전승

된 국가법 개념들에 속한다. 그런데 중세와 근대 초에 있었던 군주제적-봉건적 세계의 실

재는 이 개념들과 정확하게 일치하지는 않는다.

CHAPTER |

I.

I. 고대에서부터 프랑스혁명 이전 시기까지

1. 머리말

● ● ●   '독재Diktatur'라는 단어는 '전제정Tyrannis'*이라는 용어와 마찬가지로 고대로부터 전승된 국가법 개념들에 속한다. 그런데 중세와 근대 초에 있었던 군주제적—봉건적 세계의 실재는 이 개념들과 정확하게 일치하지는 않는다. 그러나 플라톤과 아리스토텔레스가 '전제정'을 다룰 때 이를 군주정으로부터의 "일탈/파렉바시스παρέκβασις"이라고 강하게 강조하면서 그 결정적인 가치를 규정해버렸기 때문에, 또한 그 존재 자체가 나쁜 군주를 지칭하기 위한 명칭이 필요했기 때문에, 이미 중세 말엽부터 19세기

---

* [옮긴이] Tyrannis(Tyrannei)는 참주정, 폭정, 전제정으로, Tyrann은 참주, 폭군, 전제군주로 번역할 수 있다. 여기서는 맥락에 따라 전자를 전제정 및 폭정으로, 후자를 전제군주 및 폭군으로 번역했다. 한편 Despotismus와 Despot 역시 비슷한 의미를 지니나, 여기서는 Despotismus를 전제권력으로, Despot는 압제자로 번역했다.

에 이르기까지 거의 중단 없이 '폭군Tyrann'이라는 단어가 이례적으로 확산되고 애용되었다. 한편, 절대왕정의 성장에 대한 신분적 저항과 "미신"에 대한 계몽주의적 공격에서는 위의 경우와 마찬가지로 '압제자Despot' 및 '전제권력Despotismus'이라는 용어들이 사용되었다. 스피노자Spinoza, 몽테스키외Montesquieu, 엘베시우스Helvétius나 콩도르세Condorcet의 국가 철학의 핵심을 한 문장으로 요약하는 일은 실제로 어렵지 않다고 할 수 있는데, 여기서 그 문장의 논리적 주어를 말하라면 이는 전제정치, 즉 'Tyrannei' 혹은 'Despotismus'가 될 것이다.

그러나 '독재'라는 단어는 이와는 다르다. 이 단어는 단지 주변적으로만 부각되었으며, 그것도 ― 몇몇 예외적 사례를 제외한다면 ― 로마의 제도를 지칭하는 단어로서 부각되었다. 그러나 프랑스 혁명의 시기에 위에서 언급한 강력한 경쟁 단어들에 맞서 일시적으로 일종의 동등한 권리를 얻어냈고, 19세기 중엽에 비록 또다시 일시적이긴 했어도 새롭게 활동 공간을 차지한 이후, 제1차 세계대전 이후로는 거의 완벽하게 경쟁 단어들을 몰아냈다. 그리하여 오늘날에는 '전제정Tyrannei'이 주로 오래된 명칭을 표시하는 데 불과하게 되었지만, 반면 독재'는 현실적인 의미로 가득 차게 되었다. 이처럼 비중이 뒤바뀐 과정을 추적할 필요가 있다. 그러나 단순히 의미들의 교체가 이러한 과정의 내용은 아니다.[1]

2. '독재'의 고전적이고 오래된 의미와 개념의 내적 잠재력

디드로Diderot와 달랑베르d'Alembert의 《백과전서*Encyclopédie*》(Ausg.
Lausanne, Bern, t. 10/2, 1779, pp. 924 ff.)에 실린 조코르Chevalier de
Jaucourt의 "독재Dictature" 항목은 이 단어의 고전적이고 낡은 의미
를 특징적으로 서술했다고 할 수 있다. 여기서는 독재자를 다음과
같이 서술하고 있다. "로마의 행정장관을 말하는데, 플루타르코스
에 의하면 때로는 집정관이나 장군 중 한 명이 맡는다. 때로는 원로
원이나 인민에 의해 선출되기도 한다. 비상사태 때 홀로 전권을 행
사하며, 공화국이 피해를 받지 않도록 한다magistrat romain créé
tantôt par un des consuls ou par le général d'armée, suivant Plutarque;
tantôt par le sénat ou par le peuple, dans des tems difficiles, pour
commander souverainement, et pour pourvoir à ce que la république ne
souffrît aucun dommage"(924쪽). 여기서 가능한 극단적 위험으로는
반란(봉기)과 전쟁을 꼽고 있다. 이러한 위험들에 대처하기 위해 독
재자*는 "최고 권력의 옷을 걸치게revêtu de la suprême puissance" 되
는데, 그는 호민관을 제외한 나머지 다른 관료들의 활동을 정지시
키고, 모든 시민의 삶과 죽음을 결정하며, 자신의 판단에 따라 전쟁
을 이끌 수 있는 등의 권한을 부여받는다. 그러나 이에 상응하여 옛
날의 왕권을 훨씬 능가하는 권력의 제한 또한 필수적이었는데, 무

---

* [옮긴이]: 일반적으로 국내 서양사 책에서는 로마 시대의 **dictator**를 독재관으로 번역하고 있
으나, 여기서는 개념사 연구의 특성을 고려해서 독재자로 번역하였다.

엇보다 독재자의 관직 임기를 6개월로 못 박고, 말 위에 오르는 것을 금지함으로써 "주권자이자 전제군주의 강력한 이웃souveraine et fort voisine de la tyrannie"(925쪽)인 이 기구가 선하게 유지될 수 있도록 했다. 술라Sulla는 "절대 통치자souverain absolu" 법을 만들고 동료 시민들의 재산을 "전제적으로despotiquement" 처리하여 자신이 종신직 독재자가 될 수 있게 만들어 폭정Tyrannei으로 넘어갔다(같은 쪽). 여기서는 "그들의 조국을 노예화하기 위한 치명적인 명성funeste gloire d'asservir leur patrie"을 위해 폼페이우스Pompeius와 투쟁했던 카이사르에 대한 평가 역시 부정적이다. 아우구스투스Augustus가 독재자 타이틀을 포기했을 때, 그는 동시에 영속적인 전제군주의 창시자가 되었고, 그의 치하에서 공화국의 미덕들은 사라져버렸다. 그러나 이러한 부정적 평가들에도 불구하고 고대의 독재에 대한 전반적 평가는 매우 긍정적이다. 독재를 통해 인민이 만든 법들이 폐지되지는 않았고, 단지 침묵하게 되었을 뿐이다. 독재는 그 지속 기간이 짧아서 권력의 크기가 적절히 조정되었기 때문이라는 것이다. "이러한 것이 독재라는 제도였다: 그 어떤 것도 더 훌륭하고 확실하게 뿌리를 내리지 못했고, 공화국은 오랫동안 장점들을 경험했었다Telle étoit l'institution de la dictature : rien de mieux et de plus sgement établi, la république en éprouva long-tems les avantages"(926쪽).

요컨대, 두 종류의 독재가 로마사에서 구별되고 있다. 신생 공화국의 자유에 봉사하는 독재와 후기의 전제 정치적 독재가 그것이다. 여기서 구별의 범주가 되는 것은 독재적 통치권(주권)에 가해진 시간적 제한과 비제한이며, 매우 단호한 긍정이냐 부정이냐 하는 것과 결합하여 구별이 행해진다. 그런데 독재와 관련하여 이 항목의 필자 조코르가 경험했던 당대의 역사적 진행 과정들, 이를테면 크롬웰의 통치와 같은 것들은 고려되지 않고 있다. 또한, 비슷한 시기의 독일 국가법의 특징이었던, 레겐스부르크 제국의회에서의 각 영방의 대표 서기관 회합이 "독재dictature"라는 표제어 아래 기록되고 있다. 이 표제어는 마인츠 선제후의 서기관이 공식적으로 제국 전체에 공지해야 했던 공문서철에 기록해놓은 것이다(Cf. Scheidemantel, Bd. 1, 1782, p. 682). 이와 유사하게 훗날의 독일 연방 시절에 사람들은 "전체 연방 대표들에게 보내는 독일연방에서 제기된 안건 및 토론의 공적 공지"를 '독재Diktatur'라고 불렀다(Pierer, 4. Aufl., Bd. 5, 1858, p. 122).

체들러Zedler의 《일반사전*Universallexikon*》에 실린 "독재자Dictator" 항목(Bd. 7, 1734, pp. 796 ff.)은 《백과전서*Encyclopédie*》의 그것과 매우 유사한 구조를 갖고 있다. 여기서도 고대의 독재자는 임시적인 통치자로 간주되고 술라와 카이사르의 독재는 무제한적인 기간 때문에 전제 정치적 지배로 부르고 있다. 최근 역사에서 일어난 그 어떤 사건도 고대의 독재와 유사 비교를 통해 기록되지 않고 있으며, "공공의 독재Dictatura publica"라는 표제어 아래에 레겐스부르크의 관습이 서술되어 있다.[2]

이러한 고전적이고 오래된 독재 개념은 무엇보다 17세기 후반에 전문 학자들에 의해 집중적으로 다뤄졌고,[3] 이후 유럽 문화권 전체 속에서 성장하였다. 대다수 백과사전에서 이러한 개념은 20세기까지도 결정적 영향력을 행사하고 있다. 물론 개별적 측면들에 관한 서술에서는 과거의 정확성은 완전히 사라지고, 종종 이 두 종류의 차이에 대한 평가보다는 단지 독재가 두 가지 종류로 구별된다는 것만 언급할 뿐이다. 한편, 1875년의 《마이어 사전》 제3판에는 아직도 '독재'라는 표제어를 시사적인 연관성 없이 다루고 있으며, '공공의 독재Dictatura publica'라는 표제어에는 예전과 마찬가지로 과거 제국의회 및 연방의회의 절차가 등장한다.[4]

이상과 같이 백과사전들을 대강 훑어보면, 학술적 언어 관행에서 '독재'라는 단어는 19/20세기 전환기까지도 그 낡고 오래된 의미를 벗어나지 못했음을 알 수 있다.[5] 그러나 더욱 시급한 것은 역사 저편으로 사라진 '호민관Tribun'이나 '삼두정치의 집정관Triumvir'과 같은 단어들과는 달리 소멸의 운명을 피하게 할 수 있었던, 그리하여 프랑스혁명 이후로 정치사의 분기점에서 사용될 수 있었고, 제1차 세계대전 이후로는 일종의 단독 지배를 성공하게 만든 '독재' 개념의 내적인 질質이 무엇이었는가에 대한 질문[6]이다. 아마도 이 개념 속에는 가장 일반적 의미에서 두 가지 문제가 발생했고, 이 개념이 19세기 초까지 진행된, 결코 간과할 수 없는 역사적 사실로부터 어떤 이득을 취했을 것이라는 판단이 든다. 여기에서 세 가지 동인이 중요한데, 그것은 주권과 주권의 제한 간의 관계에 내포된 문제들, 이와 관련하여 자유와 강제의 관계에 내포된 문제들, 나아가 고대 로마가 따라야 할 모델로 작용했다는 사실이다. 우리는 이러한 세 가지 동인이 중요했다는 근거를 세 명의 정치 사상가들의 저작에서 찾아볼 수 있는데, 이들의 저작에서는 독재 개념이 단순히 부수적인 역할 이상의 것을 수행했다.

니콜로 마키아벨리Niccolò Machiavelli는 《로마사 논고(티투스 리비우스의 처음 10권에 대한 논고Discorsi sulla prima dèca di Tito Livio)》 제1권 34장에서 명시적으로 독재를 다루었는데, 그는 이미 그 장의 제목에서 독재의 본질을 자유와 밀접하게 연관지었다. "독재적 권위는 로마 공화국을 이롭게 했으며, 결코 해를 끼치지 않았다. 시민들의 자유로운 참정권에서 나온 것들이 아닌, 시민들이 빼앗은 그러한 권위들이 얼마나 시민 생활에 치명적 해악을 끼치는가L' autorità dittatoria fece bene e non danno alla Repubblica romana; e come le autorità che i cittadini si tolgono, non quelli che sono loro dai suffragi liberi date, sono alla vita civile perniziose."[7]

강탈된 권력의 패러다임으로 나타나는 것이 바로 술라와 카이사르의 독재이다. 그런데 이러한 독재는 마키아벨리의 신념에 의하면 단지 본래적 독재의 이름만을 공유하고 있을 뿐이고, 실제로는 전제군주의 지배였다.[8] 이에 반해 자유를 수호하기 위한 독재로 이행되고, 또 그것이 받아들여진 곳에서는 독재가 언제나 도시를 위해 유익한 것이었다. 독재와 공화국은 절대 서로 분리될 수 없다. 독재란 위험한 상황에서 필요한 자유의 갑옷과 다르지 않다. "그러나 결론적으로 나는 말한다. 시급한 위험에서 피난처나 독재자 혹은 이와 유사한 자기 제어 수단을 갖지 못한 공화국들은 언제나 위중한 사고로 멸망할 것이다E però conchiudendo dico che quelle repubbliche le quali negli urgenti pericoli non hanno rifugio o al Dittatore o a simili autoridadi, sempre ne' gravi accidenti rovineranno."[9]

그럼에도 불구하고 마키아벨리의 주저는 《군주Principe》, 즉 전제 군주를 대상으로 한 것이었는데, 이때 위에서 언급한 대비 속에서 매우 깊은 염세주의가 출현했다. 그는 이러한 염세주의로 인해 타락한 현 세대에게 역시 실용적인 관점에서 로마의 제도들을 모델로 추천할 수는 없었다.

장 보댕Jean Bodin은 《국가론(국가에 관한 6권의 책Six livres de la République)》(1577) 제1권에서 독재를 자신의 주권 개념을 도출하기 위한 계기로 삼고 있다. 왜냐하면 독재에 대한 시간적 제한은 독재가 그것을 위임한 자 밑에 있으며, 따라서 임시적이라는 것을 의미하기 때문이다. 그런데 보댕은 국가적 명령권의 추론 불가능한 원리를 찾고 있기 때문에, 주권과 독재의 제한은 상호 배타적이어야 한다고 본다. "보이는 것처럼, 많은 이들이 기록했듯이, 독재자는 주군, 주권을 지닌 수장이 아니다. 그는 전쟁을 이끌거나 반란을 진압하고, 국가를 개혁하거나 새로운 공직자들을 세우는 단순한 임무를 위탁받았지 그 이상의 권한을 갖지 않았다. 그러나 주권은 제한받지 않는다. 그것은 권력이나, 의무나, 주어진 시간에 있는 것이 아니다En quoy il appert que le Dictateur n'estoit ny Prince, ny Magistrat souverain, comme plusiers ont éscrit, et n'avoit rien qu'une simple commission pour faire la querre, ou reprimer la sédition, ou reformer l'estat, ou instituer nouveaux officiers. Or souveraineté n'est limitee, ny en puissance, ny en charge, ny à certain temps."[10]

이러한 독재 개념에 근거하여, 보댕은 섭정들Regenten에 이르기까지 모든 다른 관직들을 제거함으로써, 결과적으로 단지 절대군주만을 주권의 소유자로 남겨놓고 있다. 물론 주권 개념에서 모든 종류의 제한을 제거하는 것이 보댕의 의도는 아니다. 그에 의하면, "신이 내린 법칙과 자연"에 순종하느냐 하는 것이 잔혹한 전제군주와 올바른 왕을 구별하는 기준이다. 여기서 그는 술라를 전제군주의 원형으로 꼽고 있다. 따라서 보댕에게 절대군주란 신의 위임을 받은 독재자라고 할 수 있다.

루소Rouseau는 《사회계약론Contrat social》 4권 제6장(1762)에서 독재를 집중적으로 다루고 있다. 여기서는 단지 외견상으로만 독재가 고대 로마 제도들의 일부분이라는 맥락에서 다뤄진다. 유명한 결론의 장인 "시민 종교에 관하여De la religion civile"가 이 장 다음에 이어진다는 사실로 보아 이미 제네바 공화국의 아들이었던 이 사람에게도 로마의 제도들이 철저히 현실적인 모델의 성격을 지니고 있었다는 것을 알 수 있다. 그 장의 일반화를 꾀하는 서술 방식은 바로 이러한 방향 속에서 행해진다. "만약 법률 기구가 스스로를 보장하는 데 장애가 될 정도로 위험이 심각하다면, 우리는 모든 법을 침묵시키고 당분간 주권적 권위를 정지시키는 최고 수장을 임명한다. 이 경우에 일반 의지는 의심할 바 없는 것이며, 명백히 인민의 제1 의도는 국가가 멸망하지 않는 것이다. 이런 방식으로 입법적 권위를 정지시키는 것은 이를 폐지하는 것이 아니다. 즉, 입법적 권위를 침묵시키는 수장은 이 권위가 말할 수 있게 하면 안 된다. 그는 이 권위가 자신을 표현할 수 없게 하면서 이 권위를 지배한다. 그는 법들 빼고는 모든 것을 할 수 있다Que si le péril est tel que l'appareil des lois soit un obstacle à s'en garantir, alors on nomme un chef suprême qui fasse taire toutes les lois et suspende un moment l'autorité souveraine. En pareil cas, la volonté générale n'est pas douteusem et il est évident que la première intention du peuple est que l'Etat ne périsse pas. De cette manière, la suspension de l'autorité législative ne l'abolit point: le magistrast qui la fait taire ne peut la faire parler; il la domine sans pouvoir la représenter; il peut tout faire, excepté des lois."

따라서 진정한 독재의 전제 조건은 명백히 비상사태 발생에 있다. 독재는 구체적인 비상사태 방지에만 한정되는 것이 그 본질이며 복구를 염두에 두고 입법 권력을 정지시키는 것이 그 특징이다. 독재가 시간적 최소 한도를 넘겨 계속되고, 지속적인 비상사태에 맞서야 한다는 구실을 내세우며 입법 권력으로 등장한다면 이 독재는 '전제적이거나 무익한tyrannique ou vaine' 것이다. 이처럼 독재와 폭정Tyrannis은 루소가 보기에 서로 이웃해 있는 현상이다. 그러나 이 둘은 자신들의 자연적 성질에 따라 엄격하게 대비되는데, 왜냐하면 전자가 봉사자라면, 후자는 공적 자유의 파괴자이기 때문이다.[11]

코젤렉의
개념사 사전 4
전쟁

kri
eg

프랑스혁명에서 현대까지

군주정의 붕괴는 역으로 로마 역사와 수사학 책들의 가르침을 배우며 자라난 사람들의 작품이었다. 또한, 프랑스혁명을 통해 '독재'라는 단어는 문헌의 영역에서 삶의 영역으로 옮겨가게 되었다.

CHAPTER ||

II.

II. 프랑스혁명에서 현대까지

1. 프랑스혁명과 나폴레옹 시대에 들어와 현실적 의미의 정치 개념으로 사용되기 시작한 '독재'

●●● 　　　　　로마적 패러다임이 정치적 실천 속으로 들어오기 위한 전제 조건은 전통적인 군주정의 붕괴였다. 그런데 군주정의 붕괴는 역으로 로마 역사와 수사학 책들의 가르침을 배우며 자라난 사람들의 작품이었다. 또한, 프랑스혁명을 통해 '독재'라는 단어는 문헌의 영역에서 삶의 영역으로 옮겨가게 되었다.[12] 이제 사람들은 신의 은혜에 의한 군주를 '폭군Tyrann' 내지 '압제자Despot'라고 부를 수 있었다. 그러나 독재라는 것이 한시적인 기한을 갖고 있었다는 점을 고려해볼 때 이들을 '독재자'라고 부르는 것은 불합리하다.[13] 이와는 달리 로베스피에르Robespierre는 이미 곧바로 "독재자"라거나 "최소한 독재를 하려 한다"는 비난에 직면했다.[14] 이러한 비

난은 주목할 만한 정치적 영향력을 발휘했는데, 이는 자신의 적들이 런던에서 프랑스 군대에게 자신을 독재자라고 밀고하고는, 파리에서도 동일한 비방을 유포하고 있다는 이유로 그가 그들을 기소했을 때 보여준 격렬함에서 잘 드러난다.[15] 우리는 어째서 로베스피에르가 그러한 칭호를 비방이라고 느꼈는가를 쉽사리 알 수 있다. 마라Marat가 평민적 독재를 공공연하게 요청했을 때,[16] 모든 이들은 공화국이 처한 위험을 명약관화하게 인지하였다. 그런데 명백히 국민공회의 의원 대다수는 이 개념이 마키아벨리와 루소가 그토록 찬양했던 고대 로마의 제도적 기원보다는 훨씬 더 '폭군 Tyrann'에 가까운 것으로 느끼고 있었다. 따라서 로베스피에르가 카틸리나Catilina, 술라, 혹은 크롬웰과 비교된 것은 논리적으로는 모순이 없었다. '독재'라는 단어는 로베스피에르 적대자들의 수중에 놓인, 특히 그가 법적으로 이들보다 우위를 점하지 못했던 10인 위원회Dezemvir 중 몇몇 인물들에게 장악된 무소불위의 무기가 되었다. 그리하여 1794년 테르미도르 8일의 국민공회에서 그가 한 마지막 발언은 상당 부분 그가 독재를 추구한다는 비난에 대한 자기 변호에 할애되었다. 그러나 이 발언은 그가 다음날 "폭군을 타도하라A bas le tyran", "폭군을 죽여라Mort au tyran"라는 외침 속에 체포되어 며칠 뒤 같은 외침 속에 기요틴으로 끌려가는 것을 막지 못했다. 이로부터 4년 뒤인 브뤼메르 18일 나폴레옹 보나파르트는 인민 대표자들의 위와 동일한 외침에 직면했고, 많은 점에서 전임자와 같은 운명에 처하게 될 신세가 되었다. 그러나 나폴레옹은 로베스피에르가 단지 자기 방어에 매달렸던 그 지점에서 공격을 감행했는데, 실제로도 브뤼메르 18일의 쿠데타에서 결정적이었던 것은 이 젊은 장군에게 독재가 이양될 것인가 하는 질문이었다. 물론 그는 이 용어를 피했고, 준비 단계에서는 자신이 카이사르도 크롬웰도 되기를 원치 않는다는 말을 지치지 않고 되풀이했다. 그럼에도 불구하고 '오백인회'의 다수는 4년 전과 유사한 강도의 격정 속에서 그를 향해 "독재자를 타도하라A bas le dictateur", "폭군을 타도하라A bas le tyran"라고 외쳤다.[17] 이러한 외침이 가라앉은 후에, 나폴레옹은 완전히 유일한 국가법적인 지위를 얻었다. 한편으로 그는 독재자였다. 이는 그에게 보편적 관점에 따른 하나의 확정된 목표, 즉 평화의 재창출을 달성하라는 시간상으로 제한된 임무가 부여되었다는 점에서 그러했다. 그러나 전승된 개념들에 비춰볼 때 그는 전제군주였다. 왜냐하면 그가 지도적 협의체들에게 군대와 인민의 협력을 얻어 동의를 강제했기 때문이다. 그런데 이러한 지위에 붙일 만한 특별한 이름이 없었다. "통령Konsul"이라는 칭호는 명백히 임시방편적 해결책이었다. 그러나 이 칭호를 사용해 나폴레옹은 몇 년 동안 유럽의 모든 자유주의 세력으로부터 거의 만장일치의 호감을 얻을 수 있었다. 그러나 그가 보수 진영의 뜻을 좇아 딜레마를 해결한 것처럼 비치고, 이어 1804년에 황제 칭호(물론 프랑스에서 이 칭호는 결코 전통적인 것이 아니었고, 독일에서보다 훨씬 더 군사적인 색조를 띠고 있었다)를 수락했을 때, 이러한 호감은 급속히 증오로 돌변했는데, 특히 독일에서 그러했다. 또한, 보수주의자들의 오래된 혐오도 극복되지 않았는데, 그들에게 벼락출세한 이 코르시카 출신은 여전히 혁명의 싹이자 유언 집행자였다. 그리하여 나폴레옹의 황제정은 '폭군Tyrann'과 '압제자Despot' 개념들이 전성기를 누린 마지막 시기였다. 이를테면 아른트Arndt와 클라이스트Kleist, 괴레스Görres와 쾨르너Körner에게서 이러한 개념들이 발견되는데, 이때 이 개념들은 매번 분노의 격정으로 꽉 찬 매우 다양한 조합과 변화 속에서, 나아가 그를 더는 국내 정치적 의미의 "왕위 찬탈자"가 아니라, 국제정치적 의미의 "압제자"라고 비난한 새로운 종류의 공격 방향 속에서 발견된다. 황제의 승리라는 찬란함 속에서, 또한 최종적인 패배라는 파멸을 겪으면서 정확히 최초로 부각되었고, 역사상 처음으로 사용 가능한 것이 되었던 독재 개념은 이제 완전히 묻혀버렸다.[18] 이는 바로 나폴레옹 시대의 경험이 사전의 영역에서 한결같이 '독재'라는 표제어 밑에서는 다뤄지지 않았다는 사실에서 잘 알 수 있다.

2. 1848년 3월혁명 이전 시기에 있어서 독재 개념의 후퇴[19]

눈에 띄는 예외는 로텍Rotteck과 벨커Welcker의 《국가사전Staatslexikon》이 보여주고 있는데, 이 사전은 1834년에 나폴레옹의 사례를 통해 독재와 민주주의적 혁명의 맥락을 명료하게 밝히면서, 부단한 자유주의적 낙관주의 정신에 따라 이를 판단하고 있다. 이는 "독재자, 독재" 항목에서 잘 나타난다.

"수세기가 지나면서 로마제국의 헌법은 자유국가의 형태를 지닌 일종의 왕정에서 최종적으로 황제Imperator들의 지배로 변하였다. 본질적으로 이와 똑같은 사건들의 순환 과정이 압축된 것을 우리는 새롭게 보았으며, 마침내 나폴레옹이 카이사르와 아우구스투스식으로 독재자적인 역할을 했음을 보았다. 또한 어떻게 모든 곳에서 유사한 원인이 유사한 결과를 만들어내며, 어떻게 비상사태가 의지에 대해 무조건적 신뢰와 무한한 헌신을 만들어내는가, 또한 개개인의 지도가 전체 인민에게 충분히 분별력 있는 욕망과 자기 보존의 의무를 가져다줄 수 있는가 하는 것이 최근에 일어난 아메리카 독립전쟁 속에서도 반복적으로 나타난다. 몇몇 전쟁 지도자들은 — 이 가운데 이름을 꼽자면 볼리바르Bolivar는 — 자유를 위한 투쟁에서, 상당 기간 자유의 이익 자체를 위해 무제한적이고 반박할 수 없는 권력을 자신의 인격 속에 통일시킬 줄을 알았다. 북아메리카 자유주들의 독립전쟁에서도 싹이 막 트기 시작한 자유는 독재 속에서 버팀목을 찾는 순간이 있었다. 위기 상황을 맞아 버지니아의 인민 대표자 회의에서는 두 번에 걸쳐 — 1776년 12월과 1781년 6월 — 독재자를 임명하여 그에게 입법적·행정적·사법적 권력과 모든 시민적이고 군사적인 권력을 부여할 뿐만 아니라, 시민의 재산·생명·죽음에 관한 무제한적 권리를 장악할 수 있게 하려는 제안을 했다. 이 제안은 단지 몇 표 차로 부결되었다. 이러한 최근의 역사적 경험에도 불구하고 문명화된 민족들의 근대 문화사의 모든 원동력은 개개인의 자부심을 높이고 보편 교육이라는 외적 조건의 확대를 통해 그 수가 늘어나는 재능 있는 사람들 다수에게 공간을 만들어주는 쪽으로 작용하고 있다고 할 수 있다. 그런데 각 개인의 자부심은 몇몇 인물의 무제한적인 의지에 맹목적으로 복종하기를 꺼린다. 그 수가 늘어나고 있는 각각의 재능있는 자들은 성과를 인정받는 방식으로 통치하는 자들에게는 제한적으로나마, 또한 조건부로 기꺼이 조력자의 역할을 할 것이다. 이처럼 이러저러한 이유로 인해 독재자의 지배가 출현하거나 유지되는 일은 결코 쉽지 않다. 개개 인물의 의미는 대중의 의미 옆에서 점점 더 사라지고 있다는 것, 이제는 개개 인물이 아니라 민족들 스스로가 자신들의 운명의 창조자가 되고 있다는 것이 우리 시대의 본질적인 특징이다. 따라서 자유를 확립하거나 유지하기 위한 장래의 투쟁에서 개별 인물을 우월한 권력과 무력을 가진 지위로 드높이는 상황이 전개된다고 하더라도, 우리 시대가 지닌 전체적 의미에 비춰볼 때 그러한 독재들은 지속하지도 지속적 영향력을 행사하지도 못하리라는 것을 예견할 수 있다.[20]

3. 1848년 혁명 이후 일시적으로 진행된 독재 개념의 두 번째 확산

자유주의 사상가들에게 루이 나폴레옹의 쿠데타와 독일 제2제국의 건설(1871)은 커다란 충격을 의미했다. 따라서 독재의 개념사로 보면 삼촌보다는 조카가 커다란 족적을 남긴 것이 명백하다. 그러나 보수주의자 및 사회주의자들 또한 이러한 새로운 현상을 보면서 자신들의 위치를 새롭게 성찰해야 했다. 그리하여 1850년에서 1870년에 이르는 20년은 독재 개념이 급변하는 두 번째 시기가 되었다. 물론 이 시기에 독재 개념은 유사 용어들인 '보나파르티즘Bonapartismus', '케사리즘Cäsarismus', '나폴레오니즘Napoleonismus'의 우세 속에서 이 용어들에 은폐되어 있었다.

로렌츠 폰 슈타인은 1850년에 최초로 간행된 《프랑스 사회 운동의 역사Geschichte der socialen Bewegung in Frankreich》에서 현대적 사회 위기의 결과를 독재라는 개념 속에서 인식하기 위해서는 이러한 독재를 가능케 했던 1848년의 혁명과 이와 연관된 운동들을 성찰하는 것으로 충분하다고 생각했다. 그에 의하면 독재란 국가권력을 둘러싼 유산계층과 무산계층 간의 투쟁 속에서 완성된 것이었다. 부르주아지에 맞선 프롤레타리아의 권력Gewalt은 프랑스혁명의 절정기에 성공적으로 실현되었는데, 공격당한 측에게 더욱 강력한 권력의 필연성을 불러일으켰으며, 이러한 권력은 독재와 독재자의 이름으로 구현된다. 그는 말한다. "이러한 독립적인 자리, 더 이상 사회적 이념의 이름이 아니라 권력이 권력으로서 지배하는 자리가 독재이다. 진정 성공한 사회 혁명은 따라서 언제나 독재로 귀결된다."[21] '독재'와 '사회 혁명'은 상호보완적인 개념들이며, 따라서 나폴레옹 3세는 "새로운 사회의 진정한 주춧돌"이다. 그에게서 핵심이 되는 것은 '사회적 독재'이다.[22] 왜냐하면, 바로 그 안에서 완전히 초개인적이고 초민족적인 필연성이 구현되기 때문이다. 이는 "그러한 독재의 가장 유사한 사례가 크롬웰인 바, 모든 국가는 그러한 상태에 도달했을 때 똑같은 현상을 같은 필연성을 가지고 만들어낼 것이며, 이를 통해 그러한 국가는 자신의 모든 다른 기능을 완성한다는 것은 의심의 여지가 없는 사실"이기 때문에 그러하다.[23] 따라서 "독재는 제도가 아니라 일관성 있는 역사적 결과이다. 독재가 타인에 의해 추대된 것이라면, 이는 독재가 아니다. 독재는 자신을 스스로 생산해야 한다."[24] 이러한 이유로 왕이 된 오를레앙 공작*에게는 독재의 가능성이 없었다. 그러나 1848년의 공화국에서는 독재의 가능성이 생겨났다. 먼저, 2월 28일 노동계급의 '사회적 독재'가 확립될 기회가 있었다. 그러나 루이 블랑Louis Blanc**이 이를 망설이는 바람에 그 가능성을 잃어버리고 말았다.[25] 하지만 6월에 들어선 카베냐크Cavaignac***는 독재의 가능성을 놓치지 않았는데, 그의 지배야말로 "순수한 민주주의 독재"였다는 것이다.[26] 그리고 결론에서 슈타인은 루이 나폴레옹이 이끄는 산업적 반동세력에게도 어쨌든 독재의 가능성을 열어놓고 있다. 이처럼 그의 저작은 엄청난 개념적 예리함을 가지고 현대적 독재의 특수한 성격을 산업사회의 발전 단계로 조명한 최초의 것이라고 할 수 있다.

* [옮긴이] 1830년 혁명으로 추대된 루이 필리프 왕.
** [옮긴이] 프랑스에서 1848년 2월혁명 이후 성립된 임시정부에 참여한 사회주의자.
*** [옮긴이] 노동계급이 주도한 6월 봉기를 진압한 장군.

그러나 독일의 자유주의자들은 이러한 보편적인 맥락을 명확하게 이해하지 못했는데, 예를 들어 1853년 게르피누스Gervinus는 이와 같은 프랑스의 선례들을 민족적 성격 및 라틴적인 문화 전통을 통해 해명하려고 하였다. 그는 말하기를 "프랑스의 운동세력"은 지나칠 정도로 자유를 추구하였으며 최후에 가서는 "모든 것을 새로운 로마적 독재 혹은 교황권 밑에 복속시켰다"는 것이다.[27] 트라이치케Treitschke도[28] 독재와 케사리즘 체제는 본질적으로 '라틴적인welsch' 유형으로 인식한다. 그의 말을 요약하면, 자유는 독재 체제가 근대 문명의 성격과 맞지 않는다는 신념을 갖고 있다는 것이다. 그런데 이러한 신념을 포기하도록 강요받으면서, 자유는 게르만 민족들의 보호막 아래로 도피하고 로마 민족에게는 공공연하게 자신을 강제적 지배를 향한 불치병적인 성향에 내맡기도록 한다.

한편, 보수주의자들 또한 제3의 나폴레옹 출현을 앞두고 스스로가 분열되어 있다고 생각했다. 그들의 정통주의적 사상에 따르면, 보나파르티즘이란 이미 절대주의와 그 중앙집권적이고 평균화 지향적인 경향을 통해 시작되었던 혁명이라는 오래된 적이 최근에 발현된 현상에 불과했다. 그리고 삼촌 나폴레옹은 이 혁명이라는 오랜 적이 최초로 모든 "기독교적·게르만적" 유산들을 위협하는 절정으로 치닫게 이끌었다는 것이다. 이처럼 여기서 명확히 드러나는 것은 민주주의와 '보나파르티즘'이 반대되는 것이 아니라, 서로가 서로의 조건을 충족시켜주고 증진하는 요소들로 간주되었다는 점이다. 레오폴트 폰 게를라흐Leopold von Gerlach가 비스마르크에게 보낸 편지들에서 이러한 생각이 담긴 고전적 표현이 발견된다.

　그러나 다른 종류의 보수주의자들도 있었는데, 이들은 나폴레옹 3세를 붉은 혁명의 위험에 맞선 '사회의 구원자'로 평가할 줄 알았고, 따라서 왕자—대통령 및 황제와 좌파들 간의 대립을 단순히 외관상의 차이로 간주하지 않았다. 여기서 아마도 도노소 코르테스Donoso Cortés의 다음 발언에 나타난 깊은 염세주의를 간과할 수는 없을 것이다. 그는 "단도의 독재"보다는 "군도軍刀Säbel의 독재" 하에 있는 것을 원한다는 것이다.[29] 그런데 콘스탄틴 프란츠Constantin Frantz와 같은 사람의 발언을 보면 폰 게를라흐 장군이 그를 보나파르티즘 추종자로 의심했다는 것에 납득이 간다. 프란츠에 의하면 의회주의에 대한 증오가 한 인물에 대한 숭배로 몰아갔다. 이 인물은 선동하는 교활한 뱀을 죽인 새로운 헤라클레스였고, 인민에게는 언제나 인기가 많았지만, 말로만 떠드는 부르주아지에게는 미움을 받았다는 것이다. 물론 프란츠는 나폴레옹의 해결 방식이 보편타당한 것이라고 선언하는 것에는 거리를 두었다. 그에게도 이러한 해결 방식을 가능케 한 전제 조건은 특별히 프랑스적인 것이었는데, 이른바 구시대적 국가 생활의 총체적 실체의 파괴가 그것이었다. 그리하여 조직되지 않은 대중에 대한 한 인물의 실제적인, 그러나 적법하지 않은 지배가 가능했다는 것이다. 프란츠는 루이 나폴레옹에 관한 그의 저작 중 주요 부분에서 이러한 체제를 독재 체제라고 불렀다. 그런데 동시에 이 용어가 로베스피에르 사후 60년이 지난 뒤에도 아직 거의 유행하지 않았다는 것도 그의 저작을 통해 알 수 있다. 그의 다음과 같은 표현 방식이 이 점을 명백히 증거하고 있다. "사람들은 그 무엇보다 먼저 그러한 국가 제도의 본질적인 형태가 독재라는 것을 안다. 사람들은 그 단어에 경악하는 것이 아니다. 독재란 실제로 경악스러운 것이다…… 그런데 독재가 다른 공화국에서는 예외적으로 등장했지만, 여기서는 원칙에 걸맞게 등장한다. 왜냐하면, 프랑스 공화국은 아직까지 결코 존재하지 않았던 완전히 예외적인 국가 제도를 만들고 있기 때문이다."[30]

실제로 일반화시켜 말할 수 있는 것은 다음과 같은 사실이다. 나폴레옹 3세의 지배 체제가 새로운 형태였음을 자유주의자들과 보수주의자들은 명확히 인식하고 있었다. 그러나 이들은 이 체제를 가리켜 상대적으로 드물게 그리고 대개의 경우 부차적으로만 독재라는 새로운 유형의 개념으로 일컬었다. 이 체제를 지칭하기 위해 압도적으로 사용되었던 것은 '케사리즘', '보나파르티즘', '제국주의'라는 개념들이다. 이 외에 비록 "7백만 명에 의해 선출된 자élu des sept millions"인 나폴레옹 3세가 전통적 의미에서 전제군주가 될 수 없었음에도, '전제권력Despotismus' 또한 빈번히 언급되곤 했다. 헤르만 바게너Hermann Wagener의 《국가 및 사회 사전Staats-und Gesellschafts-Lexikon》에 실린 '보나파르티즘'이라는 방대한 항목은 '전제주의' 개념을 빈번하게 사용하면서 '독재'라는 용어를 단지 각주에서만 사용하고 있다. 이는 '전제주의' 개념을 인민주권과 민족성 원리라는 혁명적 개념들과 결합함으로써, 이 개념에 변화된 의미를 주기 위해서였다.

구파 보수주의자들Altkonservativen은 비스마르크를 "보나파르트적인 인간"이라고 주장하였다. 북독일연방의회를 위한 보통선거제의 도입에서 가장 특징적으로 표현되었듯이 그가 독일 민족운동과 연대했다는 사실로 인해 그들은 비스마르크가 명실상부 혁명과 결탁한 자이며, 유럽, 특히 독일의 정통주의 원리를 배신한 자로 간주하였다. 그러나 독일 민족운동 내에서는 그가 보나파르트와 유사성보다는 본질적으로 반대되는 속성을 훨씬 더 많이 가지고 있다고 여겼다. 그 근거로 독일제국의 건설이 이미 나폴레옹 3세에 대적했던 준비 단계에서 완성되었다는 것, 또한 비스마르크가 최소한 외견상으로는 군주주의 체제의 틀 안에 머무르고 있었다는 것이 강조되었다. 삼촌 나폴레옹의 몰락 이후와 마찬가지로 조카의 파국 이후에 독일에서는 독재 개념이 다시 어둠 속으로 사라졌는데, 이런 이유로 19세기 중엽에는 이 개념이 단지 짧은 기간에만 등장했다.

비스마르크는 연방 및 제국 수상으로서 이 개념을 드문 경우에만 사용하고 있다. 이를테면 1869년 4월 16일의 트베스텐 의원에 맞선 논쟁이나 1881년 2월 24일의 논쟁이 그러한 사례인데, 여기서는 이 개념이 다음과 같이 사용되고 있다. "자유주의적으로 통치되어야 하는 시기가 있고 독재적으로 통치되어야 하는 시기가 있다. 모든 것은 변하며, 영원한 것은 아무것도 없다."[31] 19세기 말 독일에서는 국가법적인 개념인 독재보다 더 친숙하게 쓰였던 것이 '독재 조항'이라는 용어인데, 이 용어는 알자스-로렌 지방 총독의 특별전권의 범위를 규정하고 있었다. 자유주의자들의 독일제국에 대한 낙관적 기대가 되살아나고, 비스마르크의 업적에서 특별히 독일적인 것을 보려는 의지가 함께 영향을 끼쳐, 보나파르티즘을 통해 두드러지게 된 독재, 즉 현대에도 가능할 뿐만 아니라 정확히 현대적인, 전제적이지도 자유주의적이지도 정통주의적이지도 않은 헌법 형태로서 독재의 문제를 은폐하려는 분위기가 만들어졌다.[32]

독재 개념을 계속 발전시키는 데 가장 중요한 기여를 한 사람이 어느 망명 사회주의자였고, 공식적으로 독일 땅에서는 1918년까지 이 사람의 이러한 업적이 거의 알려지지 않았다는 사실은 이러한 분위기를 보여주는 징후였다. 1852년 봄 카를 마르크스Karl Marx는 요제프 바이데마이어Joseph Weydemeyer가 편집하고 뉴욕에서 발행된 월간지 《혁명Die Revolution》에 논쟁적 문건 〈루이 보나파르트의 브뤼메르 18일Der 18. Brumaire des Louis Bonaparte〉을 출간했다. 여기서 마르크스는 '보나파르트 독재'에 대해 정확한 정의를 내리려고 했다. 그는 마치 로렌츠 폰 슈타인이 그러했던 것처럼 이러한 독재를 부르주아지와 프롤레타리아트라는 거대 사회계급이 서로를 마비 상태에 빠뜨리게 한 결과 나타난 행정 권력의 일시적 독립화로 보고 있다. 마르크스가 1852년 3월 5일 바이데마이어에게 쓴 편지에서 처음으로 정확히 "프롤레타리아트의 독재"라는 단어를 말하면서, 계급 투쟁은 필연적으로 이러한 독재로 귀결될 수밖에 없고, 이러한 독재 그 자체는 모든 계급의 폐지와 계급 없는 사회로의 이행 과정에 지나지 않는다고 했을 때, 이러한 정의는 명백히 앞의 문건에서 행해진 "보나파르트 독재" 정의와 직접적인 관련을 맺고 있다.[33] '프롤레타리아트 독재' 개념은 개별 인물 대신에 집단을 주체로 만들어, 독재에 대한 전통적인 이해와 스스로를 구별하고 있다.[34] 그러나 이러한 새로운 독재 개념은 과도기적인 성격을 강조할 때는 전통적인 개념과 일치하고 있다. 그런데 이보다 더욱 중요한 것은 그 반대 개념이 '군주정'이나 '민주주의'가 아니라, 똑같이 '독재'라고 명명된다는 점이다.[35] 마르크스에게는 이른바 시민적(부르주아) 민주주의는 시민계급의 독재에 지나지 않고, 프롤레타리아 독재는 그 이후에 나타날 민주주의의 전前단계가 아니라 이미 이 독재가 진행되는 동안 시민적 민주주의보다 훨씬 더 순수한 방식의 민주주의로 간주된다. 1871년 마르크스는 이러한 생각을 최초로 파리코뮌의 예를 통해 밝히고 있는데, 파리코뮌이야말로 보통선거권을 진실로 만들고 인민의 봉사자로 만들었다는 것이다. 4년 뒤 그는 《고타 강령 비판》에서 한 번 더 짧은 문구로 이 개념을 다루고 있다.[36] 1819년 엥겔스는 이 개념의 구체적 내용과 심지어는 사회민주당 내에서도 이 용어가 직면해야 했던 반발을 다음과 같이 요약하고 있다. "사회-민주주의적인 속물들은 새삼 프롤레타리아트의 독재라는 단어에 대해 또다시 거룩한 공포 속으로 빠져들었습니다. 좋습니다. 신사 여러분, 여러분은 이러한 독재가 어떤 모습으로 나타날까 알고 싶으시죠? 파리코뮌을 보십시오. 그것이 바로 프롤레타리아트 독재였습니다."[37]

전반적으로 이러한 해석에는 당시까지 전례가 없었던 두 가지가 내포되어 있다. 독재 개념이 확장되고 그 의미의 경계가 사라져버린 것이 그것이다. 만약 모든 것이 독재라면 그 어떤 것도 특정 방식으로는 독재가 아닌 것이 된다. 구체적으로, 독재에 대한 표상은 단지 계급 없는 사회라는 개념의 지평 속에서만 파악되며, 일반적으로 독재란 국가권력과 동일시된다. 그런데 이러한 해석이 실제적 효과를 발휘하게 되자, 결과적으로는 좌파가 정신적으로 보나 파르티즘과는 거리를 유지하면서도 스스로를 독재에 대한 전통적인 적대감으로부터 해방될 수 있게 되었다. 이런 방식으로 독재는 자신의 분파적인 특성에도 불구하고, 혹은 아마도 바로 그 이유 때문에 먼저, 마르크스주의 정신에 따라 정치 혁명을 위한 가장 중요한 전제 조건이 되었다. 다른 한편으로 우파 또한 독재 개념에 대한 자신들의 뿌리 깊은 불신을 어느 정도까지는 극복할 계기가 마련되었다. 그리하여 러시아혁명 이후 독재 개념은 갑자기 정치적 논쟁의 핵심이 되었고 비로소 이를 통해 마침내 전통적이고 국가법적인 개념에서 현실적 의미를 지닌 개념으로 변화했다.

4. 1919년 이후 두드러진 독재 개념의 우세

러시아혁명이 의미가 있느냐 아니면 불합리한 것이냐를 놓고 벌어진 투쟁에서 핵심이 되는 것은 무엇인가? 이러한 투쟁의 핵심적 내용을 독재 개념을 둘러싼 논쟁 속에서 인식해도 되는가? 그렇다. 실제로 그래도 된다. 레닌이 《국가와 혁명》에서 계급 투쟁을 인정하는 사람은 프롤레타리아트 독재를 인정하는 데까지 나아가야 비로소 마르크스주의자라는 테제를 밝혔을 때 사회주의 운동 내부에서는 이에 대한 반박이 거의 불가능했다.[38] 그러나 이미 볼셰비키 지배의 처음 몇 달 만에 독재 개념에 내포된 난제들이 전 세계에 알려졌다. 진실로 민주주의의 더 높은 형태인 '엄청난 다수'의 독재 대신에 사라지는 소수의, 공산당의, 개별 인물의, 정확히 말해 레닌의 독재가 중요한 것이었는가?

카를 카우츠키Karl Kautsky는 이미 1919년에 《테러리즘과 공산주의Terrorismus und Kommunismus》라는 문건에서 볼셰비즘에 대한 사회주의적인 반대자의 대변인임을 자임했다. 그는 이러한 생각을 《프롤레타리아 혁명과 그 프로그램Die proletarische Revolution und ihr Programm》이라는 팸플릿에서 더욱 정교하게 다듬었다. 여기서 그는 레닌의 독재 개념이 마르크스와 엥겔스의 구상을 퇴화시킨 것이라고 명백히 선언했다. "독재의 본질은 어디에 있는가? 비유적인 의미, 즉 파리코뮌의 민주주의에서 프롤레타리아트 독재를 발견했던 마르크스와 엥겔스가 사용한 의미가 아니라, 볼셰비즘이 주장하는 좁은 의미에 있는가? 독재란 국가 기구이다. 헌법에 따라 국가권력에 대한 모든 반대를 배제하고 그것이 한 개인이든, 한 단체나 계급이든, 국가권력의 소유자를 국가법 위로 격상시키는, 나머지 인구에게는 효력이 미치지만, 독재자가 어떻게 행동하든 결코 그를 막을 수 없는 그러한 국가 기구이다. 독재자는 자신이 생각하는 대로 아무렇게나 주민들을 다룰 수 있다. ……프롤레타리아트

는 독재를 소유한다. 이 말은 무엇을 뜻하는가? ……조직화되지
않은 계급은 어떤 독재도 실행할 수 없다. ……그런데 이러한 종류
의 독재가 초래하는 무정부 상태는 다른 종류의 독재, 즉 실제로는
그 지도자의 독재와 다르지 않은 공산당 독재가 자라났던 토양을
만든다."[39] 이처럼 카우츠키는 독재를 비非입헌적 정권으로 보는
전적으로 자유주의적인 독재 개념을 갖고 있는데, 그는 독재를 본
질적으로 18세기에는 전제정의 특징이라 여겨졌던 그러한 독단적
자의성("임의성das arbitraire")을 통해 특징짓는다. 그러나 이로써 그
가 역사상 처음으로 나폴레옹 1세의 지배처럼 군대의 힘에 의존하
거나 나폴레옹 3세의 대통령 및 황제 직위처럼 위험에 근거한 대중
의 편견에 의존한 것이 아닌, 엄격하게 조직된 정당의 신념에 의존
한 지배가 지닌 특별한 속성을 파악했는지는 커다란 의문이다.[40]
가장 넓은 의미로 이해된 독재를, 즉 국가권력 전반을 제거하려 했
던 이데올로기적인 독재는 완전히 새로운 현상이었다. 그러나 이
와 마찬가지로 확실한 것은, 그러한 독재를 변호하는 세력의 편에
서 기계적으로 마르크스의 공식을 암송하는 행위 속에는 실제와 해
석 간의 커다란 괴리가 내포되어 있었다는 점이다.

그런데 레닌, 카우츠키, 트로츠키가 이끈 논쟁과 직접적인 맥락
속에 있었던 것은 우파 지향적인 어느 작가의 독재 개념에 대한 가
장 의미 있고 가장 철저한 탐구이다. 카를 슈미트Carl Schmitt는
1920년에 최초 간행된 책 《독재Die Diktatur》에서 "위임받은" 독재
와 "주권을 지닌" 독재를 구별하는데, 이때 그는 단지 법률가적인

엄밀함을 가지고 이 개념에 내포된 가장 오래된 차이를 표현한다. 고대 로마의 독재와 술라가 행한 독재의 차이가 그것인데, 하나는 구체적인 위협에 맞서 헌법의 일시적인 제거를 통해 현존하는 헌법을 수호하기 위한 독재이고, 다른 하나는 현존하는 사회적 상태를 제거하여 새로운 것으로 대체하고자 하는 독재dictatura rei publicae constituendae causa이다. 즉, "위임받은 독재는 무조건적으로 헌법에 의한 권력pouvoir constitué의 실행위원이고, 주권을 지닌 독재는 무조건적으로 헌법을 만드는 권력pouvoir constituant의 실행위원회이다."[41] 그러나 우리가 이 책의 정치적 핵심을 그 주요 부분에서 다루어진 — 비록 특별히 해석을 가하지는 않았지만 — 프롤레타리아트 독재에서 찾고, 이 책의 결론을 다음과 같이 요약한다면 이는 아마 틀린 것은 아닐 것이다. 본질적으로 국가에 적대적이고 프롤레타리아트 독재를 주장하는 정당이 성장함으로써 극도의 위기에 처한 자유국가는 더 이상 제국헌법 48조*가 제공하는 위임받은 독재에 만족할 것이 아니라, 그러한 도전을 뿌리째 제거할 수 있는 주권을 지닌 독재로 이행되어야 한다.

슈미트의 생각에 담긴 약점은 그가 주권을 지닌 독재의 모범적 사례로 1793년의 프랑스 국민공회나 1919년의 바이마르 제헌의회와 같은 헌법 제정을 위한 국민의회를 제시하고 있다는 점이다. 그러므로 그는 사실상 독재 개념에 필수적인 것으로 보이는 임시적인

---

* [옮긴이] 대통령의 비상대권을 규정한 바이마르 공화국의 헌법 48조를 말함.

계기를 유지하고 있다. 그러나 그 지속 기간의 문제에서는 이전의 독재 개념과는 다른 종류의 독재 상태, 이로써 위험의 재발생에 대비한 신뢰할 만한 보장 상태를 제시하는 데는 성공하지 못했다. 이를 위해서는 회의체 대신에 카이사르와 같은 인물이 필요하지 않았을까?

슈펭글러Spengler는 마르크스와 똑같이 독재를 역사의 피할 수 없는 법칙이 산출한, 이미 주어져 있는 것으로 파악한다. 그러나 마르크스와는 달리 그는 독재를 좋아하지 않는다. 그는 돈에 의한 금권정치적 독재와 숫자에 의한 민주주의적 지배를 극복한 케사리즘Cäsarismus이 콘스탄틴 프란츠의 지적과는 달리 더 이상 프랑스의 고유한 특성은 아니지만, 프란츠의 지적처럼 평균화와 문화적 파멸의 결과라고 본다.[42] 그러나 그의 그토록 까다롭고 염세적인 독재 이해가 정치적 시의성을 얻는다는 것은 기대할 수 없었다.

바이마르 시기의 우파지향적인 문헌들에서는 때때로 "민족적 독재"라는 것이 언급되곤 한다. 그러나 훨씬 더 많이 애용된 것은 (19세기의 보나파르티즘 논쟁에 있어서 등장한 민족자유주의적 경향들과 연결된 채) 사용된 "지도자Führer" 및 "지도자 지위Führertum"이다. 여기서 마치 "유기적인 독일 국가 사상"과 "기계적인 서구 사상"이 대비되고 있는 것처럼 게르만적 '지도자'가 로마적 '독재자'와 엄격히 대비되고 있다. 그런데 이 지점에서 일반적으로 사람들에게 존경을 받았던 무솔리니를 염두에 둔다면 당연히 곤란에 빠진다. 즉, 민족적 "지도자"는 소비에트의 프롤레타리아트 독재보다는 훨씬 덜

모호한 것이었다. 그런데 여기서 더 의미가 있는 것은 마르크스의 이 개념이 민족사회주의Nationalsozialismus*적인 지도자 원리의 발전을 위해 이 원리와 대립하는 반대 이미지로서 얼마나 중요하게 기능했는가 하는 것인데, 이 점은 히틀러를 통해 잘 추적해볼 수 있다. 히틀러는 《나의 투쟁》에서 민주주의, 독재, 유대인이 필연적인 맥락 관계에 있음을 다음과 같이 밝히려 하였다. "그(유대인)는 개개인을 지속적으로 중독시킴으로써 인종적 수준을 떨어뜨리려는 계획적인 시도를 하고 있다. 그런데 정치적으로 그는 프롤레타리아트 독재를 통해 민주주의를 해체하기 시작한다. 그는 마르크스주의를 따르는 조직화한 대중에게서 무기를 발견했다. 그 무기란 대중들을 민주주의 없이 살아가게 하며, 각 민족을 난폭한 주먹을 이용해 독재적으로 예속시키고 통치하는 지위를 허용하게 하는 것이다."43 여기서 '독재'란 자의적(독단적)인 것보다는 외부에서 유래한 난폭성을 더 많이 의미했다. 완전히 이런 의미에 근거하여 제국 수상 히틀러는 1936년 3월 7일의 연설에서 다음과 같이 말한다. 그는 자신이 결코 '독재자'가 아니라 언제나 단지 '지도자'이자 민족의 위임을 받은 대리인Mandatar이라고 느껴왔다는 것이다.44 그런데 정확히 이 위임받은 대리인의 속성이야말로 100년 전에는 보수주의자들이 이해한 독재의 내용이었다.45

이상과 같이 1930년대에는 세 가지의 완전히 다른 독재 개념들

* [옮긴이] 이것의 줄임말이 나치즘이다.

이 서로 대립하고 있는데, 이들 간의 최종적 논쟁은 책들[46]이 아니라 마침내 전쟁터에서 완성되었다.

자유주의자들의 개념은 가장 오래된 전통을 갖고 있는데, '독재'를 한 개인 혹은 몇몇 개인으로 이뤄진 한 집단의 비非헌법적인 권력, 즉 반反의회주의적이고 제한받지 않은 권력이라고 부정적으로 파악한다.[47] 공적 논쟁에서는 먼저 주로 무솔리니 체제에 반대한 이탈리아 망명자와 이민자들에 의해 이런 식의 독재 개념이 사용되었고, 1933년 이후로는 프랑스, 영국, 미국에서 이미 수많은 책의 제목에 등장하는, 주로 히틀러와 무솔리니와 관련된 중심적 용어가 되고 있다.[48]

공산주의 인터내셔널은 1935년까지 레닌이 1919년 제기한 "부르주아 민주주의냐 프롤레타리아 독재냐"라는 양자택일이야말로 이 시대가 취해야 할 결정적인 선택이라는 명제를 확고히 견지하고 있었다.[49] 그러나 이러한 긍정적인 독재 개념은 지배의 실행이라는 실제와는 점점 더 현격한 차이를 보였으며 이로 인하여 부담으로 작용했다. 이는 특히 민족사회주의의 승리 이후 부르주아 민주주의와의 동맹 체결이 강제적인 명령처럼 작용했을 때 그러했다. 따라서 여러 공식적·비공식적 발언들을 통해 사람들은 스탈린의 일인 지배에 "아시아적인" 특징들이 더욱더 명확해질수록 마르크스의 독재 개념에 담긴 민주주의적인 요소들을 더욱더 강하게 강조하였다.

파시즘적·민족사회주의적 해석은 다원주의적인 정당민주주의와 이것의 일시적 변형태인 독재와 대립한다고 주장된 특별한 종류의 민주주의(권위적이고 게르만적인 지도자민주주의)에서 자신들 고유의 체제가 갖는 특수성을 찾았다.[50] 이처럼 그 체제 고유의 정당성의 근거란 본질적으로 인종적 동질성Artgleichheit에 있다는 것이 드러났다. 여기서는 물론 이처럼 자연적으로 이해된 동질성이 역사적 민족이 지닌 실제적인 다양성과 조화를 이룰 수 있는가에 대한 질문은 제기되지 않았다.

조망

제2차 세계대전의 결과는 이러한 파시즘적·민족사회주의적인 독재 해석의 몰락을 의미

했다. 이 해석은 의심할 바 없이 인위적인 그 어떤 것을 내포하고 있었으며, 자유주의적

해석에 담긴 전통적인 명료함뿐만 아니라 마르크스의 견해에 담긴 순수한 유토피아주

와도 거리가 먼 것이었다.

CHAPTER ⅠⅠⅠ

Ausblick
III. 조망

●●● 제2차 세계대전의 결과는 이러한 파시즘적·민족
사회주의적인 독재 해석의 몰락을 의미했다. 이 해석은 의심할 바
없이 인위적인 그 어떤 것을 내포하고 있었으며, 자유주의적 해석
에 담긴 전통적인 명료함뿐만 아니라 마르크스의 견해에 담긴 순수
한 유토피아주의와도 거리가 먼 것이었다. 그런데 프롤레타리아트
독재 개념 또한 종전을 맞아 훼손되었다. '인민민주주의'나 '반파시
즘 통일전선'과 같은 새로운 개념들이 이 개념을 대체했고, 공산주
의 진영의 논쟁에서는 오래된 개념인 '제국주의'가 '파시즘 독재'
개념을 본격적으로 몰아냈다. 이러한 상황이 진행될수록 자유주의
적인 독재 개념은 더욱 강하게 확산되었고 세력을 불렀다. 파시즘
및 공산주의에 맞선 이중전선의 투쟁이라는 기조 속에 서방 세계는
이 두 적대 세력을 하나로 합쳐야 했고, 이는 전체주의 개념의 형성
으로 이어졌다.[51] 그러나 이 개념은 정확성이 모자라서 이를 보충

할 필요가 있다. 왜냐하면 수십 년 동안 양대 자유주의 적대 세력이 벌인 이데올로기적 논쟁과 전쟁은 결코 우연일 수가 없었는데, 그런데도 이 개념은 단지 이 두 현상의 공통점만을 파악할 수 있었기 때문이다. 따라서 이 개념의 특정 대상을 지칭하는 전체주의라는 명사적 성격은 회의적일 수밖에 없다. 이는 '독재'가 단지 부가적인 의미만을 갖는 보나파르티즘의 경우와는 다르다.

한편, 절대주의적인 세습 군주정이 더는 거의 존재하지 않는 상황에서 '독재' 개념은 제대로 작동하는 의회민주주의가 아닌 모든 것을 지칭해야만 했다. 따라서 '진보적인' 그리고 '반동적인', '집단적인' 그리고 '개인적인', '전체주의적인' 그리고 '권위적인', '혁명적인' 그리고 '합법적인' 독재와 같은 수많은 구별이 필연적으로 행해지게 되었다. 18세기에는 '전제권력Despotismus' 혹은 '폭정Tyrannis'이라고 부르던 것, 즉 무제한적이고 자의적인 권력 실행을 오늘날에는 일반적으로 '독재'라고 부르는데, 여기에는 그 당의 대표자들에게 무제한적인 권한이나 자의적 권한을 허용하지 않는 정당의 일당 지배도 포함된다. 이러한 상황에서 오는 곤란함은 무엇보다 세계사적으로 예외적인 것이 아니라 통상적으로 보이는 것에도 이 용어를 사용한다는 데에 있다. 그런데 이 용어는 그 로마적 기원 이후로 그간의 모든 변화에도 불구하고 결코 비상사태라는 의미를 완전히 지워버릴 수 없었다. 이런 점에서 볼 때 오늘날 독재 개념은 실제와 명칭 간의 불일치를 아마도 가장 첨예하게 표현하고 있다고 할 수 있다. 물론 고대로부터 전승된 정치적 용어들 가운데 그 어느 것도 이러한 불일치를 완전히 피할 수는 없을 것이다.

에른스트 놀테

에른스트 놀테|Ernst Nolte(1923~2016)
독일의 철학자이자 역사가. 프라이부르크대학교에서 하이데거의 지도로 철학박사 학위를 받았고, 쾰른대학교에서 현대사 분야로 교수 자격 논문을 썼다. 마르부르크 및 베를린 자유대학교 역사학 교수를 지냈다. 파시즘 연구로 세계적 명성을 얻었다.

옮긴이의 글

●●● 　　　　현재 '민주주의'와 '독재'는 뜨거운 정치적 투쟁
의 무기로 사용되고 있다. 갈등과 분쟁이 있는 한 앞으로도 이 두
개념은 끊임없이 유통되고 소비될 것이다. 이 책은 코젤렉Reinhart
Koselleck의 《역사 기본 개념*Geschichtliche Grundbegriffe*》 사전에 별도
로 수록된 '민주주의'와 '독재' 항목을 번역한 것이다. 나는 이 두
개념이 서로 밀접한 관계를 맺고 있으므로 이 둘을 하나의 책 속에
엮을 것을 한림과학원에 제안했고, 이는 흔쾌히 받아들여졌다.

　개념사는 역사상 실제로 개념이 어떻게 사용되었는가를 연구한
다. 이 책은 고대에서 중세를 거쳐 현대에 이르기까지 이 두 개념이
어떻게 사용되었는가를 유럽과 미국, 특히 독일을 중심으로 서술
하고 있다. 우리는 흔히 '민주주의'는 좋은 것이고 '독재'는 나쁜
것이라는 가치판단 하에 이 둘을 반대 개념으로 이해한다. 물론 이
러한 이해가 틀린 것은 아니다. 두 개념에 내포된 고대 그리스('독
재'의 경우에는 고대 로마) 이후로 오늘날까지 계속되는 아주 오래된

의미의 가닥에 근거하고 있기 때문이다. 그러나 본문에서 알 수 있듯이 둘 사이의 경계는 의외로 희미하다. 예를 들어 "공화국의 자유에 봉사하는 독재", "민주주의 독재"라는 등의 표현에서 이를 발견할 수 있다. 나아가 민주주의가 민주주의의, 독재가 독재의 반대말이 된 예도 있다. 시민적 민주주의와 사회적 민주주의의 대립을 강조한 "부르주아 독재 대 프롤레타리아 독재"라는 표현이 그것이다. 또한, 두 개념에 대한 가치판단도 다양했다. 한때 '민주주의'는 위험한 개념으로, '민주주의자'는 정적을 비난하는 욕으로 쓰이기도 했으며, 이와는 달리 독재자 히틀러는 나치즘의 뿌리를 "게르만적 민주주의"로 규정하기도 했다.

여기서, 독자들이 이 책을 보다 효과적으로 독해할 수 있도록 코젤렉의 《역사 기본 개념》 사전에 담긴 이론적 설계를 간략히 소개하려 한다. 흔히 사람들은 정확한 개념 정의를 내리려는 의도로 개념의 어원을 추적하여 고전에 담긴 원뜻을 상기하는 데 관심을 기울인다. 이를테면 민주주의 개념의 진정한 뜻을 아리스토텔레스의 '폴리테이아'에서 찾으려는 관행이 그것이다. 그러나 이 책은 아리스토텔레스를 이 개념을 사용한 수많은 지식인 중 하나로 간주하며, 그의 '폴리테이아' 개념 또한 수많은 민주주의 이해 가운데 하나로 간주한다. 물론 사람들은 공공 담론이 "아무말 대잔치"가 되어서는 안 되며, 따라서 실제를 객관적으로 반영할 수 있도록 개념 사용의 통제, 나아가 엄밀한 개념 정의를 염원한다. 특히 학자들은 객관적 학술 용어의 정립을 추구한다. 그러나 이러한 염원은 무엇보다 실제로 개념이 특정 역사적 맥락 속에서 어떻게, 또한 얼마나 다양하게 사용되었는가를 꼼꼼히 성찰한 이후에나 실현 가능할 것이다. 코젤렉의 개념사는 이를 위한 역사적 성찰을 제공한다.

구체적으로 기본 개념이란 공적 담론과 정치적·사회적 논쟁에 빈번하게 사용되면서 정치·사회·이데올로기적 투쟁과 갈등의 장으로서 역할을 수행했던 개념들, 따라서 개념의 다의적이고 모호한 특징이 전형적으로 나타난 개념들이다. 코젤렉의 《역사 기본 개념》사전은 전통적 어휘들의 이러한 근대적 기본 개념들로의 변화 과정을 탐구하는 데 초점을 맞춘다. 다시 말해, 현실의 정치·사회적 관계를 묘사하는 것과는 거리가 멀었던, 단지 철학자 및 고전문헌학자들의 전문적 담론에서나 사용된 학술용어들이 정치적·사회적 힘을 얻어 역사 진행을 선도하게 된 과정을 탐구하는 것이 중심을 이룬다.

코젤렉은 전통적 어휘들의 이러한 근대적 기본 개념들로의 변화가 일어난 시기를 이른바 '말안장의 시기Sattelzeit' 내지 '문턱의 시기Schwellenzeit'라고 부르는데, 그 시기는 대략 1750년에서 1850년까지이며, 그 정점에는 프랑스혁명이 있다. 그러나 '말안장의 시기'('문턱의 시기')는 잠정적인 발견적heuristic 장치이지 절대적인 시기 구분은 아니다. '민주주의'와 '독재' 개념의 경우 이 시기와의 약간의 불일치가 엿보이기도 한다. 아무튼, 중요한 것은 '말안장의 시기'('문턱의 시기')는 사료의 언어, 다시 말해 당대인의 어휘가 더는 번역될 필요 없이 우리의 이해 지평 속에 들어오는 지점을 일컫는 다분히 해석학적인 가설이다.

코젤렉은 전통적 어휘의 근대적 기본 개념으로의 변화 과정을 분석하기 위해 개념의 민주화·시간화·이데올로기화·정치화라는 네 가지 범주를 설정한다. 1) 민주화란 신분사회가 해체되면서 많은 어휘들의 사용 범위가 엘리트층을 넘어서 점점 하부 계층으로 확대된 현상을 의미하며, 2) 시간화란 — 민주주의 및 독재 개념에서처럼 역사철학과 결합하면서 — 어휘의 의미 내용 속에 이전에는 없었던 미래의 기대와 목표가 들어가게 된 현상이고, 3) 이데올로기화란 논쟁이 증대함에 따라 많은 어휘가 이러한 논쟁에 동원되면서 내용적 구체성, 혹은 역사적 사실과 정치·사회적 실재와의 직접적 관련성을 잃고 점점 더 추상화된 현상이다. 마지막으로, 4) 정치화란 더욱 많은 사람이 말을 하고, 참여하고 동원됨에 따라, 미래의 기획을 현재에서 선취하기 위한 정치 표어로 기능하거나, 정적을 비난하거나 자신을 정치적으로 호명하는 어휘들(즉, 정치적 투쟁 개념들)이 증대하면서 이 어휘들의 정치·사회적 활용도와 영향력이 더욱더 증대된 현상이다. 이 네 가지 범주들은 서로 원인과 결과로 작용하며, 많은 전통적 어휘와 신조어들을 기본 개념으로 변화시켰다. 민주주의 및 독재 개념도 이러한 네 가지 범주 속에서 분석되고 있다.

끝으로, 코젤렉이 기본 개념들의 탐구를 통해 궁극적으로 의도했던 바는 근대(성) 비판이라는 점을 언급하고자 한다. '민주주의' 항목의 결론에 의하면, 오늘날 " '민주주의' 는 모두가 사용하며 모든 것을 의미하는 만유萬有개념All-Begriff이 되었고, 이를 통해 잠재적으로 '텅 빈 상투적 표현Leerformel'이 되었다"는 것이다. '독재' 항목의 결론 역시 유사하다. "무제한적이고 자의적인 권력 실행"이라는 드러난 의미와 비상사태라는 함의 이외에는 어떤 구체성도 없이, 혹은 실제와 유리된 채, 정적을 향해 사용되는 독재 개념의 무분별한 남용이 그것이다. 정치적 근대성을 대표하는 이 두 개념에서 우리는 당파성과 이데올로기가 실제를 덮어버린 끝없는 "신들의 전쟁"(막스 베버)의 시대를 살아가고 있음을 깨닫게 된다.

2020년 12월
나인호

주석과 참고문헌에 사용된 독어 약어 설명

abgedr.(abgedruckt) = 인쇄된, 활자화된

Anm.(Anmerkung) = 주註

Art.(Artikel) = (사전 따위의) 항목, (법률의) 조條

Aufl.(Auflage) = (책의) 판(초판, 재판 등의)

Ausg.(Ausgabe) = (책의) 판(함부르크판, 프랑크푸르트판 등의)

Bd.(Band) = (책의) 권

Bde.(Bäde) = (책의) 권들

ders.(derselbe) = 같은 사람[저자](남자)

dies.(dieselbe) = 같은 사람[저자](여자)

Diss.(Dissertation) = 박사학위 논문

ebd.(ebenda) = 같은 곳, 같은 책

f.(folgende) = (표시된 쪽수의) 바로 다음 쪽

ff.(folgenden) = (표시된 쪽수의) 바로 다음 쪽들

hg. v. ……(herausgegeben von……) = ……에 의해 편찬된(간행자, 편자 표시)

Mschr.(Maschinenschrift) = (정식 출판본이 아닌) 타자본

Ndr.(Neudruck) = 신판新版, 재인쇄

o.(oben) = 위에서, 위의

o. J.(ohne Jahresangabe) = 연도 표시 없음

s.(siehe!) = 보라!, 참조!

s.v.(sub voce) = ……라는 표제하에

u.(unten) = 아래에서, 아래의

v.(von) = ……의, ……에 의하여

vgl.(vergleiche!) = 비교하라!, 참조!

z. B.(zum Beispiel) = 예컨대, 예를 들자면

zit.(zitiert) = (……에 따라) 재인용되었음

참고문헌

민주주의

Gustav H. Blanke, "Der amerikanische Demokratiebegriff in wortgeschichtlicher Beleuchtung", *Jahrbuch für Amerikastudien* 1 (1956), pp. 41 ff.

Jens A. Christophersen, *The Meaning of "Democracy" as Used in European Ideologies from the French to Russian Revolution. A Historical Study in Political Language* (Oslo 1966).

Wilhelm Hennis, *Demokratisierung. Zur Problematik eines Begriffs* (Köln, Opladen 1970).

Cristian Meier, "Drei Bemerkungen zur Vor- und Frügeschichte des Begriffs Demokratie", in: *Discordia concors, Festschrift Edgar Bonjour*, Bd.1 (Basel 1968), pp. 3 ff.

같은 이, *Die Entstehung des Begriffs "Demokratie". Vier Prolegomena zu einer historischen Theorie* (Frankfurt 1970), pp. 7 ff.

R. R. Palmer, *"Notes on the Use of the word 'Democracy' 1789-1799", Political Science Quarterly 68* (1953), pp. 203 ff.

주석

민주주의

[1]* [옮긴이] 고대 그리스·로마 문헌의 인용은 고유의 인용 방식에 따르기 때문에, 이에 따라 쪽수(p.)를 표기하지 않았다.

Christian Meier, "Drei Bemerkungen zur Vor- und Frühgeschichte des Begriffs Demokratie", in: *Discordia concors, Fschr. Edgar Bonjour*, Bd. 1 (Basel, 1968), p. 5, 주 3. 24. 이 개념의 출현 과정에 대한 총괄적 논의는 같은 이, cf. *Entstehung des Begriffs "Demokratie". Vier Prolegomena zu einer historischen Theorie* (Frankfurt, 1970), pp. 7ff.

[2] Cf. Ibd., pp. 26f.

[3] Ibd., 24. "크라테인아르케인κρατεῖνἀρχειν이 "아르케인ἄρχειν"과는 다른 가치를 강조하기 위해 쓰였는지는 매우 불확실하다. 헤로도토스의 책에 나오는 용어적으로 매우 정교한 헌법 논쟁에서 찬성자나 반대자 모두가 인민을 위해 "아르카인ἄρχειν"을 쓰고 있다. 한편 이와 동일한 의미에서 아이스킬로스Aischylos(*Hiket.* 604. 699)는 "크라테인κρατεῖν"을 확실히 긍정적으로 사용하고 있다. Cf. Euripides, *Kykl.* 119. 이밖에 Meier, *Entstehung*, pp. 45ff.를 보시오.

[4] Meier, "Bemerkungen", pp. 18ff.; 같은 이, *Entstehung*, pp. 45ff.

[5] Pindar, Pyth. 2, 86ff.

[6] Cf. Meier, "Bemerkungen", p. 9. "폴리코이라니에πολυχοιρανίη", Homer, *Ilias* 2, 204; Aristoteles, *Pol.* 1292 a 13.

[7] Meier, "Bemerkungen", p. 9와 비교하시오.

[8] 이하 ibd., pp. 5 ff.; *Entstehung*, pp. 15 ff.

[9] 이에 대해 특히 Herdot, 3, 80, 5~6.

[10] Gregory Vlastos, "이소노미아 폴리티케ἰσονομία πολιτική", in: *Isonomia. Studien zur Gleichheitsvorstellung im griechischen Denken*, ed. by Jürgen Mau u. Ernst Günther Schmidt (Berlin 1964), pp. 1 ff.

[11] Meier, "Bemerkungen", pp. 20 ff.; *Entstehung*, p. 40.

[12] 아이스킬로스Aischylos에게서 최초로 발견된다. *Hiket*. 604, 699 (아마도 464)에서 그 증거를 찾을 수 있다.

[13] Euripides, *Hiket*. 405 f.

[14] Meier, *Entstehung*, pp. 40 ff.

[15] Thukydides, 3, 62, 4.

[16] Herodot, 3, 80, 6. 또한 Gergory Vlastos, "Isonomia", *American Journal of Philol*. 74 (1953), p. 358. 특히 공직자들의 보고 의무를 꼽을 수 있다; 다음과 비교하시오. Jakob A. O. Larsen, "Kleisthenes and the Development of the Theory of Democracy at Athens", in: *Essays in Political Theory, Presented to G. H. Sabine*, ed. by M. R. Konvitz, A. E. Murphy (Ithaka 1948), p. 7, 9 ff.

[17] Herodot 3, 80, 6. 그는 또한 대략 "지배의 동등한 분할"을 의미하는 "이소크라티아ἰσοκρατία"를 언급한 적이 있다(5, 92, 1). "폴론πολλόν"="전체"에 대해서는 Meier, "Bemerkungen", pp. 25 ff.를 참고하시오. 또한 이에 상응하는 "플래토스 πλῆθος/군중, 떼거지"에 대해서도 이 책을 참조할 것.

[18] Vlastos, "σονομία πολιτική", p. 9.

[19] 물론 예전과 마찬가지로 "에우노미아εὐνομία/질서"와 "아노미아ἀνομία/무법" 및 (새롭게 사용된) "카코노미아κακονομία/악함"에 따라 헌법을 구별하는 것이 가능했다. 이에 대해 Meier, "Bemerkungen", p. 12. 주 37. 또한 Ps. Xenophon, *Ath. Pol*. 1, 8.

[20] Xenophon, *Ath. Poli*. 1, 8.

[21] Cf. Ps. Xenophon 1, 5f. 8f.; 3, 10; Thukydides 3, 82.

[22] 이와 같이 이미 Herodot 3, 82, 4; Aristoteles, *pol*. 1302 a 8 및 여러 곳.

23 바로 비현실적인 느낌을 불러일으키는 헌법 전복의 무수한 사례들은 이러한 사
실에 상응한다.

24 Ps. Xenophon 1, 1 ff.

25 "데모크라티코스δημοκρατικός"라는 표현은 최초로 Lysias 25, 8에서 발견된다.
이에 따르면 이 둘 중 그 누구도 자연의 권위에 의지하는 대신, 마치 누구에게
이롭다는 식으로 그렇게 하나의 헌법을 만들고자 애를 쓴다.

26 Ps. Xenophon 1, 7.

27 Ibd. 3, 9.

28 Aristoteles, *Pol.* 1279 b, 11 ff.

29 Ibd., 1290 b, 17.

30 Gustav Grossmann, *Politische Schlagwörter aus der Zeit des Peloponnesischen Krieges*
(phil. Diss. Basel 1945; Zürich 1950), pp. 79 f.; Anton Meder, *Der athenische Demos
zur Zeit des Peloponnesischen Krieges im Lichte der zeitgenössischen Quellen* (phil. Diss.
München 1938), pp. 102 ff., 특히 106 ff.

31 Ps. Xenophon 이외에 특히 Thukydides 2, 36 ff.와 비교하시오. 법률에 대해서는,
Thrasymachos bei Platon, *Pol.* 338 d ff.; Platon, *Nom.* 714 b.와 비교하시오. 각
"노모이νόμοι/법률"의 차이에 대한 발견은 오래된 것이었다; Herodot 3, 38. 이
시대에 와서 최초로 이러한 차이가 지배자들이 갖는 장점과 관련지어졌다.

32 "폴리테스πολίτης/시민"에서 확장되고 ("제도", "질서"의 의미에서) 다른 개념들
의 자리를 차지하게 된 이러한 헌법 개념의 고유한 특징에 대해서는 Meier,
Entstehung, pp. 57 ff. 참조하시오.

33 Ibd., pp. 56 f.

34 Ps. Xenophon, passim, 특히 1, p. 7; Thukydides 3, 82, p. 8 및 여러 곳을 비교
하시오.

35 Meder, *Athenischer Demos,* pp. 38 f.에 나오는 (코미디 속에서 과도하게 표현된) 증
거들, 또한 이보다 훨씬 뒤 시기의 플라톤과 아리스토텔레스 저작에 나오는 많

은 진술들을 비교하시오.

[36] Aristotelels, *Pol.* 1296 a, pp. 22 ff.와 비교하시오.

[37] Alexander Fuks, *The Ancestral Constitution* (London 1953), pp. 33 ff. 52 ff.와 비교
하시오. Thrasymachos는 이 헌법을 "코이노타테 토이스 폴리타티스 우사 파시χ
οινοτάτη τοῖς πολίταις οὖσα πᾶσι"라고 불렀다; *Die Fragmente der Vorsokratiker*,
12. Aufl., ed. by Hermann Diels and Walther Kranz, Bd. 2 (Dublin, Zürich 1966), p.
324. 이에 대해 다음과 비교하시오. Thukydides 6, 18, 6; 8, 97, 2; Xenophon,
Hell. 2, 3, 48; Grossmann, *Schlagwörter*, pp. 24 f.

[38] 예를 들어 Thukydides 3, 62, 3; 4, 74, 3; 5, 81, 2; 8, 53, 3; 8, 89, 2.

[39] Thukydides 2, 65, 9.

[40] Cf. Jaqueline de Romilly, "Le classement des constituions d'Herodote à Aristote",
Rev. des Etudes Grecques 72(1959), pp. 81 ff.

[41] Xenophon, *Mem.* 4, 6, 12. Cf. Hermann Henkel, *Studien zur Geschichte der
griechischen Lehre vom Staat* (Leipzig 1872), pp. 44 f. 또한 특히 Isokrates, *Paneg.*
132 ff.

[42] Cf. "이소노미아": Herodot 3, 80, 6; Euripides, *Hik.*, 407 f.; Thukydides 2,
37.

[43] Euripdes, *Hik.*, 405f.; Ps. Xenophon 1, 8에 의하면 데모스는 노예가 되기를 원
하지 않았고, "자유롭고 지배하기"를 원했다고 한다. 이때 "자유"와 "지배"는 물
론 인민들 사이에서 다양한 것을 의미했다.

[44] Herodot 3, 80, 6; Euripides, *Hik.*, 406 f.

[45] Herodot 3, 80, 6.

[46] Herodot 5, 78; Euripides, *Hik.*, 438 ff.; Ps. Xenophon 1, 2, 6, cf. 12. *Georg
Busolt, Griechische Staatskunde*, 3. Aufl., Bd. 2 (München 1920), pp. 418 f.

[47] 본 "민주주의" 항목의 주 17과 비교하시오.

[48] Euripides, *Hik.*, 430 ff., Aischines 1, 4 f.; Demosthenes 6, 25; 24, 75 f.;

Hypereides, *Eux.* 5; cf. Thukydides 3, 62, 3. 이 밖에 "그라페 파라노몬γραφή π αρανόμων/불법적인 글" 및 아테네에서의 "노모이νόμοι/법률"과 "프세피스마 타ψηφίσματα/결의안"의 구별에 대해 H. M. Jones, *Athenian Democracy* (Oxford 1957), p. 53. Cf. 본 "민주주의" 항목 주 70.

49 Thukydides 2, 37. Cf. Grossmann, *Schlagwörter*, p. 83; Meder, *Athenischer Demos*, p. 44.

50 Herodot 3, 81 f.; Euripides, *Hik.*, 416 ff. Cf. Ps Xenophon 1, 7; Meder, *Athenischer Demos*, pp. 130 ff. 적대자들이 행한 특징적인 발언은 '실제적인 이의 제기'라는 것이었으며, 이에 대한 전형적인 답변은 '민주주의적인 에토스' Euripides라는 것이었다.

51 Thukydides 6, 39, 1, 이 밖에 헤로도토스 또한 "전체 인민의 지배"라고 하였다. Herodot 3, 80; Cf. Meier, "Bemerkungen", pp. 25 ff.

52 Thukydides, 2, 40, 2; 6, 39, 1; Platon, *Protag.* 323 a. 훗날의 Aristoteles, *Pol.* 1281 a, 40 ff.; b 34; 1282 a, 16 등. Jakob A. O. Larsen, "The Judgement of Antiquity on Democracy", *Classical Philol.* 49 (1954), pp. 3 f.; Meder, *Athenischer Demos*, pp. 123 f.

53 Herodot 5, 78, 91; Thukydides 2, 36, 3 f. Cf. Euripides, *Hik.*, 443 ff.

54 이렇게 하면서 아리스토텔레스는 자신의 아테네 모델 속에서 아테네가 철저히 법에 의해 지배되었다는 점을 간과했다.

55 Platon, *Pol.* 557 b.

56 Ibd., 557 d.

57 Ibd., 558 c.

58 Ibd., 562 d.

59 Ibd., 563.

60 Ibd., 544 d. e.

61 Ibd., 555 b ff.; 559 d ff.

[62] Ibd., 561.

[63] 크세노폰이 묘사한 소크라테스, *Mem*. 4, 6, 12(여기서는 '과두정' 대신에 '금권정치' 가 언급된다).

[64] 다른 헌법과 구별되는 이러한 헌법의 위상은 명확하지는 않다. 이에 대해 그 어 떤 설명도 없기 때문이다. 그러는 한 이러한 헌법은 민주주의의 특별한 종류로 간주될 수도 있었고, 이보다 더욱 빈번하게는 제4의 헌법으로도 간주될 수 있었 다(이를 테면 Isokrates, *Panath*., 131 f.를 참조하시오).

[65] Platon, *Polit*. 302 d; 303 a.

[66] Ibd. 302 e. 그의 *Nom*. 832 c도 보시오. 여기서는 자발적인 피지배자에 대한 지 배가 언급된다.

[67] Platon, *Nom*. 712 e; 715 b; 832 c. 그의 *Polit*. 303 c와 비교하시오.

[68] Platon, *Pol*. 555 b ff.; 565 d; 566 c ff.; 569 c.

[69] Aristoteles, *Nikom.Ethik* 1160 a 34.

[70] Demosthenes, 1, 5; 6, 21; 6, 25; 15, 20; Isokrates 4, 125; *ep*. 6, 11. Cf. 본 "민 주주의" 항목의 주 48.

[71] Aristoteles, *Pol*. 1295 b 34. Cf. 1295 a 25 ff.

[72] Ibd. 1265 b 26; 1293 b 33; 1294 b 13; 1294 b 34; 1307 a 15.

[73] Ibd. 1297 b 1. Cf. *Nikom.Eth*. 1160 b 18.

[74] Aristoteles, *Pol*. 1294 a 35 ff.

[75] Ibd. 1294 a 20.

[76] Ibd. 1297 b 1. Cf. 1306 b 11; 1321 a 12; 1302 a 13.

[77] Ibd. 1295 a 37 ff. Cf. 1292 b 25; 1293 a 12.

[78] Ibd. 1295 b 25.

[79] Ibd. 1296 a 29; cf. 1286 b 13; 1297 a 2.

[80] Ibd. 1279 a 37. Cf. Meier, Entstehung, pp. 63, 78.

[81] Ibd. 1293 a 40; 1296 a 23; 1296 a 36.

[82] Ibd. 1279 b 8; 1284 b 5 ff.

[83] Ibd. 1291 b 34 및 여러 곳.

[84] Ibd. 1301 a 28; 1301 b 29 ff. Cf. 1280 a 7; 1280 a 24.

[85] Ibd. 1317 b 2.

[86] Ibd. 1299 b 26; 1309 a 2.

[87] Ibd. 1310 a 28. Cf. 1291 b 37; 1298 a 9.

[88] Ibd. 1317 b 13.

[89] Ibd. 1292 b 22 ff.; 1318 b 6 ff.

[90] Ibd. 1317 b 30; 1323 a 4; 1299 b 38.

[91] Ibd. 1292 a 34. Cf. 1312 b 5; 1312 b 35.

[92] Ibd. 1310 a 25.

[93] Ibd. 1289 b 4; 1296 b 3 ff.; *Nikom. Eth.* 1160 b 20.

[94] Polybios 6, 4, 6; 6, 4, 10; 6, 57, 9.9, 7. 이 명칭의 선구격은 플라톤의 "데아트로크라티아θεατροκρτία"이다; *Nom.* 701 a. 폴리비오스와 필로 유다이우스Philo Judaeus(cf. *De virtute* 180)는 좋은 민주주의와 나쁜 민주주의를 구별하여 좋은 민주주의에만 그 이름을 부여한 것으로 알려진 유일한 저술가들이다. 특히 후자는 헬레니즘 시대와 로마 제정기에 큰 명성을 얻었다. 필로에 대해서는 또한 *Quod deus sit immutabilis* 176; *De Abraha* 242; *De confusione linguarum* 108과 비교하시오.

[95] Polybios 6, 4, 5.

[96] Ibd. 6, 8, 4 ff.

[97] Larsen, "Judgement" (본 "민주주의" 항목 주 52를 보시오), pp. 9 f.; 같은 이, "Representation and Democracy in Hellenistic Federalism", *Classical Philol.* 40 (1945), pp. 88 f.; Helmut Berve, *Die Herrschaft des Agathokles* (München 1953), p. 76, 주 72.

[98] Cf. Jochen Bleicken, *Der Preis des Aelius Aristideas auf das römische Weltreich* (Akad.-Abh. Göttingen 1966), pp. 239. 250(주 54). 252 f. 269. 로마 제정 시대의 이해를 위해

특히 흥미로운 것은 히폴리트Hippolyt의 네부카드네자르Nebukadnezar(옮긴이: 신바빌로니아의 왕으로 유대 왕국을 멸망시키고 이스라엘인들을 포로로 끌고 감. 한글 구약성서에는 느부갓네살이라고 표기되어 있음)왕의 꿈 해석이다; Cf. Santo Mazzarino, *Das Ende der antiken Welt* (München 1961), pp. 38. 172 f.

[99] Cicero, *De rep.* 1. 42; 1, 43; 1, 44; 1, 69.

[100] 유념해야 할 것은 '민주주의' 개념이 세비야의 이시도로Isidor von Sevilla의 어원학에서는 다뤄지지 않았다는 점이다. Chr. Gottlob Haltaus, *Glossarium germanicum medii aevi* (Leipzig 1758)는 '민주주의' 개념을 기록하지 않고 있다. 또한 Ed. Jan Frederik Niermeyer가 편집한 *Mediae latinitatis lexicon minus* (Leiden 1954 ff.)도 'democratia'를 수록하지 않았다.

[101] 위에서 언급한 사료집들 그 어느 후미진 구석에도 '민주주의'라는 단어가 등장하지 않는다는 것을 확실히 말할 수 있다. 필자는 이 연구와 관련하여 다시 한번 무수한 사료집들을 검토해보았는데, 여기서 19세기에는 여러 차례 "민주화"라고 서술된 사례들을 발견할 수 있었다는 점에 유의했다.

[102] Thomas von Aquin, "De regimine principum", *16. Opera omnia*, t. 16 (Parma 1865), p. 226.

[103] 같은 이, "In X libros ethicorum ad Nicomachum", ibd., t. 5, p. 2.

[104] 같은 이, *Summa theologiae* 2, 1, qu. 105, art. 1, 5.

[105] Cf. Friedrich Ueberweg, *Grundriß der Geschichte der Philosophie*, 11. Aufl., Bd. 2 (Berlin 1928), pp. 347 ff.

[106] Nikolaus von Oresme, "Motz estranges", *Godefroy* t. 9 (1898), p. 300에서 인용.

[107] 같은 이, "Politique", 같은 책, p. 300에서 인용.

[108] *Vocabularius optimus*, ed. by Wilhelm Wackernagel (Basel 1847), p. 38. 여기서 "Gebufels"라는 단어는 "pófel", "populus"와 관련되면서, 대략 "대중"의 의미로 이해될 수 있다.

[109] Marsilius von Padua, *Defensor pacis* 1, 8, 2.

[110] Ibd. 1, 8, 3.

[111] Marsilius가 얼마나 쉽게 오해될 수 있는가를 Marsilius는 이미 인민주권과 민주주의에 대한 근대적 개념을 선취했다는 주장을 둘러싼 오래된 논쟁이 잘 보여주고 있다. Cf. Richard Scholz, "Marsilius von Padua und die Idee der Demokratie", *Zs.f.Politik* 1 (1908), pp. 61 ff. Hermann Segall, *Der "Defensor Pacis" des Marsilius von Padua. Grundfragen der Interpretation* (Wiesbaden 1959), 특히 pp. 8 ff. 52 f. 여기에 있는 주 72. 63 ff.가 현존하는 연구 성과에 대해 비판적인 평가를 하고 있다.

[112] Engelbert von Admont, *De regimine principum* 1, p. 10; Andreas Posch, *Die staats-und kirchenpolitische Stellung Engelberts von Admont* (Paderborn 1920), p. 65, 주 3에서 인용. Cf. F. Förster, "Die Staatslehre des Mittelalters", *Allg. Monatsschr.f. Wiss.u.Lit* (1853), pp. 832 ff. 922 ff.

[113] Ebgelbert의 저작들의 확산에 대해, 또한 그의 저작들에 대한 문헌들에 관해서는 Ottokar Menzel, "Bemerkungen zur Staatslehre Engelberts von Admont und ihrer Wirkung", in: *Corona querenea, Fschr. Karl Strecker* (Leipzig 1941), pp. 390 ff.; George Bingham Fowler, *Intellectual Interests of Engelbert od Admont* (New York 1947); 같은 이, "Engelbert of Admont's Tractatus de officiis et abusionibus eorum", in: *Essays in Medieval Life and Thought, Fschr. A. P. Evans* (New York 1955), pp. 109 ff.; 같은 이, "Engelbert of Admont and the Universal Idea", *Fundament* 3 (1958).

[114] 예를 들어 Cicero, *De rep.* 1, 41f.에 나오는 "왕국-왕이 지배하는 귀족들의 국가라 불린다-인민들의 국가regnum-civitas optimatium arbitrio regi dicitur- civitas popularis" 혹은 3, 48에 나오는 "인민의 공화정popularis res publica"과 비교하시오. 비록 이 저작을 중세의 독자들은 접할 수 없었지만, 그 내용은 특히 아우구스티누스를 통하여 알려져 있었을 것이라고 가정할 수 있다. Cf. Werner Suerbaum, *Vom antiken zum frühmittelalterlichen Staatsbegriff. Über Verwendung und von Res*

Publica, Regnum, Imperium und Status von Cicero bis Jordanis (Münster 1961) 및 매우 유익한 서평인 Alvaro D'Ors, *Der Staat* 4 (1965), p. 360.

115 R. R. Palmer, "Notes on the Use of the Word "Democracy" 1789~1799", *Polit. Science Quarterly* 68 (1953), p. 204. 미국인들 또한 자신들의 역사가 시작될 무렵에는 '민주주의'를 단지 학술용어로 알고 있었다: Gustav H. Blanke, "Der amerikanische Demokratiebegriff in wortgeschichtlicher Beleuchtung", *Jb.f. Amerikastudien* 1 (1956), p. 41.

116 본 "민주주의" 항목 주 71 이하를 참고하시오.

117 Hermann Conring, *De politia* (Helmstedt 1680); 같은 이, *De democratia* (Helmstedt, 1681).

118 Samuel Pufendorf, *De jure naturae et gentium* 7, 5, 4 (1672).

119 나중에 혹시 몇 군데에서 발견될 수 있을 가능성을 배제할 수는 없다. 그러나 이를 통해 상기한 주장이 본질적으로 달라지는 것은 아니다.

120 아래에서 언급된 저자들 이외에도 다음과 같은 학자들이 아리스토텔레스의 전통에 따라 민주주의를 세 가지의 알려진 통치 형태 중 하나로 서술했다. Johannes Althusius, *Politica* 39, 21, 60(3. Aufl, Herborn 1614); Philipp Clüver, *Germania antiqua* 38 f. 41 (Leiden 1631); Matthias Bernegger, *Ex C. Cornelii Taciti Germania et Agricola questiones*, qu. 55 (Straßburg 1640); Joh. Friedrich Horn, *Politicorum pars architectonica de civitae* (Frankfurt 1672), p. 17; Joh. Heirich Boecler, *Institutiones politicae* 6 (Straßburg 1674); Ulrich Huber, *De jure civitatis* 1, 8, 4(Leiden 1669; 4. Aufl. Frankfurt, Leipzig 1708), pp. 301 ff.; Julius Bernhard v. Rohr, *Einleitung zur Staatsklugheit* (Leipzig 1733); Christian Wolff, *Philosophia practica universalis* 9, 2073 ff. (Halle 1738).

121 Pufendorf, *De officio hominis et civis juxta legem naturalem* 8, 3 (Frankfurt 1709). 독일제국을 서술하는 데 있어서 아리스토텔레스의 범주들을 벗어난 것으로 알려진 Pufendorf는 자신의 *dissertatio de republica irregulari* (Lund 1668)에서는 아리스

토텔레스의 삼분법에 따라 민주주의를 정의했다. 이 책의 독일어 번역본(Leipzig 1715)에서 다음과 같은 정의가 나타났다. "민주주의는 동등한 자유 속에서 정서가 하나로 일치되게 하고, 재산에 따른 공화국의 보편적인 행복이 마음에 와닿게 하며, 좋은 충고가 쉽게 존중되고 받아들여지며, 언제나 가장 재능이 있는 자가 최고의 관직에 취임하고, 반면 마땅히 그래야 하는 다른 자들이 순종할 때면, 그러면 칭찬을 받을 가치가 있다(1115쪽)." 이어서 Pufendorf는 "질서정연한 ordentlich 민주주의적 혹은 대중적popularisch 통치 방식"의 타락한 형태의 민주주의를 이와 대비시켰는데, 물론 홉스Hobbes를 차용하여 이러한 명칭들에 특별한 의미들이 담기도록 하려고 하지는 않았다(1124쪽).

[122] Cf. Peter Petersen, *Geschichte der Aristotelischen Philosophie im protestantischen Deutschland* (Leipzig 1921), pp. 166 ff. 184 ff.; Hans Meier, *Ältere deutsche Staatslehre und westliche Tradition* (Tübingen 1966), p. 12.

[123] Alsted, *Compendium* (1626), p. 1303.

[124] Christoph Besold, *Discursus politici* 3; "De democratia", in: *Opera politica*, t. 3 (Ausg. Straßburg 1641), p. 38.

[125] Ibd.

[126] Myler ab Ehrenbach, *Hyparchologia* (Stuttgart 1678), pp. 27 ff.

[127] Maaler (1561), p. 219.

[128] Philipp v. Zesen, *Adriatische Rosemund* (Amsterdam 1645; Ndr. Halle 1899), p. 177. *Dict. franç.-allemand*(1675)에는 "democratie" 항목이 다음과 같이 서술되어 있다. "인민의 정부, 일반 인민의 통치Democratie, democratique, 민주주의적 신분 etat democratique, 일반 인민에 의해 통치되는 자들의 신분, 민주주의적 신분 Status democraticus."

[129] Walch (1726), p. 483; 동일한 정의를 내린 문헌은 Hübner/Zincke, Handlungslex. (Ausg. Leipzig 1755), p. 603 및 후속 판본(1776), p. 639와 (1792), p. 635.

[130] Sperander (1728), p. 186. 또한 Krackherr (1766), p. 116.

[131] Wohlm. Unterricht (1755), 부록 p. 19.

[132] Halle Bd. 2 (1799), p. 430 (옮긴이 해설).

[133] Roth Bd. 1(1791), p. 190.

[134] Kuppermann (1792), p. 150.

[135] Aug. Ludwig v. Schlözer, *Stats-Gelartheit*, Bd. 1 (Göttingen 1793), p. 112.

[136] William Temple은 '민주주의'를 "정부의 세 가지 형태 중 하나"로 정의했는데, 자세히 말하자면 다음과 같다. "그것은 주권이 한 사람에 혹은 귀족에 있지 않고, 인민이라는 집합체에 있는 것이다. 종복들 다수가 근면함과 덕성의 힘으로 부유하고 존중받는 상태에 도달하면 정부의 성격은 민주주의로 기울게 된다." Johnson vol. 1 (1755), 민주주의 항목에서 인용.

[137] John Locke: "다수가 공동체의 전체 권력을 가지면서, 모든 이는 입법을 하고, 이러한 법들을 집행하는 권력을 사용할 수 있다. 이러한 곳의 정부 형태가 완전한 민주주의이다. Johnson, 같은 책에서 인용.

[138] Montesquieu, *De l'esprit des lois* 2, p. 2: "공화국에서 한몸이 된 인민이 주권을 가질 때, 그것이 민주주의다Lorsque, dans la république, le peuple en corps a la souveraine puissance, c'est une Démocratie."

[139] De Jaucourt, Art. "Democratie", *Encyclopédie*, t. 10/2 (Ausg. Genf 1779), p. 647: "주권이 인민의 손에 있는 모든 공화국이 민주주의다Toute république où la souveraineté réside entre les mains du peuple est une démocratie."

[140] John Adams. *Source and Documents Illustrating the American Revolution*, 1764~1788, ed. by Samuel E. Morison, 2nd. ed. (Oxford 1953), p. 127에서 인용.

[141] Micraelius (1653), pp. 306 ff.

[142] *Dict.franç.-all.-lat.* (1660), p. 230.

[143] Friedr. *Christian Baumeister, Philosophia definitiva*, 9. Aufl. (Wittenberg 1758), pp. 197 f., Nr. 1202.

[144] Montesquieu, *Esprit des lois* 11, p. 4.

[145] J. J. Rousseau, *Du contrat social* 3, p. 4.

[146] C. M. Wieland, "Sendschreiben an Herrn Professor Ehlers in Kiel" (1792), *AA* 1. abt., Bd. 15 (1930), p. 423 (본 "민주주의" 항목의 주 180, 186을 보시오.)

[147] Kant, "Zum ewigen Frieden" (1795), 1. Definitivart. *AA* Bd. 8 (1912), pp. 352f. (또한 본 "민주주의" 항목의 주 178, 192를 보시오).

[148] Besold, *Discursus politici* (본 "민주주의" 항목의 주 124를 보시오) 3, p. 39.

[149] Paul Matthias Wehner, *Metamorphosis rerumpublicarum, Das ist/ von Mutation/ Verenderung/ Untergang/ Auffnehmung/ Verwandelung unnd Perioden der Regimenten unnd Gemeinden/ in Politischem Zustand* (Frankfurt 1626), p. 3.

[150] 전자(도시의 민주주의)는 도시 거주자들이 최고의 권력을 갖는 곳에 존재한다. 그러나 후자는 도시가 아닌 마을에 존재한다. Walch (1726), p. 484.

[151] Zedler Bd. 7 (1734), p. 524.

[152] Palmer, "Notes" (본 "민주주의" 항목의 주 115와 비교하시오), p. 205.

[153] René Louis D'Argenson, *Considérations sur le gouvernement ancien et présent de la France* (Yverdon 1764), pp. 6f.

[154] *Dt. Enc.*, Bd. 7 (1783), p. 73.

[155] Schuz/Basler Bd. 1 (1913), p. 133에 기록된 증거들을 보시오.

[156] Pomey, *Grand dict. royal* (1715), pp. 88. 270.

[157] Castelli (1700), pp. 206.

[158] Zedler Bd. 7 (1734), p. 524.

[159] Adelung 1. Aufl. (1774); 2. Aufl., Bd. 1 (1793), p. 1444.

[160] Schwan Bd. 2 (1789), p. 84.

[161] Martin Luther, *WA Tischreden*, Bd. 4 (1916), p. 4342 (7. Februar 1539): "정치적 우두머리politicus magistratus에는 많은 종류가 있다. 군주정들이 있는 곳은 갈리아, 앙글리아(영국), 포르투갈, 보헤미아, 헝가리, 폴로니아의 왕국들이다. 귀족정은 게르마니아에서처럼 시민적 우두머리magistratus civilis, ut Germaniae이다. 민

주주의democratia는 스위스와 디트마르센처럼 많은 사람이 다스리는 곳ubi plures

regunt이다. 독일어로 된 추신에는 '민주주의'에 대해 다음과 같은 문장이 첨가되

어 있다. "보통사람der gemeine Mann이 다스리는 곳". 이에 대해 Cf. Werner Elert,

Morphologie des Luthertums, Bd. 2 (1932; Ndr. München 1958), p. 326.

[162] Blanke, "Demokratiebegriff" (본 "민주주의" 항목의 주 115를 보시오.), pp. 41~42.

[163] 민주정의 복수 형태는 이 시기에 비로소 처음 등장하였다.

[164] D'Argenson, *Considérations*, pp. 7. 10. 47 ff. 79.

[165] Cf. Walch (본 "민주주의" 항목의 주 150을 보시오)의 "고대 독일인들에게서의……

민주주의들"에 대한 것과 Zedler, Bd. 7 (1734), p. 527의 다음과 같은 항목: "민

주주의적인 칸톤들은 단지 몇몇 고을로 이뤄진 스위스 지방이며, 이런 곳에서

민주주의적인 통치가 실행된다."

[166] Scheidemantel Bd. 1 (1782), p. 662.

[167] Dt. Enc., Bd. 7. (1783), p. 73.

[168] Joh. Stephan Pütter, *Historisches Entwickelung der heutigen Staatsverfassung des

Teutschen Reiches*, Bd. 3 (Göttingen 1787), p. 262.

[169] 이를테면 Scheidemantel의 *Encyclopédie*와 *Dt.Enc.*

[170] 여기서 또다시 Walch (1726), p. 484는 예외적인 사례이다.

[171] "Vorstellung der bürgerlichen Deputatschaft der Stadt Köln an Kaiser Joseph II.,

15. Feb. 1788", *Quellen zur Geschichte des Rheinlandes im Zeitalter der Französischen

Revolution 1780-1801*, ed. by Joseph Hansen, Bd. 1 (Bonn 1931), p. 260.

[172] Ibd., Bd. 2 (1933), pp. 68. 676에서 인용; Cf. Köln의 사례에 대한 같은 책,

Bd. 3 (1935), p. 313.

[173] D'Argenson, *Considérations*, pp. 110 f.

[174] Ibd., pp. 138 ff.

[175] Palmer, "Notes" (본 "민주주의" 항목의 주 115를 보시오), p. 205에 있는 다음과 같

은 다르장송에 대한 적확한 특징짓기를 비교하시오: "우리는 또한 다르장송의

민주주의를 ('군주정'보다는 '귀족정'에 반대되는) 자치 정부라기보다는 평등으로 생각하는 경향을 기록할 수 있다."

176 Cf. D'Argenson의 "Plan du Gouvernement propsé pour la France", in: *Considérations*, pp. 159 ff., 6조: "이러한 민주주의는 군주제에 결코 위험하지 않다Cette Démocratie nullement dangereuse à la Monarchie."

177 Der Baron von Wimpfen은 1789년 7월 28일 한 헌법 조항을 변호했는데, 이 조항의 내용은 다음과 같다. "프랑스 정부는 왕의 민주주의Démocratie royale이다." Mirabeau는 이러한 용어에 대해 *Courier de Provence* (no. 34, p. 7)에서 다음과 같이 언급했다. "드 빔펜 남작은 서로 멀리 떨어져 있는 단어들을 합쳐서 위대한 진리를 표현했다. 민주주의는 군주정과 자연적으로 동맹 관계에 있다. 왜냐하면, 양자 간의 이해관계가 대립되지 않기 때문이다. 언제나 독자적인 힘을 가지려 하고, 자신의 권력이 군주와 인민들의 희생 위에서만 실행되는 귀족정의 도입을 반대하기에 충분할 정도로 왕의 맹세가 강력하다면 양자 간의 이해관계는 대립하지 않는다Le Baron de Wimpfen, en réunissant deux mots si éloignés jusqu'à présent l'un de l'autre, exprimoit une grande vérité; c'est que la Démocratie s'allie naturellement avec la Monarchie; c'est qu'il n'existe aucune opposition entre leurs intérêts; puis-que le voeu du Roi soit assez fort pour s'opposer à l'introduction d'une aristocratie, qui tend toujours à l'indépendance et dont la puissance ne s'exerce jamais qu'aux dépens du Prince et du Peuple." 이와는 반대로 Johann von Türkheim의 "Bericht an die Gemeinde von Straßburg", *Franz. Staatsanzeigen* (1789), H. 2, p. 125. 131.은 왕의 민주주의 Démocratie royale를 왕에게서 권력을 완전히 빼앗아 헌법 요소 가운데 순수한 장식품으로 격하시키며, 국민의회와 길거리를 권위 있는 권력 담당자로 드높이려는 시도로 그 특징을 규정했다.

178 Kant, "Zum ewigen Frieden" (1795), 1. Definitivart. *AA* Bd. 8 (1912), pp. 349 ff.

179 Wieland, "Über Krieg und Frieden" (1794), *AA* 1. Abt., Bd. 15 (1930), pp. 643

ff., 특히 pp. 648. 653.

180 같은 이, "Sendschreiben an Ehlers" (1792), ibd., p. 423.

181 같은 이, "Über Krieg und Frieden", ibd., p. 652.

182 Ibd., p. 647.

183 같은 이, "Geschichte des Agathon" 8, 1~3 (1766 ff.). AA 1. Abt., Bd. 6 (1937), pp. 2020 ff.

184 같은 이, "Über constitutionen" (1792), Werke, Bd. 31 (1857), pp. 161. 167. 264. 269. 287 ff.

185 같은 이, "Athen", Werke, Bd. 34 (1857), pp. 377 f.

186 같은 이, "Sendschreiben" (cf. 본 "민주주의" 항목의 주 180), pp. 426, 429.

187 같은 이, "Gespräche unter vier Augen" (1798), Werke, Bd. 32 (1857), pp. 56 ff. 69. 113.

188 Ibd., p. 100.

189 Ibd., p. 88.

190 Ibd., p. 183.

191 Ibd., p. 66.

192 Kant, "Zum ewigen Frieden" (1795), 1. Definitivart. AA Bd. 8, p. 352; 같은 이, "Metaphysik der Sitten, Rechtslehre (1797), § 52." AA Bd. 6 (1907), pp. 340 f.

193 같은 이, "Zum ewigen Frieden" (1795), 1. Definitivart. AA Bd. 8, pp. 352 f.

194 같은 이, "Rechtslehre, § 51." AA Bd. 6, p. 338.

195 Cf. Pufendorf, Kurzer doch Gründlicher Bericht von dem Zustande des H. R. Reichs Teutscher Nation 6, 2 (Leipzig 1715), p. 674.

196 Kant, "Zum ewigen Frieden" (1795), 1. Definitivart. AA Bd. 8, p. 353의 주에서 인용함.

197 Ibd., p. 352.

198 J. G. Fichte, "Grundlage des Naturrechts" (1796), AA Bd. 1/3 (1966), p. 440.

[199] Ibd., pp. 441 f.; cf. Kant의 평화 저작에 대한 Fichte의 서평, ibd., pp. 217 ff.

[200] F. Schlegel, "Versuch über den Begriff des Repulikanismus" (1796), *SW* Bd. 7 (1966), pp. 12 ff., 특히 p. 17.

[201] J. Görres, "Das rothe Blatt", *Ges. Schr.*, Bd. 1 (1928), p. 196.

[202] 같은 이, "Der allgemeine Frieden, ein Ideal" (1798), ibd., pp. 29 ff.

[203] E. M. Arndt, "Über die künftige ständische Verfassungen in Deutschland" (1814), *Werke*, Bd. 1 (1908), p. 222; 같은 이, *Staat und Vaterland*, ed. by Ernst Müsebeck (München 1921), p. XI.

[204] Hardenberg, "Rigaer Denkschrift" (1807), in: *Die Reorganisation des Preußischen Staates unter Stein und Hardenberg*, ed. by Goerg Winter, Bd. 1/1 (Leipzig 1931), p. 306.

[205] Fried. Gottlieb Klopstock, *Auf das Jubelfest der Souveränität in Dännemark*, v. 13 ff. [최종본 제목: *Das neue Jahrhundert*]. *Oden und Elegien* (Darmstadt 1771; Ndr. Heidelberg 1948), p. 43.

[206] Palmer, "Notes" (본 "민주주의" 항목의 주 115를 보시오), pp. 205 f.

[207] Ibd. 에서 인용.

[208] Suzanne Tassier, *Les démocrates belges de 1789. Etude sur le Vonckisme et la révolution brabançonne, Mémoires de l'Académie royale de Belgique, Classe des Lettres*, 2e sér., t. 28/2 (Brüssel 1930), pp. 424 f. 에서 인용.

[209] Brunot t. 9/2 (1937), p. 652.

[210] Cf. George P. Gooch, *Germany and the French Revolution* (London 1920); Alfred Stern, *Der Einfluß der Französischen Revolution auf das deutsche Geistesleben* (Stuttgart, Berlin 1928).

[211] 예를 들어 Lothar Bucher, "Über politische Kunstausdrücke", *Dt. Rev.* 12/2 (1888), p. 71: " "왕당파 의장 에놀Henault이 자신의 프랑스 역사에서 이와 유사하게 기록하고 있다. 그는 예를 들어 1789년 초의 상황을 언급하는데, 이 당시에

클럽, 단어, 사실 등이 영국에서 수입되었으며, 여러 클럽에서 처음으로 민주주
의자들과 귀족주의자들이라는 명칭이 사용되었고, 또한 제3신분 및 나머지 양
대 신분들 사이에서 응용되었다는 것이다."

212 Palmer, "Notes", p. 205.

213 Palmer, "Notes", p. 210에서 인용.

214 William Wordsworth, in: *Letters of the Wordsworth Family from 1787 to 1855*, ed.
by William Knight, vol. 1 (London 1907), p. 66.

215 그는 1796년 Peter Porcupine이라는 가명으로 필라델피아에서 출판한 《일반적
으로 민주주의지라고 명명된 미국 자코뱅주의자들의 역사》라는 팸플릿에서 그
렇게 했다. Cf. Palmer, "Notes", pp. 208 f. 및 주 9번.

216 Blanke, "Der amerikanische Demokratiebegriff" (본 "민주주의" 항목 주 115를 보시
오), pp. 43 ff.

217 이에 대해 Eugen P. Link, *Democratic-Republican Societies, 1790-1800* (New York
1942), Palmer, "Notes", pp. 224 f.에서 인용.

218 Palmer, "Notes", p. 225: "이 용어는 미국에서는 1800년 이후로는 대중적으로
사용되지 않았다 (……), 한 세대 뒤에 민주당이 창당될 때까지는 부활하지 않았
다." 비로소 1900년경에 가서야 미국의 좌파 그룹들 사이에서 이 용어가 일반
화되었고, 특히 동시에 사회적 민주주의와 정치적 민주주의 간의 구별이 생겼
다는 것을 Murray S. Stedman JR., "'Democracy' in American Communal and
Socialist Literature", *Journal of the Hist. of Ideas* 12 (1951), pp. 151 ff.가 보여주고
있다.

219 F. v. Raumer, *Die Vereinigten Staaten von Nordamerika*, Bd. 2 (Leipzig 1845), p.
27.

220 개별적인 것들은 Palmer, "Notes", p. 217. 또한, 네덜란드에서는 일찍부터 프
랑스에서보다 훨씬 강하게 '민주주의자들' 및 '민주주의적인'과 같은 용어가 공
식적인 정치 언어 속에 편입되었다. 이를테면, 프랑스혁명 때 중요한 암스테르

담의 신문이었던 *De Demokraten*이 자신을 이렇게 불렀다. 1798년 겨울 네덜란드 의회에서는 민주주의적인 대의 헌법을 위한 청원이 상정되었다. 헌법위원회는 프랑스 대표단에 설명하기를, 네덜란드인들은 "프랑스인들보다 훨씬 더 민주주의를 잘 소화해낸다"라고 하였다.

221 제네바인 F. Bonivard가 프랑스에서 온 이 파생어의 출현을 1750년이라 하고 있다. Kluge/Mitzka 18 Aufl. (1960), p. 126에서 인용; cf. Franz Sebastian Meidinger, *Gedanken über die gewöhnlichsten Regierungsformen Demokratie, Aristokratie und Monarchie* (1777), p. 28: "그 어떤 시대도 민주주의자들의 모든 행위들의 내면적 동력을 탐구했던 적은 없었다."; cf. 본 "민주주의" 항목의 주 205.

222 "Kosmopolitische Adresse an die französische Nationalversammlung", *Teutscher Merkur* 4 (1789), p. 56.

223 Friedrich v. Gentz, trans. by Jacques Mallet Du Pan, *Über die Französische Revolution und die Ursachen ihrer Dauer* (Berlin 1794), pp. XX f.

224 Joachim Heinrich Campe, *Zweiter Versuch deutscher Sprachbereicherung* (Braunschweig 1792), pp. 56 f.

225 Adelung 2. Aufl., Bd. 1 (1793), p. 1444.

226 Campe, *Fremdwb.* (1813), p. 253. Cf. Joh. Heinrich Voss의 선시選詩 (nach John Gay) "Junker Kordt", *Musen-Almanach* (1794), p. 203: "농부와 시민에게는 시궁창 같은 놈, 상놈이라는 딱지가 붙어 있다네, / 또한 그의 어린 것에게는 일찍이 인간이 헐뜯는다네: / 그는 말한다네, 교사여, 개구쟁이들을 너무 똑똑하게 만들지 마시오! / 약간의 기독교 가르침과 책 읽기면 충분하다오! / 휘파람을 불면서 그에게 폭리를 취하는 곡물과 말 장사 이야기를 지껄인다네 / 무신앙. 교수형과 거열형車裂刑에 처하라 / 무신앙은 이 둘의 판결로써 자유 정신과 민주주의자가 된다네!" 이 시에 대한 주 27의 부연 설명: "자유정신이란 감화를 주는 믿음에 자신의 이성을 복속시키지 않는 자에 대한 오래된 욕설이다. 민주주의자란 모든

전승된 것은 개선될 수 없다고 보는 자에 대한 새로운 욕설이다."

227 셸링은 구하기가 녹록지 않은 가정교사 자리에 관해 헤겔에게 쓴 편지에서 이 말을 했다; *Briefe von und an Hegel*, ed. by Johannes Hoffmeister, Bd. 1 (Hamburg 1952), p. 35.

228 Fichte, "Brief an Reinhold v. 22. 5. 1799", in: *Johann Gottlieb Fichtés Leben und literarischer Briefwechsel*, ed. by Immanuel Hermann Fichte, 2. Aul., Bd. 2 (Leipzig 1862), p. 258.

229 Cristoph Frh. v. Aretin, *Die Pläne Napoleons und seiner Gegner* (München 1809), p. 3.

230 Arndt, "Über künftige ständische Verfassungen in Deutschland" (1814), *Werke*, Bd. 13 (1908), p. 222.

231 Oertel (1830), p. 228; 이미 이와 유사하게 Heinsius Bd. 1 (1818), p. 742: "민주주의자, 즉 인민의 친구, 자유시민; 민주주의, 즉 인민의 지배; 민주주의적인, 즉 인민의 지배의, 자유시민적인; 민주화하기 즉 자유시민으로 만드는 것."

232 본 "민주주의" 항목 주 153과 비교하시오.

233 "Bericht des Drosten Rose aus Lippstadt nach Berlin, 19. 11. 1792", Hansen, *Quellen* (본 "민주주의" 항목의 주 171을 보시오), Bd. 2., 579에서 인용.

234 Palmer, "Notes", p. 210.

235 *Memoirs and Correspondence of Viscount Castlereagh*, ed. by his brother Charles Vane, vol. 2 (London 1848), p. 140.

236 Palmer, "Notes", p. 211에서 인용.

237 Ferdinand Baron v. Eckstein, "Über den inneren Zustand Frankreichs seit der Restauration", *Allg. Polit. Annalen* 7 (1822), pp. 110 f.

238 Edmund Burke, *Betrachtungen über die französische Revolution*, dt. v. Friedrich Gentz, ed. by Dieter Henrich (Frankfurt 1967), p. 156; cf. ibd., pp. 198. 342.

239 Clemens Fauchet, *Sermon sur l'accord de la religion et de la liberté prononcé le 4 fevrier 1791*, p. 6. 혁명의 종교적 열광 그룹들과 영국의 성령주의 간의 맥락은 더욱 정

확하게 연구될 필요가 있다; 여기에 대한 몇몇 지적은 Hans Maier, *Revolution und Kirche. Studien zur Frühgeschichte der christlichen Demokratie 1798~1901*, 2. Aufl. (Freiburg 1965), pp. 113 ff. 137.

[240] Fauchet, *Sermon*, pp. 6 ff.

[241] Bischof Grégoire, "Lettre pastorale vom 12. März 1795", in: Augstin Gazier, *Etudes sur l'histoire religieuse de la Révolution française* (Paris 1887), pp. 370 ff.

[242] Maier, *Revolution und Kirche*, pp. 119. 303 ff. "기독교 민주주의démocratie chrétienne" 개념은 최초로 리옹의 헌법 선서 주교 Lamourette에 의해 1791년 11월 21일에 입법의회에서 사용되었다. Fauchet는 다른 곳에서 (루소의 관점에서) "사랑과 덕의 가장 완전한 민주주의la plus complète démocratie de l'amour et de la vertu"를 말했다(1791년 1월 17일 자 *La Bouche de Fer*지에서)

[243] Palmer, "Notes", p. 214.

[244] 이러한 동일시는 네덜란드와 독일에도 수용되었다. 예를 들어 cf. Campe, *Fremdwb.* (1813), p. 253: "우리는 민주주의를 쉽사리 인민의 지배로, 시민의 제국으로, 자유 국가로 번역할 수 있다. 민주주의와 공화국은 서로 합류가 되는 개념들이다."

[245] *Discours et rapports de Robespierre*, éd. by C. Vellay (Paris 1908), pp. 324 ff.

[246] C. Stamati, Palmer, "Notes", p. 213의 주 23에서 인용.

[247] Palmer, "Notes", p. 220 ff.

[248] Albert Dufourcq, *Le régime jacobin en Italie. Etude sur la république romain 1798~99* (Paris 1900), p. 30에서 인용; cf. Karl Buchheim, "Über christliche Demokratie", *Hochland* 53 (1960/61), pp. 407 ff.

[249] Joh. August Eberhard, *Ueber Staatsverfassungen und deren Verbesserung*, [Bd. 1] (Berlin 1793), pp. 46 f.

[250] A. F. H. Posse, *Über das Staatseigentum an den deutschen Reichslanden und das Staatsrepräsentationsrecht der deutschen Landstände* (Rostock, Leipzig 1794), p. 159.

251 Loebel, Bd. 1 (1796), p. 331.

252 Joh. Jakob Wagner, *Über die Trennung der legislativen und executiven Staatsgewalt* (München 1804), pp. 23 f.

253 Palmer, "Notes", pp. 208 f. 223 ff.; Blanke, "Der amerikanische Demokratiebegriff", pp. 43 ff. (본 "민주주의" 항목의 주 115를 보시오.)

254 "데모크라티즘의 범람débordement du démocratisme"에 대한 경고가 이미 1794년 프로이센 왕 프리드리히 빌헬름 3세의 포고문에 들어가 있었다. Cf. Zajarek, *Histoire de la révolution de Pologne en 1794 par un témoin oculaire* (Paris 1797), p. 248; cf. Palmer, "Notes", p. 211; 독일에서는 '데모크라티즘'이 1796년 Friedrich Schlegel, "Versuch über den Begriff des Repulikanismus"(본 "민주주의" 항목의 주 200을 보시오), p. 19에서 사용되었다: 여기가 적절한 곳이라면, 왜 고대인들에게 서는 중우정치가 전제정Tyrannei으로 옮아갔는지를 설명하는 일이 어렵지 않을 것이다. 또한, 중우정치가 현대인들에게서는 틀림없이 데모크라티즘으로 옮아 가리라는 것을 명백히 증명하는 것도 어렵지 않을 것이다."

255 이에 대한 일반적인 서술은 Friedrich Edding, *Vom Ursprung des Demokratismus in Deutschland. Die Verfassungsideen der demokratischen Parteien in der Paulskirche* (Düsseldorf 1936).

256 Campe, *Fremdwb.* (1813), p. 253.

257 *Ergänzungsblätter zu allen Conversations-Lexiken*, ed. by Friedrich Steger, Nr. 207, Bd. 4, H. 4 (Leipzig 1849), p. 801.

258 Cf. Krug Bd. 1 (1827), p. 486; Manz Bd. 3 (1850), pp. 326 f.; cf. Pierer 2 Aufl., Bd. 7 (1841), p. 189: "민주주의는 오로지 풍속의 소박함과 덕에 대한 존중이 지배하는 민족에게서만 순수한 형태로 존재할 수 있다. 오늘날 북아메리카의 자유주들만이 실재하는 유일한 민주주의다."

259 Karl Heinrich Ludwig Pölitz, *Die Staatswissenschaft im Lichte unserer Zeit*, Bd. 1 (Leipzig 1823), p. 441. 그러나 개념과 생각은 더 오래되었다(본서의 68쪽을 보시오).

260 Ibd., pp. 441 f.

261 이와 같이 예를 들어 Meyer, *große Ausg.*, Bd. 7/4 (1846), p. 135는 대의제 민주주의란 "그 자신으로부터 귀족정을 배태하거나, 아니면 아나키 상태로 몰락할 수 있는" 위험에 처해 있다고 단언했다.

262 Blum Bd. 2 (1852), pp. 392 ff., "Volksherrschaft" 항목.

263 Meyer, große Ausg., Bd. 7/4, p. 135.

264 Brockhaus 10. Aufl., Bd. 4 (1852), "Demokratie" 항목.

265 Bluntschli/Brater Bd. 2 (1857), pp. 699. 704, "Demokratie" 항목.

266 이 표현은 Bluntschli/Brater Bd. 2 (1857), p. 699와 Brockhaus 10. Aufl., Bd. 4, p. 689에 나온다.

267 Schlözer, *Stats-Gelartheit* (본 "민주주의" 항목의 주 135를 보시오), Bd. 1, pp. 128 f.

268 Cf. Ernst Fraenkel, *Amerika im Spiegel des deutschen politischen Denkens* (Köln 1959).

269 Brockhaus, *CL Gegenwart*, Bd. 1 (1838), p. 914.

270 Brockhaus 10. Aufl., Bd. 4 (1852), pp. 689 f.

271 Bülau (1832), p. 288.

272 Meyer, *große Ausg.*, Bd. 7/4, p. 136.

273 Brockhaus, *CL Gegenwart*, Bd. 1, p. 221, "Aristokratismus und seine Gegensätze" 항목. 이 항목은 먼 훗날에 가서야 독일에서 일반화된 자유주의와 민주주의의 대비에 관한 최초의 증거라는 점에서 특기할 만하다 : "만약 자유주의가 지난 수십 년간 자신을 더럽혔던 민주주의적 경향이라는 찌꺼기를 청소한다면, 군주정이 잘못된 귀족정에서는 단지 그릇된 친구들과 은밀한 적들만으로 채워져있었고, 반면에 군주정의 가장 용감하고 충성스러운 옹호자들은 군주정의 필요에 따라, 진정한 귀족정과 진실한 자유주의의 단결을 추구하였다는 것을 사람들이 널리 이해할 것이다"; ibd., p. 222.

274 Steger, *Ergänzungsblätter* (본 "민주주의" 항목의 주 257을 보시오), p. 803.

275 Hartleben Bd. 1 (1824), pp. 237 f.

276 Hübner 31, Aufl., Bd. 1 (1824), p. 346.

277 Hegel, *Rechtsphilosophie*, § 273.

278 Steger, *Ergänzungsblätter*, p. 808.

279 Blum Bd. 1 (1852), p. 688.

280 Brockhaus 10. Aufl., Bd. 4 (1852), p. 688.

281 Bluntschli/Brater Bd. 2 (1857), p. 712.

282 Hartleben Bd. 1 (1824), pp. 236 ff.

283 이 단어는 최초로 Görres 1814 (nach Kluge/Mitzka 18. Aufl., 1960, p. 126)에서 등
장하였다. 같은 시기 비슷한 의미의 단어들이 만들어졌는데, "민주주의적 신념
demokratische Gesinnung" [J. v. Hendrich, *Einige entferntere Gründe für Ständische Verfassung*
(Leipzig 1816)]과 이미 J. Weitzel, *Hat Deutschland eine Revolution zu fürchten?*
(wiesbaden 1819), pp. 102 f.에 등장했던 "민주주의적 정신demokratischer Geist"이 그
것이다. Weitzel, pp. 102 f.는 다음과 같이 서술되어 있다: "나는 시대의 분위기
가 본질적으로 민주주의적임을 위에서 언급했다. 계몽된 나라들에서는 특히 그
러하다. 이 단어는 사실을 인식하고 있는 자들에게는 무섭지가 않다. 자유와 평
등이라는 이 악명 높은 외침은······ 현재의 구호이다. 또한 도처에서 큰 소리로
공공연하게 표명되지 않는 곳에서는 인민들의 가슴 속에서 메아리치고 있는 구
호이기도 하다. 자유, 권리, 단지 법에 순종하는 것, 하나의 동일한 법에 복종하
는 보편적 의무······ 이러한 민주주의적 정신이 본질적으로 군주제적이라는 것
은 거의 언급할 필요도 없다.

284 Rotteck/Welcker 2. Aufl., Bd. 3 (1846), pp. 712 ff. Cf. Brockhaus 7. Aufl., Bd.
3 (Ndr. 1830), p. 103.

285 Hartleben Bd. 1 (1824), p. 236.

286 Rotteck/Welcker Bd. 4 (1837), p. 261.

287 Brockhaus 8. Aufl., Bd. 3 (1840), p. 372.

288 Ibd.

289 Lorenz v. Stein, *Geschichte der sozialen Bewegung in Frankreich*, 3. Aufl., Bd. 3 (1850; Ndr. München 1921), p. 406.

290 본서 158쪽 이하를 보시오.

291 Brockhaus 10. Aufl., Bd. 4 (1852), p. 685.

292 Ibd.; 이어지는 문장이 주목할 만하다. "따라서 이는 자주 다음과 같은 생각과 결합한다. 이러한 길 위에서 단순히 기존 사회 상태의 정치적 토대만이 아니라, 사회적 토대 또한 격변을 경험해야 한다. 또, 유산계급(부르주아지)은 무산계급 (진정한 인민)을 위해 단순히 정치적 특권뿐만 아니라, 이러한 특권의 물적 기반 인 자신의 자산을 완전히 혹은 부분적으로 포기해야 한다. 한마디로, 사회의 모든 계급 간에 완전한 정치적 평등뿐만 아니라, 완전한 물적·사회적 평등이 이룩되어야 한다. 이러한 의미에서 사회-민주주의적인 국가 질서, 민주주의적이고 사회적인 공화국이 민주주의적 원리 발전의 필연적인 목적으로 언급된다. 바로 이 지점에서 민주주의(혹은, 오늘날 물론 언어적으로 잘못 언급되는 것을 자주 듣는 것처럼, 민주주의) 당은 단지 민주주의적 원리의 정치적인 결과들, 즉 보통선거권 과 모든 국민적 권리들의 절대적인 평등을 인정하고 관철시키려는 순수한 민주주의당과 사회-민주주의당으로 나뉜다. 후자는 상기한 정치적 획득물들을 단지 모든 인간의 보편적인 사회적 평등을 얻기 위한 수단으로 간주하고 있다(687 쪽)." 독일 헌법 역사 속에서 당대인들의 헌법적 요구들이 어떻게 반영되었는가 는 Ernst–Wolfgang Böckenförde, *Die deutsche verfassungsgeschichtliche Forschung im 19. Jahrhundert* (Berlin 1961), 특히 pp. 74ff. 99ff. 134ff.를 참조하시오.

293 Georg Gottfried Gervinus, *Einleitung in die Geschichte des neunzehnten Jahrhunderts* (Leipzig 1853), pp. 41f.

294 Ibd.

295 H. Zoepfl, *Die Demokratie in Deutschland. Ein Beitrag zur wissenschaftlichen Würdigung von: G. G. Gervinus, Einleitung in die Geschichte des neunzehnten Jahrhunderts*

(Stuttgart 1853).

[296] Bluntschli/Brater Bd. 2 (1857), pp. 698f.

[297] Wagener Bd. 6 (1861), pp. 107 f., "Demokratie" 항목.

[298] François Guizot, De la démocratie en France (Paris 1849), pp. 9f.

[299] Joseph Görres, "Deutschland und die Revolution" (1819), Ges. Schr., Bd. 12 (1929), pp. 111ff.

[300] Ibd., p. 112.

[301] Ibd., p. 135.

[302] E. M. Arndt, "Über künftige ständische Verfassungen in Deutschland" (1814), Werke, Bd. 13 (1908), p. 222.

[303] Joh. Christoph Frh. v. Aretin/Carl v. Rotteck, Staatsrecht der constitutionellen Mornachie, 3 Bde. (Altenburg 1824 ff.; 2. Aufl. Leipzig 1838 ff.). 여기 제시된 두 판본과 각각의 서문을 비교해보면 아레틴에서 로텍에 이르기까지 무게 중심이 귀족정에서 민주주의로 변하였다는 것을 알 수 있다.

[304] Ibd., 2. Aufl., Bd. 1 (1838), pp. 151 ff., 이와 유사한 것은 또한 p. 89를 보시오.

[305] Rotteck, 항목 "Demokratisches Prinzip", Rotteck/Welcker Bd. 4 (1837), p. 256: "군주제적 원리와 민주주의적 원리는 충분히 양립할 수 있다. 물론 이것들은 서로를 지지할 수 있다."

[306] Ibd.

[307] H. v. Gagern, "Brief an Max v. Gagern, 15. 3. 1838", in: Deutscher Liberalismus im Vormärz. Heinrich v. Gagern, Briefe und Reden 1815~1848, ed. by Paul Wentyke u. Wolfgang Klötzer (Göttingen 1959), p. 196.

[308] David Hansemann, Preußen und Frankreich, 2. Aufl. (Leipzig 1834), pp. 226 f. 228 f. 프로이센을 "민주주의적인 독재 정치"로서 특징지었던 임마누엘 오기엔스키[Immanuel Ogienski, [Hallische Jbb. 4 (1841), p. 281에서 인용-]와 비교하시오.

[309] Hardenberg, "Rigaer Denkschrift" (1807), in: Die Reorganisation des Preußischen

Staates unter Stein und Hardenberg, ed. by Georg Winter, Bd. 1/1 (Leipzig 1931), p. 306.

[310] Friedrich Gentz, "Über den Unterschied zwischen den landständischen und Repräsentativ–Verfassungen. Beilage zu den Carlsbader Protokollen(1819)", in: *Wichtige Urkunden für den Rechtszustand der deutschen Nation, mit eigenhändigen Anm. v. Joh. Ludwig Klüber*, ed. by Carl Welcker (Mannheim 1844), pp. 221 f.

[311] 이에 대한 증거를 Heinrich v. Srbik, *Metternich*, Bd. 1 (München 1925), pp. 336 f.에서 찾을 수 있다.

[312] "Denksch. eines preußischen Staatsmanns aus dem Jahre 1822", Klüber/ Welcker, *Urkunden*, pp. 365 f.

[313] W. v. Humboldt, *AA* Bd. 17 (1936), p. 293.

[314] Friedrich Schleiermacher, "Über die Begriffe der verschiedenen Staatsformen" (1818), *SW* 3. Abt., Bd. 2 (1838), pp. 246 ff., 특히 pp. 268. 271.

[315] 본 "민주주의" 항목의 주 200을 보시오.

[316] Brockhaus 4. Aufl., Bd. 2 (1818), p. 305.

[317] Brockhaus, *CL Gegenwart*, Bd. 1 (1838), pp. 914 f.

[318] Joh. Peter Eckermann, *Gespräche mit Goethe*, 1827년 7월 15일.

[319] Hegel, *Rechtsphilosophie*, § § 308. 311. 303.

[320] Ibd., § 273.

[321] Hegel, "Über die englische Reformbill" (1831), *SW* Bd. 20 (1930), p. 503.

[322] Hegel, *Rechtsphilosophie*, § 273.

[323] Ibd., § 279.

[324] Rotteck/Welcker Bd. 4 (1837), p. 241 ff. 252ff.

[325] Karl Salomo Zachariä, *Vierzig Bücher vom Staate*, 2. Aufl., Bd. 3 (Heidelberg 1839), pp. 230 ff., 특히 p. 231.

[326] Friedrich Julius Stahl, *Die gegenwärtigen Parteien in Staat und Kirche* (Berlin 1863), p.

122. 여기서 Stahl은 "민주주의적 군주정이라는 특이한 명칭"에 대해 진술하고 있다.

[327] Bluntschli/Brater Bd. 2 (1857), p. 689.

[328] Rotteck/Welcker 3. Aufl., Bd. 4 (1859), p. 357, "Demokratie" 항목.

[329] Friedr. Christoph Dahlmann, *Die Poltik auf den Grund und das Maaß der gegebenen Zustände zurückgeführt*, Bd. 1 (Göttingen 1835), pp. 109 ff.

[330] *Gervinus, Einleitung* (본 "민주주의" 항목의 주 293을 보시오), pp. 19. 42. 게르피누스가 보는 민주주의와 프로테스탄티즘의 관계에 대해서는 본서 121~122쪽을 보시오.

[331] Ibd., pp. 174 ff.

[332] R. v. Mohl, in: *Kritische Zs. f. Rechtswiss. u. Gesetzgebung d. Auslandes* 7 (1835), Eckhart G. Franz, *Das Amerikabild der deutschen Revolution von 1848/49* (Heidelberg 1958), p. 87에서 인용. "인민의 지배를 대표한다"는 생각의 근대적인 적용에 대해서는 Mohl, *Die Geschichte und Literatur der Staatswissenschaften*, Bd. 1 (Erlangen 1855), p. 514를 비교하시오.

[333] Mohl의 다음의 서평을 비교하시오. Tocquevilles "De la démocratie en Amérique", in: *Kritische Zs f. Rechtswiss. u. Gesetzgebung d. Auslandes* 8 (1836), pp. 359 ff. 또한 특히 같은 잡지 16 (1844), pp. 275 ff.; 또한 Theodor Eschenburg, "Tocquevilles Wirkung in Deutschland", in: *ALEXIS DE TOCQUEVILLE, Werke und Briefe*, ed. by J. P. Mayer, Bd. 1 (Stuttgart 1959), pp. XIX ff.

[334] A. de Tocqueville, "De la démocratie en Amérique, Introduction", *Oeuvres compl.*, t. 1/1 (1951), pp. 1 f. 4.

[335] Ibd., pp. 45 ff.

[336] 이 말이 항상 반복된 그의 기본 명제이다. 특히 ibd., pp. 2, 4, 6. *Oeuvres compl.* t. 1/2 (1951), pp. 322 ff. 참조하시오.

[337] Ibd., pp. 1, 4, 7. *Oeuvres compl.*, t. 1/2 (1951), p. 328.

[338] Jules Elysard, "Die Reaction in Deutschland", *Hallische Jbb.* 5 (1842), p. 986.

[339] Wilhelm Marr, *Das junge Deutschland in der Schweiz* (Leipzig 1846), pp. 115. 172.

[340] Julius Fröbel, *System der socialen Politik*, Bd. 2 (Mannheim 1847), pp. 66 ff. 468f.

[341] Brockhaus 8. Aufl., Bd. 3 (1840), p. 372; ibd., Bd. 8, p. 833.

[342] 이에 대해 자세한 내용은 곧 통과될 예정인 Hans Dreher의 하이델베르크대학 박사학위 논문, *Radikale und soziale Demokratie am Ausgang der Juli-Monarchie*를 보시오.

[343] Duden, *Etymologie* (1963), p. 547.

[344] A. Ruge, *Dt. Jbb.* (1843), pp. 12, 2.

[345] 예를 들어 Bruno Bauer의 언어 사용 관례(대개가 '급진적', 이와 더불어 '운동의 당' 및 '민주주의적인')과 비교해보시오. 그의 책 *Vollständige Geschichte der Parteikämpfe in Deutschland während der Jahre 1842-1846*, 3 Bd. (Charlottenburg 1847)를 보시오.

[346] 1848년 8월 26일 행해진 프랑크푸르트 국민의회 대표자 얀Jahn이 국민의회에 던진 다음과 같은 질의를 비교해보시오. "제국 권력은 질서와 법, 그리고 자유를 무너뜨리려는 모반 행위와 피로 얼룩진 내전을 꾀하는 (……) 이른바 급진적 민주주의자들이라고 하는 공산주의적 단체들의 민중 선동 행위들에 맞서 결정적인 행보를 취하려는 의지가 있습니까?"; *Sten. Ber. Dt. Nationalvers.*, Bd. 3 (1848), p. 1719.

[347] Bruno Bauer, *Vollständige Geschichte*, Bd. 3, p. 27; 다음을 비교하시오. Moses Hess, *Philosophische und sozialistische Schriften 1837-1850*, ed. by A. Cornu u. W. Mönke (Berlin 1961), p. 197.

[348] 이하 "사회적 민주주의" 및 "마르크스와 엥겔스" 절을 보시오.

[349] Abg. Simon, *Sten. Ber. Dt Nationalvers.*, Bd. 9 (1849), pp. 6419, 6424.

[350] *Schwäbische Kronik*, 1848년 7월 7일. 유사한 것이 뷔템베르크의 조국협회 지방 위원회의 규약에도 들어있다. *Der Beobachter*, 3. Aug. 1848, Werner Boldt, *Die württembergerischen Volksvereine von 1848 bis 1852* (Stuttgart 1970), p. 258에서 인용.

351 Flugschr. "Gegen Demokraten helfen nur Soldaten" (Berlin, Ende November 1848).

352 이 두 개념은 1834/35년 이후 반복적으로 독일 노동자 단체들에서 사용되었
다. 이에 대해 Wolfgang Schieder, *Anfänge der deutschen Arbeiterbewegung* (Stuttgart
1963), pp. 174 ff.

353 이미 1838년 Brockhaus, *CL Gegenwart*에는 "사회적 민주주의"라는 말이 등장
한다. 본 "민주주의" 항목의 주 317을 보시오.

354 Josef Stammhammer, *Bibliographie der Social-Politik*, Bd. 2 (Jena 1912), p. 82.

355 본서 148~149쪽을 보시오.

356 이에 대해 Dreher (본 "민주주의" 항목의 주 342를 보시오).

357 Friedrich Engels, "Die Lage Englands II. Die englische Konstitution" (1844),
MEW Bd. 1 (1957), p. 592; 같은 이, "Das Fest der Nationen in London"
(1845/46), *MEW* Bd. 2 (1959), p. 612와 비교하시오..

358 Karl Gün, *Die soziale Bewegung in Frankreich und Belgien* (Darmstadt 1845), p. 82.

359 Stephan Born, "Verbrüderung, (1849년 1월23일)", Frolinde Balser, *Sozial-
Demokratie 1848/49-1863*, 2. Aufl., Bd. 1 (Stuttgart 1965), p. 144, 주 362.에서
인용. Ibd., (Hecker의 발언은) 주 361에서 인용함.

360 이에 대한 다수의 전거는 다음을 참고하시오. Hans Müller, *Ursprung und
Geschichte des Wortes 'Sozialismus' und seiner Verwandten* (Hannover 1967), p. 157 f.

361 L. v. Stein, *Geschichte der sozialen Bewegung in Frankreich*, Bd. 1 (Ndr.
München1921), pp. 122f. 및 이하의 쪽들을 참고하시오,

362 토크빌은 이미 《미국의 민주주의》에서 미국의 "민주주의적 사회국가 체제 état
social démocratique"를 언급한 바 있다. 예를 들어 이 책 pp. 2, 4, 6과 비교. *Oeuvre
compl.*, t. 1/2, p. 322.

363 Ernst-Wolfgang Böckenförde의 해석과 비교하시오. "Lorenz von Stein als
Theoretiker der Bewegung von Staat und Gesellschaft zum Sozialstaat", in: *Alteuropa
und die moderne Gesellschaft, Fschr. Otto Brunner* (Göttingen 1963), pp. 248 ff.

364 Stein, *Geschichte der sozialen Bewegung*, Bd. 3 (1921), p. 207. 그는 이하에서 이
러한 생각을 계속 펼쳤다. 항목 "Demokratie und Aristokratie", in: Brockhaus,
Gegenwart, Bd. 9 (1845), pp. 306ff. 여기서 그는 "사회적 민주주의에서 사회적
선동정치"를 제거하고, 운동(민주주의)과 보수保守(즉 귀족정치)의 연합에 의거하여
사회적 민주주의의가 "입헌 정당"과 결합하기를 염원했다.

365 Müller, 'Sozialismus' (본 "민주주의" 항목의 주 360을 보시오), p. 162에서 인용.

366 *Vorbote* 9 (1867).

367 "Nürnberger Anzeiger" (1869), Hugo Eckert, *Liberal- oder Sozialdemokratie.
Frühgeschichte der Nürnberger Arbeiterbewegung* (Stuttgart 1968), pp. 122 f.에서 인용.

368 "Gedanken über die moderne schöne Literatur", *Dt.Vjschr.* 3 (1840), p. 269.

369 L. Häusser, *Denkwürdigkeiten zur Geshcichte der Badischen Revolution* (Heidelberg
1851), p. 17.

370 F. W. Ziegler, "Wie ist dem Handwerkerstande zu helfen?" (Berlin 1850), Balser,
Sozialdemokratie, Bd. 2, p. 569에서 인용.

371 Marx, "Kritik des Hegelschen Staatsrechts" (1843), *MEW* Bd. 1 (1964), pp. 229
ff.

372 Engels, "Fortschritte der Sozialreform auf dem Kontinent" (1843), ibd., p. 481.

373 Engels, "Fest der Nationen" (본 "민주주의" 항목의 주 357을 보시오), p. 613.

374 이에 대해 다음과 비교하시오. 예를 들어, Engels, "Die Kommunisten und
Karl Heinzen" (1847), *MEW* bd. 4 (1959), pp. 316 ff.; 같은 이, "Grundsätze
des Kommunismus" (1847), ibd., pp. 372 ff.; Marx/Engels, "Manifest der
Kommunistischen Partei" (1848), ibd., pp. 481 f. 492 f.

375 Marx/Engels, "Ansprache der Zentralbehörde an den Bund vom März 1850",
MEW Bd. 7 (1960), pp. 244 ff., 특히 pp. 244. 246.

376 비록 이미 1800년 이전에 독일 "자코뱅주의자들"이, 1848년경의 "민주주의자
들"이, 그리고 가장 급진적으로 마르크스와 엥겔스가 "하나의 나뉠 수 없는 공화

국"을 이룩하고자 노력했지만, 이들에게조차 유니테리안식의 획일적 중압집권주의unitarischer Zentralismus는 민주주의 개념에 필수적인 요소가 아니었다. 오히려 민주주의는 획일적 중앙집권주의와는 반대로 인식되었는데, 미국과 스위스가 모델로 거명되면서 민주주의와 연방주의가 결합되어 표현되는 일이 빈번했다.

377 Marx/Engels, *MEW* Bd. 7, p. 254 (본 "민주주의" 항목의 주 375와 비교하시오).

378 Ibd., p. 248.

379 Marx, "Der achtzehnte Brumaire des Louis Bonaparte", MEW Bd. 8 (1960), p. 141.

380 엥겔스는 "순수한 민주주의자들"이란 말을 1853년 4월 12일 Jeseph Weydemeyer에게 보낸 편지에서 언급하였다. *MEW* Bd. 28 (1963), p. 579.

381 예를 들어 다음과 비교하시오. Marx, "Randglossen zum Programm der deutschen Arbeiterpartei" (1875), *MEW* Bd. 19 (1962), pp. 15 ff.

382 Ferdinand Lassalle, "Rede v. 19. 5. 1863", *Ges. Red. u. Schri.*, Bd. 3 (1919), p. 273. 라살레의 정치 사상에 대한 새로운 해석은 아직 출간되지 않은 아래의 하이델베르크대학 박사학위 논문을 보시오. Günter Trautmann, *Wahlorganisation und parlamentarische Tätigkeit des Allgemeinen Arbeitervereins von 1871/74* (1968).

383 "한마디로 자유롭고, 독립적인 민족이 민주주의 개념의 어머니이자 뿌리, 토대이자 원천이다." Lassalle, *Ges. Red. u. Schri.*, Bd. 1 (1919), pp. 31f.

384 F. Naumann, "Fortschrittliche Volkspartei!" (1910), *Werke*, Bd. 5 (1964), p. 448. Wilhelm Mommsen, *Deutsche Parteiprogramme* (München 1960), pp. 160 ff.에 실린 1895년 독일인민당의 강령과 비교해보시오.

385 Wagener Bd. 6 (1861), p. 112.

386 Hellmut Seier, *Die Staatsidee Heinrich von Sybels in den Wandlungen der Reichsgründungszeit 1862/71* (Lübeck, Hamburg 1961), pp. 22 f.

387 Ibd., p. 53; H. v. Treitschke, *Politik*, ed. by Max Cornicelius, 2. Aufl., Bd. 1 (Leipzig 1899), p. 161.

388 Wilhelm Roscher, *Umrisse zur Naturlehre der drei Staatsformen* (1847/1849); 다음을 비교하시오. Walter Bussmann, *Treitschke* (Göttingen 1952), pp. 181 ff.

389 Ibd., p. 195.

390 Treitschke, *Politik*, Bd. 2 (1898), p. 257.

391 Ibd., p. 9.

392 Ibd., passim, 특히 pp. 158 f.

393 Ibd., p. 160 f.

394 Bussmann, *Treitschke*, pp. 231f.에서 인용.

395 Georg Jellinek, *Allgemeine Staatslehre*, 3. Aufl. (1900; 7. Ndr. Bad Homburg 1960), pp. 666, 710ff.

396 비허른은 '민주주의'라는 단어를 거의 쓰지 않았다. 민주주의에 대한 그의 드물지만 혹독한 비난의 발언은 다음을 참조하시오. Martin Gerhardt, *Johann Hinrich Wichern. Ein Lebensbild*, Bd. 3 (Hamburg 1931), p. 246. 한편, 케텔러는 항상 강조하기를, 세속화된 혹은 적敵그리스도적인 국가의 정신과 기독교의 정신은 화합될 수 없다고 하였다. 그는 '기독교 민주주의'라는 개념과 완전히 거리를 두었다. Wilhelm Emanuel v. Ketteler, *Schriften*, ed. by Johannes Mumbauer, 2. Aufl. (München 1924), passim, 특히 Bd. 1, pp. 247 ff.; Bd. 2, pp. 5 ff.

397 다음과 비교하시오. Maler, *Revolution und Kirche* (본 "민주주의" 항목의 주 239를 보시오); 같은 이, "Herkunft und Grundlagen der christlichen Demokratie", in: *Christliche Parteien in Europa* (Osnabrück 1964), pp. 11 ff. Michael Fogarty, *Christliche Demokratie in Westeuropa 1820~1953* (Basel, Freiburg, Wien 1959)는 개념사적으로는 무익한 책이다.

398 Karl Bachem, *Vorgeschichte, Geschichte und Politik der Zentrumspartei*, Bd. 8 (Köln 1931) 그리고 9 (1932), passim. 교황 교서 "Graves de communi"가 발표되고 나서 6개월 후 리버Lieber는 오스나브뤼크에서 열린 독일 가톨릭신자대회(1901년 8월)에서 "기독교 민주주의"를 언급했다. E. Filthaut, *Deutsche Katholikentage*

1848-1958 und soziale Frage (Essen 1960), p. 164.

[399] Bachem, *Zentrumspartei*, Bd. 7 (1930), pp. 300. 316.

[400] Naumann, "Gedanken zum christlich—sozialen Programm" (1895), *Werke*, Bd. 5 (1964), p. 72.

[401] Naumann, "Demokratie und Kaisertum" (1900), *Werke*, Bd. 2 (1964), p. 38.

[402] Ibd., p. 39.

[403] Ibd., pp. 55 ff.

[404] Ibd., p. 78.

[405] Hans Martin Barth, "Der demokratische Volksbund", *Jb. f. d. Gesch. Mittel-u. Ostdeutschlands* 15 (1966), pp. 31 ff. —Walther Rathenau, "Rede in der Versammlung zur Schaffung eines demokratischen Volksbundes, 16. Nov. 1918", in : *Schr. u. Reden*, ed. by Hans Werner Richter (Frankfurt 1964), pp. 385 ff.

[406] 예를 들어 고트프리드 트라웁Gottfried Traub 목사는 (옮긴이: 19세기 초 프로이센 개혁을 주도했던) "슈타인의 헌법"과 "자유주의의 유산"을 "모든 것을 평준화하는 민주주의"에 기초한 "물질주의와 배금주의 정신"과 대립시켰다. *Die Deutsche Nationalversammlung im Jahre 1919*, ed. by Eduard Heilfron, Bd. 1 (Berlin 1919), pp. 498 f.

[407] 바이마르 공화국과 오스트리아의 역사에 관한 수많은 서술 중 특히 Kurt Sontheimer, *Antidemokratisches Denken in der Weimarer Republik*, 3. Aufl. (München 1966)과 비교하시오.

[408] Adolf Hitler, *Mein Kampf* (München 1925), p. 364; cf. *die Ausg.* 1930, p. 378. 이에 대해 Hermann Hammer, "Die deutschen Ausgaben von Hitlers 'Mein Kampf'", *Vjh. f. Zeitgeschich.* 4 (1956), p. 171.

[409] Friedrich Karl Fromme, "Der Demokratiebegriff des Grundgesetzes", *Die öffentliche Verwaltung* 23 (1970), pp. 518 ff.

[410] *Democracy in a World of Tensions. A Symposium prepared by Unesco*, ed. by R.

McKeon, St. Rokkan (Paris 1951), Erich Küchenhoff, *Möglichkeiten und Grenzen begrifflicher Klarheit in der Staatsformenlehre* (Berlin 1967), p. 654에서 인용. 이 책에는 이 심포지엄에 대한 자세한 보고서가 실려있다.

독재

[1] 필자는 1966년에 서술된 이 항목을 수정할 수 없었으므로 편집자가 그의 동의를 얻어 추가적 정보들을 주기 위해 몇몇 주의 내용들을 새로 집어넣게 되었다. (주 3. 5. 주 6의 일부. 주 10. 11. 주 12의 일부. 주 16. 19. 20. 27. 33. 37. 40. 주 45의 일부. 주 47이 그것이다.) 독재와 관련하여 입문서로서는 Carl Schmitt, "Diktatur", *Staatslexikon*, 5, Aufl., Bd. 1 (1926), pp. 1448 ff.; Gustav E. Kafka, "Diktatur", 같은 책, 6 Aufl., Bd. 2 (1958), pp. 907 ff. 이 밖의 문헌에 대해서는 본 "독재" 항목 주 46을 보시오.

[2] "독재자Dictator의 힘은 완전히 군주의 힘과 같은 것이었다. 그는 주권을 지닌 주인으로서 통치했다. 예전에 술라는 최초로 자신의 권력을 오용하였고 감히 지속적인 독재를 실행했다. ……술라의 사례를 율리우스 카이사르가 따랐다. 그런데 그는 술라보다 더 못된 짓을 했다. 왜냐하면 단순히 종신직 독재자perpetuo dictator뿐만 아니라 동시에 시장과 '미풍양속을 담당하는 장관Praefecto morum'이 되었기 때문이다."; Zedler Bd. 7 (1734), p. 798. 《독일 백과사전*Deutsche Encyclopädie*》의 독재 항목(Bd. 7, 1783, pp. 255 ff., 레겐스부르크의 김나지움 교장 Joh. Philipp Ostertag 교수가 서술함)은 지속적인 독재뿐만 아니라 기간이 제한된 독재 또한 격렬하게 비판하였다: "독재가 지닌 이러한 가치는 인민에게는 추악한 것이었다. 인민은 독재를 단지 자신들을 공포로 몰아넣고 예속상태에 만족시키기 위한 정치적 술수의 발명품으로 간주했다"(258쪽). 군사적 위기를 해소하기 위해 독재를 시행한다는 것은 단지 원로원이 내세운 '구실'에 지나지 않았다는 것이다. "그것의 진정한 동기"는 인민을 귀족의 지배에 예속시키는 데 있었다는 것이

다. 이로써 기간이 제한된 독재와 영구적 독재를 서로 반대되는 것으로 해석하던 관행이 이미 무력화되고 있음을 알 수 있다.

[3] Lipentius에 의하면 1648년에서 1697년 사이에 독일제국 거의 모든 곳에서 적어도 여섯 개의 로마 시기의 독재에 관한 대학 논문들이 출간되었다. 이에 반해 18세기에는 1783년에 단 한 개의 논문만이 확인된다; Martin Lipentius, *Bibliotheca realis iuridica*, Bd. 1 (Leipzig 1757), p. 395; *Suppl.*-Bd. 3, ed. by L. G. Madihn (Preßburg 1816), p. 480. 이와 반대로 근대 국법 이론이 얼마나 '독재' 개념에 대해 관심이 덜한가를 최근까지 발간된 《국가학사전*Staatslexikon*》에 '독재'와 관련한 항목이 없다는 사실이 잘 보여준다. 물론 예외적으로 Rotteck/Welcker (본서 197~199쪽을 보시오.) 로마의 법 개념만 다루고 있는 Wagener (Bd. 6, 1861, pp. 377 f.), Herder의 *Staatslexikon* (본 "독재" 항목 주 1을 보시오)과 같은 몇몇 사전들이 있기는 하다. 한편, Bluntschli/Brater 사전의 블룬칠리가 쓴 "절대 권력"과 "국가 긴급권 Nothrecht" 항목 (Bd. 1, 1857, p. 11; Bd. 7, 1862, pp. 337 f.)은 국법 개념에 대한 입헌적 주석들을 담고 있다.

[4] 1902년에 나온 《브리태니커 백과사전*Encyclopaedia Britannica*》에는 '독재'라는 표제어가 전혀 없는 반면, "Diaz"라는 표제어 아래에 멕시코의 일인 지배자에 대한 호의적인 서술이 나온다는 점이 특이하다. 반면 Brockhaus 14 Aufl., 3. Neuausg., Bd. 5 (1908), p.226는 독재의 상기한 역사적 의미들을 논한 다음, 이미 이 개념에 대한 현대적 이해를 진술하고 있다: "오늘날 사람들은 독재 및 독재 권력을 한마디로 그 권한에 있어서 전적으로 아니면 대부분의 무제한적인, 타당한 국법에 의하지 않은 권력, 헌법에 근거한 권위 위에 군림하는 권력으로 이해한다."

[5] 독일어에서 '독재' 및 이와 유사한 단어들에 관한 용어의 역사는 거의 알려지지 않았다. 최근까지도 'Diktatur', 'Diktator', 'diktatorisch'와 같은 단어들은 — 독일어 사전에는 오로지 게르만적 어원을 지닌 단어들만 수록하는 독일 언어학의 학술 전통에 상응하여 — 외래어 사전들에 수록되어 있다. 아래에서는 최초

로 용어사적 증거들이 언급될 것이다. 이 증거들을 단어 연구에 걸맞도록 최대한 신중하게 살펴보고자 한다. 독일어권에 알려진 '독재자dictator'에 대한 최초의 증거는 Alpinus의 *Vergilius-Poydor*-번역본(1537)에 나오는데 다음과 같은 서술이 그것이다: "독재자란 관헌의 힘을 지닌obrigost 권력자gewalthaber이다." 이로써 'dictator'는 독일어 단어와 연결되게 되었는데, 이 독일어 단어는 'gewalt(힘, 권력, 폭력)'의 각각의 의미에 상응하여 다양하게 묘사되었는데, 국가법적으로 제도화된 채 사용되거나, ("대변자 Stellvertreter" 및 "대리인 Beauftragter"의 의미에서) 사법私法상으로 사용되거나, 아니면 — 근래에는 — 철저히 일반적으로 "권력의 소유자Träger von potestas"라는 의미로 사용될 수 있었다(Wunderlich 1898). 'Diktator'는 확실히 몇몇 경우에는 '권력의 소유자'에 내포된 이러한 — 대개는 자주 서로 섞이곤 하는 — 세 가지 의미들의 자장으로 들어갈 수 있었다. 예를 들어 위에서 언급한 Alpinus 번역은 근래에 사용되는 일반적 의미를 담고 있는 반면, 첫 번째 의미, 즉 제도화된 의미를 지닌 17세기 중엽의 증거도 발견된다. 이를테면 Zensen은 'Diktator'를 재판장으로 번역(1648)했는데, 이는 이미 1534년 및 그 이후에 Dasypodius(즉, Peter Rauhfuss)가 '권력의 소유자'를 다음과 같이 공직자로 규정했던 것과 마찬가지이다. "권력의 소유자를 정확히 말하자면 법무관praetor이다." 'Dictatur'라는 단어는 독일어 텍스트에서는 Dietrich von Pleningen의 *Sallust* 번역본(1515)에 등장하는데, 1534년 Sebastian Franck는 'Dictatur'를 "이에 대해 항소할 수 없는von dero nit zu appellieren was 최고 권력"으로, 'Dictator'를 "모든 일이 그에게 통하고 그에게서 끝나는 최고의 시 당국자magistrat"라고 정의했다. 2년 뒤 Polychorius(즉 Jakob Vielfeld)는 '독재자'를 "Camilli des Dicatators"라는 표현을 통해 독일어로 변형시켰는데, 이는 이 단어의 독일어화가 시작되었음을 보여주는 가장 확실한 표식이었다. 'dictatorisch'라는 단어에 대한 초기의 증거는 없다. 1735년에 가서야 최초로 Gombert가 주간지 《몽상가*Schwärmer*》에서 "diktatorisches Ansehen(독재자적인 외관)"이란 표현을 쓴 것이 그 증거이다. 독일어 텍스트 가운데 Christian Weiss의 《*Dictatoria voce*(명령조의 소리)》(1673)는 당시에는 관행이었던 '외래어를 통해 화려하게 표현하기'의 범주에 속하며, 이 단어의 이러한 사용(이때 "명령조의"라는 뜻으로 사용되었음)은 당시에는 물론 이후에도 엄밀한 전문적인 단어 사용이라기보다는 뿌리 없이 떠돌아다니는 표현에 지나지 않았다.

19세기가 시작되면서 또다시 언어를 순수한 독일어로 정화하려는 운동이 절정을 맞았는데 그 주역이 Campe였다. 그는 'Diktator'를 'Machtspruch(통치자의 명령)'에 의해 형성된 'Machtsprecher(통치자의 명령을 하는 자)'라는 단어로 독일어화 할 것을 주장했다. 그러나 이미 1735년에 Philippi는 ― 술라Sula와 관련지어 ― 'dictator'를 "Machtsprecher"로 번역한 바 있다. Campe는 이에 덧붙여 'Diktatur(독재)'를 번역한 "Machtsprecherwürde", 'dictatorisch(독재자적인)'를 번역한 "machtsprecherisch"라는 파생어들을 추가로 만들었다. 'Machtspruch(dictum regentis)'는 18세기 식으로 이해하자면 절대군주가 비정상적 상황(비상사태)에서 발휘하는 결정 권력, 즉 "분쟁 상황에서 점유되어 있거나 점유되어 있다고 여겨지는 권력 이외에는 다른 동인이 없이 그(옮긴이: 절대군주)의 판단이 우리에게 진실로서 받아들여지게 하는 판결"(Adelung 1793)이었다. 'Machtspruch(통치자의 명령)'은 요컨대 하나의 "최고 통치자"를 전제로 하였다. 그는 "헤아릴 수 없는 권력을 지닌 채 마음대로 사안을 결정하는 자로서 다른 말로 하면 압제자 Despot"이다 (Scheidemantel 1793). 이로써 확신에 찬 공화주의자였던 Campe가 'Machtsprecher'라는 단어를 사용했을 때 여기에는 절대주의에 대한 비판적 태도가 담겨 있었다는 것이 명백해진다. 그러나 이 단어 자체는 "빈번하게 사용될 것"이라는 'Campe의 확언과는 달리 일반적 어휘로 도입되지는 않았다. 그러나 몇몇 사전에는 계속해서 이 단어가 'Diktatur'의 번역어로서 등장하였는데, 이를테면 Catel(1801), Mozin(1811), Schweizer(1835, 본 "독재" 항목의 주 12를 보시오) 및 Kaltschmidt(1869)와 같은 것들이 그것이다. 그럼에도 'Machtspruch(통치자의 명령)'이라는 의미 내용은 Schweizer(1835, 본 "독재" 항목의 주 12를 보시오), Brockhaus(1908, 본 "독재" 항목의 주 4를 보시오) 사전이 증명하듯이 '독재Diktatur'

개념 속에 유지되었고, 이 개념이 현실적 힘을 지닌 개념으로서 활성화할 수 있
는 토대를 마련했다. - 이상의 내용은 다음을 참조하였다.

Hermann Wunderlich, 'Gewalthaber' 항목, Grimm Bd. 4/1, 3 (1898), pp. 510

ff.; Marcus Tatius Alpinus, Von den Erfindern der ding (1537), p. 33b [= Vergilius

Polydorus, De inventoribus rerum (1499), dt.], ibd., p. 5107에서 인용; Philipp v.

Zesen, Hugo Harbrecht, "Verzeichnis der von Zeen verdeutschten Lehn- oder

Fremdwörter", Zs. f. dt. Wortforsch. 14 (1912/13), p. 73에서 인용; Dasypodius,

Wunderlich, 'Gewalthaber', p. 5107에서 인용; Dietrich von Pleningen, Des

hochberompten ·····Salustij zwo schon historien: Memlichen von des Catilinen und

auch des Jugurten Kriegen (Landshut 1515), M 2a, Friedrich Weigand, Deutsches

Wörterbuch, 5. Aufl. (Gießen 1909), p. 357에서 인용; Sebastian Franck, Weltbuch:

speigel und bildtniß des gantzen erdbodens (Tübingen 1534), p. 75a; Polychorius,

Albert Gombert, "Bemerkungen und Ergänzungen zu Weigands Deutschem

Wörterbuch", in: 8. Schulprogramm (Groß-Strehlitz 1896/97), p. 5에서 인용;

Duden, Etymologie (1963), p. 110은 증거도 없이 이 개념의 독일어화가 16세기

에 일어났다고 주장한다; "Schwärmer", Gombert, "Bemerkungen", p. 5에서 인

용; Chr. Weisse, Die drey ärgsten Ertz-Narren in der gantzen Welt (1673; Ndr. Halle

1878), p. 85, cf. Hechtenberg (1904), p. 47; Campe, Fremdwb., Bd. 1 (1801;

Ndr. 1808), p. 254; Bd. 3 (1809), p. 68; Joh. Ernst Philippi, Cicero ein großer

Windbeutel, Rabulist und Charletan (Halle 1735) [Cicero, Orationes, dt], Gombert,

"Bemerkungen", p. 5; Adelung 2. Aufl., Bd. 3 (1798), p. 10; Scheidemantel

Bd. 3 (1793), p. 340, cf. Zedler Bd. 19 (1739), p. 1384. 그리고 19세기까지

이어진 법률가들의 전문 술어로 지속된 현상에 대해 Pierer 4. Aufl., Bd. 10

(1860), p. 668; Catel, Bd. 2 (1811), p. 68; Mozin, dt. Tl., Bd. 1 (1811), p.

262; Jakob Heinrich Kaltschmidt, Gesammt-Wörterbuch der deutschen Sprache, 5.

Aufl. (Nördlingen 1869), p. 571. 독일어화에 대해서는 또한 cf. Carl Schmitt, Die

Diktatur. Von den Anfängen des modernen Souveränitätsgedankens bis zum proletarischen Klassenkampf (1920; 3. Aufl. Berlin 1964), pp. 4ff. (주 필자: 라인하르트 슈툼프)

6 아마도 전체 합리주의 철학 안에 퍼져 있었던 '이성의 명령dictamen rationis'이라는 술어가 — cf. Schmitt, *Diktatur*, pp. 10 f. — 이러한 맥락에서 언급될 수 있다. 예를 들어 cf. Chauvin, *Lex.philos.* (1713), p. 183: "올바른 이성의 명령, 혹은 실천적 명령, 이것은 신중한 행동을 위한 전제 조건이 되는 제안이자 어떤 면에서는 장래 행동을 결정하기 위하여 길을 내고 보여주는 제안이다Dictamen rectae rationis, seu dicatmen practicum, ea est propositio, quae ad actus deliberatos praerequiritur, et aliquo modo viam munit ac monstrat ad actuum futurorum determinationem." 실천적 명령은 개인적 행복과 보편적 행복을 목표로 하지만 지배에 봉사한다. "그런데 명령/통치의 형태일 때, 행동은 당신의 능력 안에 있는 것으로, 당신이 선택할 수 있는 모든 행동 중에서 주어진 상황에서 공공의 선에 제일 이바지하는 행동이 선택된다Quandoque autem in forma imperii: actus, qui intra tuam est potestatem, ad commune bonum in datis circumstantiis, omnium quos possis elicere, maxime deserviens, eliciatur." 이성이 정치적 영역에서도 명령하는 권력이라는 것을 1796년 Friedrich Schlegel 또한 《공화주의 개념에 관한 습작*Versuch über den Begriff des Republikanismus*》에서 단호히 말했다. "근본적인 권력은 필연적으로 독재적이다." 즉, "이성"에 따른 것이다; *SW* 1. Abt., Bd. 7 (1966), p. 18. 그러나 정치권력의 영역과 인식능력 간의 유사 비교가 갖는 (옮긴이: 느슨한) 관련성에서 알 수 있듯이, 이러한 진술은 단지 사변적이고 엄밀한 의미에서 정치적인 것이라고 이해할 수는 없다. 독일 관념론 철학에서 독재 개념은 그 어떤 역할도 하지 못했다. Rudolf Eisler

---

라인하르트 슈툼프 Reinhard Stumpf
독일의 군사역사가. 콘체와 코젤렉의 지도로 하이델베르크 대학교에서 박사학위를 받았고, 《역사 기본 개념》 사전 편집 조교를 지냈다. 이후 프라이부르크 군사역사연구소MGFA 학술 자문 수석, 《군사역사》지 편집인, 독일 국방부 고위 관료를 지냈다.

의 《칸트 사전Kant-Lexikon》(1930 ; Ndr. Hildesheim 1969)이나 Hermann Glockner의 《헤겔 사전Hegel-Lexikon》에서 이 개념은 때때로 사용되긴 하지만, 별건으로 다뤄지지는 않는다. "폭군Zwingherr"이라는 Fichte가 말한 개념은 단지 사실에 상응할 뿐, 언어적으로 관련을 지닌 것은 아니다. 독재 개념 사용의 전형적인 특징을 보여주는 것은 Krug Bd. 1 (1829), p. 516인데 다음과 같이 진술하고 있다. 철학은 "그 어떤 적법한 독재자"도 인정하지 않는다. 단지 "이성의 명령dictamina rationis"만을 인정할 뿐이다. 아무튼, 이러한 언어적이고 정치적으로 파악하기 쉽지 않은 철학 전통이 프롤레타리아 독재라는 Marx의 개념에 고유의 색깔을 입히는 데 이바지하지 않았나(본서 206쪽 이하를 보시오.) 하는 질문을 던져볼 수는 있다. Lassalle의 Ronsdorf 발언(1864)은 역사철학적 범주로서 독일 관념론으로부터 추론될 수 있는 그러한 독재를 말하고 있다. 이에 의하면, 인민의 형성, 노동자협회 속에서의 인민의 단결과 규율은 자유와 권위가 더 이상 상호 배제적인 것이 아니라는 것을 보장한다. 따라서 모든 이의 자유의지는 하나의 망치 속으로 녹아 접합되어야 한다는 것이다. 이러한 망치는 노동자들이 그의 지성, 성격, 선한 의지에 필수적으로 신뢰를 보내는 한 사람의 손에 놓여 있어야 한다는 것이다. 여기서 Lassalle은 자신의 독재에 대한 개인적인 요청을 노동자 협회 속의 "가장 엄격한 단결과 규율의 정신" 뒤에 숨기고 있다. 그는 이 "정신"이야말로 "개인적 의견들과 불평들이라는 질병을 통해서가 아니라 단지 관점과 견해의 독재를 통해서만 위대하고 폭력적인 사회 변화의 작업을 이룰 수 있다는 명료한 인식을 지니고 있다!"는 것이다 ; Ges. Reden u. Schr., Bd 4 (1919), pp. 224 ff., 특히 p. 225., p. 227.

7 이 문장을 번역하면 다음과 같다. "독재적 권력은 로마공화국에게 유익했지, 해를 끼치지 않았다. 국가 생활을 위해 위험한 것은 한 시민이 강탈하는 권력, 자유선거를 통해 그에게 부여된 것이 아닌 권력이다."; Machiavelli, *Discorsi* 1, p. 34, 독일어본: Friedrich v. Oppeln-Bronikowski, 2. Aufl., ed. by Erwin Faul (Köln, Opladen 1965), p. 79.

[8] Machiavelli는 동시에 의미론적 기호와 실재의 순진한 동일시를 극복했다: "만약 로마에 독재자 타이틀이 없었다면, 사람들은 다른 타이틀을 발견했을 것이다. 왜냐하면 권력은 손쉽게 자신의 이름을 창조하지만 이름이 권력을 창조하지는 않기 때문이다"; ibd., p. 80.

[9] 이 문장을 번역하면 다음과 같다. "따라서 나는 결론을 내린다. 시급한 위험에서 독재 혹은 다른 유사한 권력에서 피난처를 마련하지 않는 공화국들은 심각한 사건들이 발생할 때마다 멸망하게 될 것이다; ibd., p. 81.

[10] Jean Bodin, *Les six livres de la République* (Ausg. Paris 1583; Ndr. Aalen 1961), pp. 123 f. 라틴어판은 다음과 같이 기록되어 있다. "Quibus verbis planum fit dictatorem, neque principem, neque summum fuisse magistratum, ut plerique putarunst; sed curatorem, quem nostri commissarium vocant: nec aliud illi tributum fuisse, praeter curationem belli gerendi, aut seditionis sedandae, aut Reipub. constituendae, aut magistratuum creandorum, aut claui figendi. Maiestas vero nec maiore potestate, nec legibus ullis, nec tempore definitur" (Ausg. Ursellis 1601, p. 125); Johann Oswaldt가 번역한 《국가론》 독일어본(Mömpelgard 1592), p. 86 ("드 높은 존엄함으로부터Von der hohen Oberkeit"="고귀한 법에 기반하여De iure maiestatis"): "이로부터 그렇다면 다음을 쉽게 이해할 수 있는 바, 많은 이들이에게 익숙한 것처럼 로마의 독재자는 주군이나 고귀한 존엄이 아니라 단지 파수꾼(후견인) 혹은 우리가 현재 부르는 것처럼 권한대행Commissarius이었다. 그렇다면 그는 전쟁을 이끌고, 반란을 잠재우며, 정부를 가꾸고, 새로운 공직자들을 임명하는 것 이외에 다른 일을 위해 선출되지는 않았다: 이와는 달리 고귀한 존엄은 법이나 시간에 의해 규정되거나, 혹은 극도의 힘을 가진 주군으로 즉위할 수 있는 자가 아니라, 모든 것위에 군림하는 자이다." 이밖에 Bodin이 독재 개념의 언어학적 추론을 제공하는 3권, 제3장을 비교할 것.

[11] Montesquieu의 《법의 정신Esprit des Lois》 제2권 제3장에서는 당대의 제도와 독재를 직접적으로 연관시키려는 헛된 시도가 나타나고 있다. 여기서 그는 로마의

독재자들과 도시 국가 베네치아의 "취조관들inquisiteurs"을 동시에 언급하고 있다. 《술라와 에우크라테스의 대화*Dialogue de Sylla et d'Eucrate*》와 《로마 성쇠 원인론(로마인들의 위대함과 쇠락의 원인에 대한 고찰*Considération sur les causes de la grandeur des Romains et leur décadence*)》에서는 독재 개념을 철저히 고대적 · 고전적 의미로 사용하고 있다. 16, 17세기 당대인들의 독재 개념 사용에 관한 이밖의 언급은 Schmitt, *Diktatur*, pp. 28. 33.을 보시오. Leibniz와 Herder에게서는 당대인들 사이에서 부정적인 의미로 유행했던 독재에 관한 언어 관습이 발견된다. Leibniz 는 《제국의 내적인 공적 안정의 형성을 확립하기 위한 숙고*Bedenken, welcher Gestalt Securitas publica interna im Reich auf festen Fuß zu stellen*》에서 일인의 정부 고문 Regimentsrat이 임명되년 제국이 신분제석 제국에서 무엇으로 변할 것인가를 묘사한다. 이에 의하면, 곧바로 한 명의 우두머리가 비상하는 과두정치 국가가 성립될 것이다. "왜냐하면 국고國庫와 군대는 동시에 서로에게 종속되어 있고, 이를 통해 그는 완전한 독재자 혹은 절대군주가 될 것이기 때문이다; *AA R*. 4, Bd. 1 (1931), p. 136. Herder는 독일사를 고대 역사의 의미로는 쓸 수가 없다고 단언한다. 예를 들어 황제의 역사로부터는 아무것도 도출되지 않는데, 이는 "독일이 전제정치나 독재의 무대가 아니었기 때문"이라는 것이다. 제국의 역사에 관하여는 "ein historischer Spatziergang, Kritische Wälder, 3. Wäldchen (1769)", *SW* Bd. 3 (1878), p. 467. 끝으로 1779년 W. L. Wekhrlin, *Febronius, eine politische Kontroverse, Chronologen* 3 (1779), pp. 35 ff.에서는 '독재'(특히 그레고르 7세)에 대한 관청 용어 사용 관행이 정치적 지배 기능으로 번역된 드문 사례가 발견된다. 즉, Wekhrlin은 그레고리 7세와 클레멘스 14세의 허구적 대화에서 전자에게 교황은 언제나 숨김없이 검을 앞세워 나아가야 한다. 왜냐하면, 교황은 집정관이자 동시에 "기독교도의 독재자"로서 행동해야 하기 때문이라는 요구(ibd., p. 39)를 한다. 고전적인 언어 관습을 현재로 전위시킨 잘 알려진 사례는 7년 전쟁 중 프리드리히 대왕이 폰 베델von Wedell 장군을 "독재자"로 임명한 것이다. "육군중장 폰 베델은 군대에서 로마 시대에 독재자가 제시했던 것을 제시한다. 즉, 짐에게 오는 모든 이와 모든 장교는 자신들이 원하는 대로 이름을 가질 수 있다. 하지만 그에게 당연히 복종해야 한다."; "Handschreiben des Königes an Wedell v. 20. 7. 1759", *Die Werke Friedrichs des Großen*, ed. by Gustav Berthold Volz, Bd. 4 (Berlin 1913), p. 187, 주 1에서 인용.

12 독일어권 내에서는 '독재자'라는 단어가 더욱 현실적이고 논쟁적으로 사용되었던 정치적 논쟁들이 첨예화된 사례를 1790년에 발행된 익명의 문건 〈추밀고문관 슐뢰처 씨의 지옥 계획에 관한 책들의 광고에 대한 독일 독서계의 반향Widerhall aus der deutschen Lese-Welt auf des Herrn Hofrath Schlözers Ausruf von Büchern nach einem Höllen-Plan〉이 잘 보여준다. 여기에 다음과 같이 적혀있다; " H. R. 슐뢰처 씨는 각성하시오. 자신이 광범위한 독일의 독서계에서 그 어떤 결정적인 목소리도, 나아가 독재자의 목소리를 위해서는 최소한의 소질도 갖고 있지 못하다는 것을 말이오." 이미 5년 전 《독일 백과사전Deutsche Encyclopädie》에서는 "광신자"로 규정된 계몽학파와 명확히 연관지으면서 현명한 입법자들이 이에 맞서 저항해야 할 "독재자의 격언들" 및 "만병통치약"에 대한 발언이 나온다; "자유" 항목, 앞의 사전 Bd. 10 (1785), pp. 509 f. "독재자"라는 항목에서 《독일 백과사전》은 국가법적인 장場을 뛰어넘어 의미의 장이 확대되었음을 알려주는데, 이 항목은 "왜 사람들이 그것들을 진실이라거나 마땅히 그래야 하는 것으로 간주해야 하는가에 대한 아무런 근거가 명시되어있지 않은" 모든 문구나 발언을 "독재자적인dictatorisch" 것으로 명명한다; Bd. 7 (1783), p. 259(본 "독재" 항목 주 2와 비교하시오). Campe (1801; Ndr. 1808)는 이 형용사를 "machtsprecherisch(통치자의 명령을 하는 자와 같은)", 또한 "herrisch(고압적인)" 및 "gebieterisch(명령조의)"로 독일어화 하고 있다 (본 "독재" 항목 주 4와 비교하시오). 이러한 의도 속에서 그러한 의미가 정치적·사회적 일상어 속에 침투했는데, 그 결과 이를테면 J. C. Schweizer의 《외래어사전Fremdwörterbuch》, 4 aufl. (Zürich 1835), p. 133에서 이를 확인할 수 있는데, 그 내용은 이러하다. "이제 그것('독재자' 단어)은 때때로 사람들에게 자신의 의견에 똑같이 찬성하고, 모든 일에 있어서 자신의 발언들에 따

라 행동하며, 증거가 없어도 자신의 주장들을 진실하고 올바른 것으로 인식할
것을 요구하는 자를 뜻한다." 이러한 언어 관습은 철학 영역에서 칸트와 그 추종
자들이 막았던 관습이기도 하다. 그러나 이러한 언어 관습은 프랑스혁명 이후의
정치 이데올로기 투쟁 속에서 부분적으로나마 공식적으로 관철되었다.

[13] 그러나 본 "독재" 항목 주 10을 비교하시오. 여기서 언급된 Leibniz는 절대군주
를 로마적 의미의 "종신(영구) 독재자Dictator perpetuus"와 동일시하고 있다.

[14] Brunot t. 9/2 (1937), p. 738.

[15] Robespierre, "Rede vom 13. Messidor", Philippe—Joseph Buchez/P.—C. Roux,
Histoire parlementaire de la Révolution française, t. 33 (Paris 1837), pp. 320 ff., 특히 p.
323에서 인용.

[16] François Alphonse Aulard, *Histoire politique de la Révolution française* (Paris 1909),
p. 418; cf. *Brunot* t. 9/2, p. 738. 독일에서는 Wieland가 1798년 브뤼메르 18
일의 1년 반 전에 그의 "Gespräche unter vier Augen" (*Der Neue Teutsche Merkus* 1,
1798, pp. 259 ff.) 2부에서 "독재자……혹은 호국경Lord—Protektor 혹은 프로타르
콘Protarchon, 아니면 이밖에 당신들이 부르고 싶은 대로 그러한 존재를" 당파와
파벌로 갈가리 찢긴 민주주의를 위해 요청했을 때 최대의 주목을 받았다. 여기
서 그는 명백히 나폴레옹 보나파르트를 염두에 두었다. Wieland는 독재의 모범
을 로마에서, 즉 "이러한 행위를 하기 위해ad hunc actum 임명된 독재자"에서 찾
았다. 그러나 그는 독재의 기한을 규정하지는 않았다. 즉, 그가 독재를 지속하
는 동안에 위임받은 독재자에서 주권을 가진 독재자로 이행하는 것만 규정되었
다. Wieland는 말하기를, "시의적절하게 독재자는 개방적이면서 동시에 폐쇄
적이고, 온화하면서도 과격하며, 부드럽고도 강하고, 유순하지만 동시에 무자
비해야" 한다는 것이다. "한마디로 그는 백 년에 한 번 나올까 말까 한 사람, 그
의 천재성을 다른 모든 사람이 존경하며 다른 모든 사람을 압도할 줄 아는 그러
한 사람"이 되어야 한다는 것이다; *ibd.*, pp. 285. 287 f. 286. 훗날 Wieland는
공개적 논쟁에서 여기에 다음을 첨가하였다. "그는 심지어는 엄밀한 도덕적 관

점에서는 매우 나쁜 인간일 수도 있다. 그러나 나는 그가 독재자로서 혹은 제1
집정관으로서" 프랑스를 구원하는 데 "덜 유능한 자라고는 생각하지 않는다.";
"Meine Erklärung über einen im St. James Chronicle", January 25, 1800 ibd, 1
(1800), pp. 243 ff., 특히 p. 271. Cf. Fritz Martin, "Wieland, Napoleon und die
Illuminaten. Zu einem bisher unbekannten Briefe", in: *Un dialogue des nations,
Mélanges Albert Fuchs* (München, Paris 1967), pp. 65 ff. 이미 1796년에 Friedrich
Schlegel은 "Versuch über den Begriff des Republikanismus" (*SW* 1. Abt., Bd. 7,
1966)에서 한편으로 로마 모델에 의거하여 공화주의적인 독재의 가능성을 언급
했는데, 이 경우 인민은 결코 주권을 양도할 수 없기 때문에 독재는 그 기간이
제한되어야 한다고 했다. 그러나 그는 또 말하기를, 독재는 필연적으로 과도기
적 상태라는 것이다. 이 말을 통해 그는 단순히 시간적인 제한과는 반대되는 새
로운 헌법 형태로의 변화와 이행을, 다른 말로 하면 역사철학적인 조망을 개괄
한다. "그런데 과도기적인 독재는 정치적으로 가능한 하나의 대표자이다. 즉, 전
제권력Despotismus과는 본질적으로 다른 공화제적인 형태이다"(14쪽). 여기서 독
재 개념은 이미 역사철학적으로 정당화된 긍정적 의미를 얻었는데, 이로써 독재
개념은 부정적인 전제정과 완전히 구별되었다(나폴레옹을 모델 삼아 나온 강한 남
자에 대한 요구는 "케사리즘Cäsarismus" 항목을 참조하시오). 심지어는 자신을 민주주
의자라고 생각한 나폴레옹의 적대자들도 1815년 이후로는 이러한 남자를 갈구
하고 있었는데, 물론 이러한 남자는 기껏해야 드물게 '독재자'로 명명되거나 더
는 그렇게 불리지 않았다. 이를테면 Jahn은 독일의 통일과 단결을 추구하는 가
운데 새로운 "Walte"(즉, 국가 권력, 정부, 주권)를 희망하면서, 독재를 "무정부 상
태Waltlosigkeit"(Anarchie)의 극복으로서의 "평화 상태의 수호Ruhwartschaft"라고 불
렀다. "모든 정화되고 통일된 민족은 Walte의 창조자와 통일을 성취한 자를 구세
주로 경배하며 그의 모든 죄를 용서한다." — 이로써 보나파르티즘 모델이 독일
로 전이되었다; F. L. Jahn, *Werke*, ed. by Carl Euler, Bd. 1 (Hof 1884), pp. 408,
418; cf. K. H. Scheidler, "Gewalt (sprachlich)" 항목, Ersch/Gruber *1.Sect.*, Bd.

65 (1857), p. 308. 이런 식으로 독일어화하면서 '독재'의 의미가 명백히 종교적 구원 개념으로서의 모습을 드러냈다.

[17] Aulard, *Histoire*, p. 699; Albert Sorel, *L'Europe et la Révolution française*, t. 5 (Paris 1903), pp. 479 f.

[18] 나폴레옹 스스로는 생애를 회고하면서 여러 차례에 걸쳐 자신을 공화국의 '독재자'라고 묘사하였다; cf. *Gespräche Napoleons I.*, ed. by Friedrich Kircheisen, Bd. 3 (Stuttgart 1913), p. 186.

[19] 이 시기의 독재 개념과 관련한 언어 관습은 한편으로는 프랑스혁명기에 사용된 의미를 보여주는데, 예를 들어 Büchner의 《당통의 죽음》(1835)이나 《로베스피에르, 프랑스의 독재자》라는 Elsner의 장편소설(Stuttgart 1838)에서 잘 나타난다. 다른 한편으로는 단어의 의미가 나폴레옹이 행사했던 것처럼 새로 확립된 유럽적 패권의 전통이라는 맥락 속에 놓여있다. 이를테면 1832년 함바허 Hambacher 선언에 나타난 다음의 발언이 이러한 점을 잘 보여준다. 시사時事 기록 가운데 "러시아의 전제군주Autokrat는 부적절하게도 유럽의 독재자Diktator를 자처했고, ……유럽의 나머지 정부들은 침묵 속에서 이 권력 찬탈자를 인정하고 있다는 점이 반박할 수 없을 만큼 눈에 띈다는 것이다; Joh. Georg Aug. Wirth, *Das Nationalfest der Deutschen in Hambach* (Neustadt/Hardt 1832; Ndr. 1957), p. 23. Ersch와 Gruber는 이미 1825년 "동맹Bund" 항목(1. Sect., Bd. 14, p. 23)에서 다음과 같이 단언했다. 신성동맹은 러시아 차르가 활용하는 수단인데, "이를 통해 러시아는 독재Dictatur를 달성하려고 한다"는 것이었다. 이처럼 여기서는 새로운 개념의 역사화, 즉 이것이 프랑스혁명 이후로 어떻게 이해될 수 있었는가 하는 것과 유럽의 헤게모니 세력에 맞서 사용되면서 일어난 이 표현의 현실적 의미를 지닌 개념으로의 변화가 문제가 된다.

[20] Rotteck/Welcker Bd. 4 (1834), pp. 395 ff.; 여기서 인용된 항목은 Wilhelm Schulz-Bodner가 집필했는데, 제3판(Bd. 4, 1860, pp. 539 ff.)에도 거의 수정 없이 재수록 되어있다. 이밖에 Joh. Georg Ludw. Hesekiel, *Von Turgot bis Babeuf. Ein*

sozialer Roman, Bd. 3 (Berlin 1856), p. 21에 있는 "독재자로서의 로베스피에르". Rotteck/Welcker 사전보다 훨씬 개략적으로 Blum(1848) 사전은 "독재자"라는 표제어를 다음과 같이 기술한다: "최근에도 각 민족이 위기 상황을 맞아 개별 인물의 지도에 대한 조건 없는 신뢰와 무한한 헌신을 허용하는 사례들이 있다. 그 행위에 비춰볼 때 워싱턴은 북아메리카의 독재자였으며 로베스피에르는 프랑스의 독재자였다. 이후에는 보나파르트가 그러했으며, 남아메리카의 볼리바르는 이 인물을 모방했다. ……그런데 — 만약 앞으로 벌어질 사건들이 그러한 전능한 인간들을 배출한다면 — 미래의 독재자는 이러한 방식의 지배를 오랫동안 지속하지는 않을 것이다. 왜냐하면 전체 인민이 자신들의 자유가 필요한 기간 이상 이러한 방식으로 침해되도록 허용하지 않을 것이기 때문이다. 독재란 비상사태를 맞아 마련된 예외적인 자리이다. 이러한 권력이 이를 만들어낸 국가적 위기보다 더 긴 시간 동안 지속한다면 이는 더는 독재가 아니라 권력 찬탈과 전제정이라고 일컬어진다." 물론 이 사전이 간행된 같은 시기에 또다시 독일 통일을 달성해야 하는 강한 인물에 대한 요청이 광범위하게, 실로 모든 정치 진영에서 등장했다. 이러한 현상은 Erich Brandenburg, *Die Reichsgründung*, 2. Aufl., Bd. 1 (Leipzig 1922), pp. 342 ff.에서 잘 지적되고 있다. 이와 유사하게 Joh. Georg Fischer는 다음과 같이 외칠 때 다분히 Jahn의 전통을 따르고 있다: "유일자여, 오라, 당신이 이미 태어났다면,/ 등장하라, 우리는 당신의 족적을 따른다,/ 당신은 모든 독재자 가운데 최후의 인물이다,/ 최후의 독재자와 함께 오라!" 이러한 외침을 통해 거의 종교적 · 묵시록적 기대 지평이 정치적 사건 속으로 들어오게 되었다; *Neue Gedichte* (Stuttgart 1865), p. 133. Fischer는 《비스마르크 발라드》에서 프랑크푸르트 국민의회의 오류 이후에 독일의 통일은 더욱 요원해졌다고 하면서, 그 결과 "모든 게르만 세계는 최초로/ 독일의 독재자를 목 놓아 요청했다." 그리하여 "우리가 생각했던 것과는 다르게" 비스마르크가 와서 "독일을 하나로 만들었다"고 한다; *Auf dem Heimweg. Neue Gedichte* (Stuttgart 1891), pp. 77. 79.

[21] Lorenz v. Stein, *Geschichte der sozialen Bewegung in Frankreich von 1789 bis auf unsere Tage*, Ndr. d. 3. Aufl. (1850), ed. by Gottfried Salomon, Bd. 1 (München 1921), p. 131.

[22] Ibd., pp. 402. 452.

[23] Ibd., p. 402.

[24] Ibd., Bd. 3 (1921), p. 213.

[25] Ibd., p. 274.

[26] Ibd., p. 332.

[27] Georg Gotter. Gervinus, *Einleitung in die Geschichte des neunzehnten Jahrhunderts* (Leipzig 1853), p. 177. Cf. Gustav Diezel, *Deutschland und die abenländische Civilisation. Zur Läuterung unserer politischen und socialen Begriffe* (Stuttgart 1852), pp. 109 ff. 여기서는 "당으로부터의 독재"를 주장한 사회주의 당파의 프로그램은 "공산주의"로 가는 길 위에 있었던 것으로 묘사된다. 그리고 나폴레옹 3세와 그의 독재가 "공산주의"를 완성하고 있다고 한다. 왜냐하면 "그가 국가권력을 더욱 절대화하고, 더 함축적이고 더 총괄적으로 중앙집권화했는데", 이는 게르만 국가법들에서는 상상도 못할 정도라는 것이다. 이처럼 '독재'는 점점 더 역동적인 당파 및 관점 개념이 되어가고 있다. 물론 정치적 입장에 따라 이 개념은 다양하게 정의되고 있다.

[28] Heinrich v. Treitschke, "Der Bonapartismus" (1865/69), *Hist. u. Polit. Aufs*, 7. Aufl., Bd. 3 (Leipzig 1915), pp. 45 ff.

[29] Donoso Cortés, "Rede über die Diktatur, gehalten in den spanischen Cortes am 4. 1. 1849", in: 같은 이, *Briefe, parlamentarische Reden und diplomatische Berichte aus den letzten Jahren seines Lebens 1849-53*, ed. by Albert Maier (Köln 1950), p. 209. Cf. ibd., p. 181 : "독재란…… 무시무시한 단어이다. 그러나 결코 '혁명'이란 단어만큼 무시무시하지는 않다. 이 단어야말로 그 무엇보다도 가장 무서운 단어이다."

[30] Constantin Frantz, *Louis Napoleon* (1852; Ndr. Darmstadt 1960), pp. 58 f.

[31] Bismarck, *FA* Bd. 12 (1929), p. 195. 사회주의자(탄압) 법을 설명하면서 비스마르크는 "우리가 악에 맞서 효과적으로 투쟁하는 데 필요한 것, 우리가 독재라 부르는 것을 가능케 할" 수준을 요구하였다.; "Rede v. 9. 10. 1878", *Die politischen Reden des Fürsten Bismarck*, ed. by Horst Kohl, Bd. 7 (Stuttgart 1893), p. 294. 1년
뒤 그는 독재와 절대주의를 동일시했다. "나는 입헌 체제의 반대자가 아니다. 오히려 이 체제야말로 유일한 정부 형태라고 생각한다. 그러나 내가 프로이센에서의 독재, 프로이센에서의 절대주의가 독일의 통일 위업을 증진하는 데 더 유용한 것이라고 생각한다면, 비록 양심에는 위반되지만 무조건 절대주의를 권할 것이다."; "Rede v. 9. 7. 1879", Kohl, *Reden*, Bd. 8 (1893), p. 146에서 인용. 전적으로 이러한 의미에서 일부 보수주의자들은 헌법투쟁 기간 동안 대개는 당연히 국내정치적 이유를 들면서 "왕의 독재"를 요청했다. 예를 들어 Hermann Wagener의 1863년 9월 프로이센 인민협회에서의 발언이 그러하다. (*Berliner Rev.* 35/4 1932, p. 8.) 돌이켜보건대 비스마르크에게도 이러한 국내 정치적인 이유가 결정적이었던 것 같다. 그는 다음과 같이 말했다. "나는 그(빌헬름 1세)에게 그를 위해 중요한 것은 이러저러한 색깔을 지닌 보수주의냐 자유주의냐가 아니라, 왕의 지배냐 의회의 지배냐라는 것이고, 후자의 지배는 필연적으로, 또한 독재의 시기를 통해서도 막을 수 있다는 확신을 주는 데 성공했다; *Erinnerung und Gedanke* 1, 11. *FA* Bd. 15 (1932), p. 179. 다른 한편으로 1882년 1월 24일 비스마르크는 "정부 내각의 절대주의ministerieller Absolutismus"라는 몸젠이 가한 비난에 역공을 가했다. "자, 이러한 정부 내각의 지배, 즉 이러한 수상의 독재란 당신이 프로이센을 실제적으로 지배하고 있는 "왕의 지배를 정부 내각의 지배로 대체한다면 그제야 가능한 그러한 것이다."; Kohl, *Reden*, Bd. 9 (1894), p. 227에서 인용. 이러한 모든 개념 사용의 사례들은 19세기의 후반 50년 동안에는 독재라는 표현이 얼마나 자의적으로 유용하게 쓰일 수 있었는가를 보여준다. 비스마르크가 행한 독재 발언은 그 근간에 있어서 고대의 헌법 순환 이론을 그대로 재

수용한 것이 아니다. 그는 말한다. "거대한 대중이 지속해서 우위를 관철하고 있다는 사실에는 탐욕스러운 요소가 깃들어 있다. 이러한 대중 자체는 역사적 순환 과정이 위험천만하게도 빨라지는 일 없이, 또 국가라는 마차의 파괴 없이 이러한 우위의 관철이 성공하기를 자신의 이해관계 속에서 염원할 수 있다. 그러나 이에 반해 위험이 가속화되고, 국가가 파괴되는 일이 벌어진다면, 역사의 순환 과정은 언제나 비교적 단시간 내에 독재로, 폭력의 지배로, 절대주의로 되돌아갈 것이다. 왜냐하면, 대중 또한 종국에는 질서를 향한 욕망에 복종할 것이기 때문이다. 만약 대중이 선천적으로a priori 이를 인식하지 못한다면 대중은 다양하게 전개되는 자신들에 대한 인신공격적ad hominem 주장들을 통해 마침내 이를 재차 이해하게 될 것이고, 또한 유럽의 국가 사회들이 병들지 않을 정도로 감당하고 있는, 정당하고도 그간 보존되어왔던 수준의 자유를 기꺼이 희생시키면서 독재와 케사리즘의 질서를 받아들일 것이다."; *Erinnerung und Gedanke* 2, 10. *FA* Bd. 15, p. 288. 비스마르크 정권은 적대자들 및 비판적 지지자들부터는 언제나 '독재'라고 불렸다. 이를테면 Paul de Lagarde, "Über die gegenwärtige Lage des deutschen Reichs" (1875), *Dt. Schr.* (Göttingen 1886), p. 155; Ludwig Bamberger, in: *Bismarcks großes Spiel. Die geheimen Tagebücher Ludwig Bambergers*, ed. by Ernst Feder (Frankfurt 1932), p. 339 혹은 ed. by Josef Gabriel Findel, *Des Reichskanzlers Wohlfahrts-Politik und die Demokratie* (Leipzig 1881), pp. 24 f. 여기서 Bamberger는 "정부 장관의 독재"를 규탄하지만, "현실정치적 관점에서······ 필요불가결한 것으로" 이를 할 수 없이 받아들였다. 상트 페테르부르크 주재 독일 대사 Lothar von Schweinitz는 1886년 아내에게 보낸 편지에서 다음과 같이 불평하고 있다. "비스마르크의 독재는······ 고위 공무원 층을 깎아내리고 있는 반면에 독일 민족 중 일반 대중에게 교육적이고 유익한 영향력을 행사하고" 있다는 것이다; Briefwechsel des Botschafters General v. Schweinitz, ed. by Wilhelm v. Schweinitz (Berlin 1928), p. 214. 외국에서의 평가는 Hans-Urlich Wehler, Bismarck und der deutsche Imperialismus (Köln, Berlin 1969), p. 182.

³² 1870년에서 1914년까지 '독재' 개념이 의미를 잃어버렸다는 결정적 증거는 니체에게서는 이 개념이 전혀 등장하지 않고, 막스 베버에게서는 단지 예외적 경우("선거전 현장의 독재" 등)에만 등장한다는 사실이다. 이는 물론 이 개념이 정치 언어에서 사라졌다는 것을 의미하지는 않는다, 이를테면 Wilhlem Marr는 유대인을 "독일의 사회정책적인 독재자"라고 부르고 있다.; Der Sieg des Judenthums über das Germanenthum, 4. Aufl. (Bern 1879), p. 23. Friedrich Naumann에게서는 다음과 같은 문장이 발견된다. "황제는 새로운 산업의 독재자로서 민족을 인도한다. 그는 이러한 일을 수행하는 동안 대중을, 즉 민주주의를 필요로 한다." ("Demokratie und Kaisertum", 4. Aufl., 1905, Werke, Bd. 2, 1964, p. 273). 이로써 그는 독재 개념을 보나파르티즘적인 의미에서 긍정적으로 사용하였다.

³³ MEW Bd. 28 (1963), p. 508. Maurice Dommanget, Les idees politiques et sociales d'Auguste Blanqui (Paris 1957), pp. 170 ff. 와 Allan W. Spitzer, The Revolutionary Theories of Louis Auguste Blanqui (New York 1957), p. 176에 의하면 '프롤레타리아트의 독재'라는 표현이 1837년 블랑키의 발언에서 시작되었다는 주장은 명백히 전설에 불과하다. 그러나 1850년 마르크스가 〈프랑스에서의 계급투쟁〉 (MEW Bd. 7, 1960, p. 89)에서 혁명적 사회주의를 묘사하면서 최초로 이 표현을 했을 때 블랑키의 영향을 받은 것은 확실하다. "이것(옮긴이: 혁명적 사회주의)을 위해…… 부르주아지 스스로가 블랑키를 발명했다. 이러한 사회주의는 혁명의 항구적 선언이며, 계급 구분 전반의 철폐를 향한, 계급의 구분이 근거하는 전체 생산관계들의 철폐를 향한, 이러한 생산관계들에 상응하는 전체 사회관계들의 철폐를 향한, 이러한 사회적 관계들로부터 나오는 전체 이념들의 전복을 향한 필연적인 과도기 단계로서의 프롤레타리아트 독재이다." 그러나 문건의 전체 분량을 고려할 때 이 문제를 계속해서 논할 여유는 없다고 마르크스는 말한다. 그의 후기의 정의는 지금까지 언급한 최초의 정의의 틀 안에 머물러있다. Cf. also Wilhelm Mautner, "Zur Geschichte des Begriffes 'Diktatur des Proletariats'", Archiv f. d. Gesch. d. Sozialismus u. d. Arbeiterbewegung 12 (1926), pp. 280 ff.

여기서 Mautner는 '프롤레타리아트 독재'에 대한 모든 발언을 모아놓았다. 1850
년에서 1852년 사이에 Lothar Bucher는 마르크스의 두 번에 걸친 이러한 최초의
정의에 대해 흥미로운 논평을 하고 있는데, 그는 《민족신문Nationalzeitung》에서
Louis Blanc에 맞서 민주주의 정당은 단호하게 "노동자 독재로 귀결될 정당인"
공산주의자들과 단절해야 한다고 주장한다. 이로써 처음으로 독재 개념이 좌파
진영 내에서 정파 간 구별을 위한 범주가 되었다; Carl Zaddach, *Lothar Bucher
und die Verhältnisse in Hinterpommern 1843~1848* (phil. Diss. Heidelberg 1913), p. 8
에서 인용. 그리고 훗날 상대방에 대해 독재라고 비난하는 일이 빈번해졌다. 노
동운동과 사회주의 인터내셔널 내부에서 마르크스는 라살레Lasalle이나 바쿠닌
Bakunin에 대해 이러한 비난을 가했고, 역으로 이들이 마르크스를 동일하게 비
난했다. 이러한 맥락에서 예를 들어 Friedrich von Beust는 1870년 1월 25, 26일
에 Johann Philipp에게 1869년 개최된 제1차 인터내셔널 바젤 회의에 대해 편지
를 썼는데, 이는 인터내셔널이 원래 지닌 원죄이며, "이 원죄로 인해 달걀이 독
재를 부화할 수 있다"고 했다. 우파 공화주의적인 평등 대신에 "소수파는 자신
의 의견을 교리敎理로 신성화하며" 이로써 인터내셔널은 교황의 지위로 변화하
고 있다는 것이었다; Nachlaß des "roten Becker" im Institut für Sozialgeschichte
Amsterdam (베른의 Prof. Dr. Erich Gruner의 친절한 정보에 감사드린다). 1869년 7
월 27일 마르크스는 엥겔스에게 바쿠닌에 대해 다음과 같이 썼다. "이 러시아인
은 공공연하게 유럽 노동운동의 독재자가 되기를 원한다. 이 자는 스스로를 조
심해야 할 것이다. 그렇지 않으면 공식적으로 제명될 것이다."; *MEW* Bd. 32
(1965), p. 351. 한편 바쿠닌은 1872년 초 사회주의적 민주주의 동맹Allianz der
sozialistischen Demokratie의 에스파냐 동지에게 보낸 편지에서 "마르크스의 자연스
럽게 위장된 독재"를 경고하고 있다; *GW* Bd. 3 (Berlin 1924), p. 111. 개념사적
추적을 계속하다 보면 특징적인 것이 발견되는데, 독재라는 집합적인 명칭이 개
별적 인물로 환원되는 일이 항상 되풀이되며, 그 결과, 원래 의미의 틀을 넘어서
는 일이 벌어진다.

[34] 그러나 프랑스혁명 때는 그러한 집합적 명칭에 대표 지위를 지닌 주체들을 지칭하는 명사가 사용되었다. "클럽들의 독재", "재력가들의 독재" 등이 그것이다 (*Brunot* t. 9/2, p. 738). 이러한 집합명사들은 1870년경에 급격히 빈번해진다; cf. Jean Dubois, *Le vocabulaire politique et social en France de 1869 à 1872* (Paris 1962), pp. 288 f.

[35] Cf. 1848년 혁명의 전개 과정을 마르크스는 〈브뤼메르 18일〉 말미(1852; *MEW* Bd. 8, 1960)에서 도식화하는데, 여기서 그는 이후에 벌어진 "제국주의적인 복고 패러디로서의 보나파르트의 승리"(193쪽)를 비꼬기 위해 "순수한 부르주아 공화주의자들의 독재"(192쪽), "질서당의 의회주의적 독재"(193쪽)를 언급한다. 130쪽에서는 그러한 계엄 상태를 전통적으로는 "카베냐과 헌법의회의 독재"로 묘사했다고 언급한다.

[36] "자본주의 사회와 공산주의 사회 사이에 전자에서 후자로의 혁명적인 전환의 시기가 있다. 또한, 이 시기에 상응하는 것이 정치적 과도기이다. 정치적 과도기의 국가는 프롤레타리아트의 혁명적 독재가 아닌 그 어떤 것도 될 수 없다."; *MEW* Bd. 9 (1962), p. 28.

[37] Engels, "Der Bürgerkrieg in Frankreich" 서문, *MEW* Bd. 22 (1963), p. 199. 엥겔스의 이러한 진술이 행해지기 한 달 전에 독일사회민주당SPD 의원 Grillenberger는 제국의회에서 독일사회민주당은 결코 폭력 혁명의 선동을 원하지 않는다고 명백히 선언했다. 이에 대한 Benningsen의 질의에 답하면서 그는 혁명적 프롤레타리아트 독재에 대한 요구와 "마르크스의 이러한 프로그램 제안을 따르지 않았던" 독일사민당의 요구를 엄격히 구별했다. 이어서 그는 확언하기를, "그 결과 우리 가운데는 단 한 번도 프롤레타리아트의 혁명적 독재에 관한 발언이 없었다"고 하였다. 마르크스의 입지를 약화시키려는 이와 같은 시도에 대해 Kautsky도 1891년 3월 9일자 엥겔스에게 보낸 편지에서 반대 입장을 밝혔다. Cf. Hans-Josef Steinberg, *Sozialismus und deutsche Sozialdemokratie. Zur Ideologie der Partei vor dem 1. Weltkrieg* (Hannover 1967), p. 71 주 177. 여기서도 Grillenberger의

발언이 인용되고 있다. Lorenz von Stein의 전통 위에서 마르크스의 독재 개념에 대한 반反명제로서 Schmoller는 독재 용어를 사용했는데, 이는 한편으로 그의 진화론적인 계급투쟁 모델 속에서 차지하는 이 용어의 고유한 위치를 정의하고, 다른 한편으로 이 용어를 당대인들에게 선동적인 방식으로 제시하기 위해서였다. 사회적 투쟁에서는 일반적으로 하층 계급들이 우선적으로 패배할 것이다. "그러나 이는 유산자들의 행복과 평화로운 정상적 발전으로 이끌지는 않을 것이다. 오랫동안 혼란이 뒤따를 것이다. 정치적 자유는 땅속에 묻힐 것이다. 독재가 필수 불가결할 것이며, 독재는 수십 년 후, 종종 수백 년 후에 가서야 고통받는 하층 계급들의 요구들을 다시 수용할 것이다. 그런데 선동가들이 손에 무기를 든 채 이것들을 요구할 때는 사람들은 이를 단호히 물리칠 것이다." 그러고 나서야 비로소 "새로운 경제적 권리, 새로운 노동의 권리와 새로운 사유재산 및 세련된 사회질서가…… 폐허로부터 꽃을 피울 것이다."; "Die sociale Frage und der preußische Staat" (1870), in: *Zur Social-und Gewerbepolitik der Gegenwart, Reden u. Aufs.* (Leipzig 1990), p. 43. 여기서는 또 시간적 제한이 정치적 태도에 영향을 끼치기 위한 장기적인 미래 예측으로 전환되고 있다. 또한, David Friedrich Strauss, "Preußen und Schwaben", *Preuß. Jbb.* 19 (1867), p. 199의 다음과 같은 독재 개념 사용을 비교하시오. "대체로, 약간의 독재가 그러한 과도기에는 필수 불가결하다. 그리고 이러한 독재가 비스마르크 백작의 그것처럼 강력하고 숙련된 손에 있다는 것이 행운이다."

[38] Lenin, "Staat und Revolution" (1917), *Werke*, Bd. 25 (1960), p. 424. 레닌은 1918년에서 1920년 사이에 "프롤레타리아의 독재"를 여러 차례 정의했는데, 예를 들어 다음과 같다. "프롤레타리아트의 혁명적 독재란 부르주아지에 맞선 프롤레타리아트의 폭력을 통해 쟁취되고 유지되는 권력이며, 그 어떤 법에도 얽매이지 않은 권력이다."; "Die proletarische Revolution und der Renegat Kautsky" (1918), *Werke*, Bd. 28 (1959), p. 234. "독재에 대한 학문적 개념은 그 어떤 것을 통해서도 제한되지 않고, 그 어떤 법에 의해서도, 절대적으로 그 어떤 규칙

에 의해서도 제한되지 않는, 직접적으로 폭력에 의거하는 권력을 의미한다.";
"Geschichtliches zur Frage der Diktatur" (1920), *Werke*, Bd. 31 (1959), p. 345.

[39] Karl Kautsky, *Die proletarische Revolution und ihr Programm* (Stuttgart, Berlin 1922), pp. 136 f. 카우츠키의 독재에 대한 부정적 이해는 다수파 사회민주당 지도부에게도 공유되었다. 1918년 11월 9일 사회민주당SPD 지도부가 독립사회민주당 USPD 지도부에게 보낸 답신만큼 독일의 미래를 위해 중요한 결과를 가져온 문서는 거의 없다. 여기에 실린 독립사민당의 요구는 전체 권력이 노동자위원회 및 병사위원회에게 있어야 한다는 것이었는데, 그 내용은 다음과 같다. "이러한 요구가 인민 다수가 아닌, 단지 한 계급의 일부분이 시행하는 독재를 의미한다면, 우리는 이러한 요구를 거절해야 한다. 왜냐하면, 이는 우리의 민주주의적 원칙들과 모순되기 때문이다; *Ursachen und Folgen. Vom deutschen Zusammenbruch 1918 und 1945 bis zur staatlichen Neuordnung Deutschlands in der Gegenwart*, ed. by Herbert Michaelis, Ernst Schraepler, Günther Scheel, Bd. 3 (Berlin o. J.), p. 6.

[40] 1920년 제3차 인터내셔널 제2차 회의에서 21개 조건이 제기되었는데, 코민테른에 가입되기를 청원했던 모든 당은 이를 따라야 했다. 이 가운데 다음과 같은 내용을 지닌 첫째 조건과 비교하시오. "전체 선전과 선동은 실제로 공산주의적인 성격을 지녀야 한다. ……프롤레타리아트 독재에 대해서는 단순히 항간에서 행해지듯 억지로 암기된 공식처럼 발언되어서는 안 된다. 그것은 그 필요 불가결성이 모든 단순한 남녀 노동자, 군인과 농민들에게 일상의 실제들에 기초하여 납득될 수 있을 정도로 선전되어야 한다. 일상의 실제들은 우리 언론에 의해 체계적으로 관찰되고 매일 매일 이용되어야 한다."; *Utopie und Mythos der Revolution. Zur Geschichte der Kommintern 1920–1940*, ed. by Theo Pirker (München 1964), pp. 24 f.에서 인용.

[41] Schmitt, *Diktatur*, p. 146. 독재 개념이 얼마나 급격하게 학문적 논의의 영역에서 중요한 개념으로 전면에 부각되었는지를 예를 들어 1924년 4월 14, 15일에 예나에서 열린 독일 국가법교수 회의의 회의록이 잘 보여준다. 이 회의록은 《독

일 연방주의. 제국 연방대표들의 독재)라는 제목으로 출판되었다 (Berlin 1924).
자유주의자들의 전통적인 독재 개념은 새로운 논쟁적 맥락 속에 편입된 채 1919
년 12월에 나온 독일민주당의 강령 속에 아주 잘 나타난다. 그 내용은 이러하다.
"현안을 둘러싼 투쟁에 흔들리지 않고, 예전의 폭력적 지배 혹은 새로운 독재
를 다시 확립하기 위해 조국의 불행을 이용하려는 이기적인 시도들에 동요하지
않고, 우리 당은 독일공화국을 진실하고, 시민적이며 사회적인 정신으로 채우
기 위한 과업을 좇아간다."; *Deutsche Parteiprogramm*, ed. by Wilhelm Mommsen
(München 1960), p. 509에서 인용.

[42] "케사리즘은 민주주의라는 땅 위에서 자라난다. 그러나 그 뿌리는 피와 전통으
로 이뤄진 땅 밑까지 뻗어있다. ……문화의 거대한 정치적 형태가 되돌릴 수 없
이 파멸된 곳에서, 미래의 권력자가 세계를 사적 소유물로서 지배한다면, 그러
나 이때 이러한 형태도 없고 한계도 없는 권력은 하나의 과제를 갖고 있다. 그
과제란 이 세계에 대한 지칠 줄 모르는 염려이며, 돈이 지배하던 시대에 있었던
모든 이해관계와 반대되는, 드높은 명예심과 책임감을 요청하는 그러한 것이다.
그러나 바로 이 때문에 이제 민주주의와 케사리즘 사이에, 독재적인 돈의 경제
를 이끄는 지도적 권력들과 카이사르의 순수한 정치적 질서의 의지 사이에 최후
의 투쟁이 일어난다."; Oswald Spengler, *Der Untergang des Abendlandes* (1918/22;
Ndr. München 1963), pp. 1143 f.

[43] Adolf Hitler, *Mein Kampf*, 73. Aufl. (München 1933), p. 357.

[44] Hitler, *Reden und Proklamationen 1932-1945*, ed. by Max Domarus, 2. Aufl.,
Bd. 1/2 (München 1965), p. 596.

[45] 이에 대해 예를 들어 *das Berliner Wochenblatt* (1831 ff.)와 이 잡지의 대항지인
Recht 및 (이른바) *salus publica*, passim.을 비교하시오. 19세기의 수많은 관련 문
헌에서와 마찬가지로 여기서 특징적인 것은 독재 개념이 언급되기는 하지만 이
용어가 특별히 응용되지는 않고 있다는 것이다. 전적으로 로마적인 전통에 입
각해 있는 것은 Friedrich Wilhelm 4세가 1848년 혁명 기간에 계엄 상태를 염두

에 둔 법률을 작성할 때 기록한 메모이다: "심각한 위험의 시기에는 왕이 독재를 위임받는다." 이를 통해 평상시에는 왕이 법률에 다시 매이게 되었다. Friedrich Frahm, "Entstehungs- und Entwicklungsgeschichte der preußischen Verfassung", *Forsch. z. Brandenburgischen u. Preuß, Gesch.* 41 (1928), p. 282에서 인용.

[46] 이미 제목에서 '독재'라는 용어를 쓰고 있는 1918년 이후 간행된 문헌들 가운데 임의로 간추린다면 다음과 같은 팸플릿과 서적들을 인용할 수 있다: Karl Kautsky, *Die Diktatur des Proletariats* (Wien 1918); Walter Lambach, *Diktator Rathenau* (Heidelberg 1918); Charles Naine, *Diktatur des Proletariats oder Demokratie?* (dt. Zürich 1919); Eduard Stadler, *Diktatur der sozialen Revolution* (Leipzig 1920); Gaetano Salvemini, *The Fascist Dictatorship in Italy* (New York 1927); Otto Forst de Battaglia, *Prozeß der Diktatur* (Zürich, Leipzig, Wien 1930); Carlo Sforza, *Dictateurs et dictatures de l'Après-querre* (Paris 1931), 독일어 판 및 독일어 제목: *Europäische Diktaturen* (Berlin 1932); Hermann Kantorowicz, *Dictatorship* (Cambridge 1935); Frederick L. Schumann, *The Nazi Dictatorship*, 2nd ed. (Newe York 1936); Calvin B. Hoover, *Dictators and Democracies* (New York 1937); E. E. Kellett, *The Story of Dictatorship from the Earliest Times till Today* (London 1937); Ignazio Silone, *Die Schule der Diktatoren* (dt. Zürich 1938); Hugh Setonwatson, *Britain and the Dictators* (Cambridge 1938); Alfred Cobban, *Dictatorship. Its History and Theory* (London 1939); George P. Gooch, *Dictatorship in Theory and Practice* (London 1939); Jaques Bainville, *Les Dictateurs* (London 1940); E. K. Bramstedt, *Dictatorship and Political Police* (New York 1945); Carl Joachim Friedrich/Zbigniew K. Brzezinski, *Totalitarian Dictatorship and Autocracy* (Cambridge 1956), 독일어판 및 독일어 제목: *Totalitäre Diktatur* (Stuttgart 1957); George W. F. Hallgarten, *Why Dictators* (Washington 1957), 독일어판 및 독일어 제목: *Dämonen oder Retter? Eine kurze Geschichte der Diktatur seit 600 vor Christus* (Frankfurt 1957); Julius Deutsch, *Wesen und Wandlungen der Diktaturen* (München 1963); Maurice Duverger, *De la dictature*

(Paris 1961).

47 이와 동시에 19세기의 입헌주의자들은 당연히 예전의 계엄 상태에서 발전된 법
적 규제를 받는 비상사태에 관한 헌법상의 모습을 그렸다. 필연적으로 출현하는
독재를 법치국가적으로 규제하려는 프랑스와 프로이센의 시도에 대해서는 Hans
Boldt, *Rechtsstaat und Ausnahmezustand* (Berlin 1967). 여기서 그는 단지 프랑스의
1878년의 법률만이 비상사태 선포 시에 정확한 기간을 확정지었다고 지적한다.
그 밖의 법률들의 경우에는 그 기간의 제한이 고대 로마에서 전승된 기한이 아
니라, 여러 형태의 절차들 속에서 이뤄졌다.

48 본 "독재" 항목의 주 46에서 언급된 제목들 다수를 비교하시오.

49 실제에 있어서 이미 1920년대 초에 공산주의자들의 독재 개념 사용 관행 또한
압도적으로 부정적이었고 논쟁적이었다. 이는 무엇보다 파시즘이 등장했기 때
문이다. 1933년 12월 코민테른 실행위원회 13차 대회XIII. Plenums des EKKI
vom Dezember 1933에서 결정된 다음과 같은 정의와 비교하시오: "파시즘은 금
융자본의 가장 반동적이고, 가장 국수주의적이며 가장 제국주의적인 요소들의
공개적인 테러리즘적 독재이다."

50 Cf. Paul Ritterbusch, *Demokratie und Diktatur* (Wien, Berlin 1939), p. 67: "지도
Führung란 상호 대립하는 요소들의 타협도, 한 요소의 다른 요소에 대한 독재도
아니다. 정치적 헌법의 역할을 할 지도는 사회적 존재에 관한 다원주의적인 개
념들로부터는 전혀 사상적으로 발전할 수 없다."

51 이러한 경로의 가장 중요한 단계들에 대한 특징은 다음과 같은 책들에 담겨
있다. Sigmund Neumann, *Permanent Revolution* (New York, London 1942),
Hannah Arendt, *The Origins of Totalitarianism* (New York 1951), 독일어판과 그 제
목: *Elemente und Ursprünge totaler Herrschaft* (Frankfurt 1955), Friedrich/Brzezinski
(본 "독재" 항목의 주 46을 보시오).

찾아보기

용어

코젤렉의
개념사 사전 1
문명과 문화

Zivili
sation
Kultur

코젤렉의 개념사 사전 17 — 민주주의와 독재

⊙ 2021년 1월 20일 초판 1쇄 인쇄
⊙ 2021년 1월 27일 초판 1쇄 발행
⊙ 글쓴이　　크리스티안 마이어·한스 레오 라이만·한스 마이어·
　　　　　　라인하르트 코젤렉·베르너 콘체·라인하르트 슈툼프·
　　　　　　에른스트 놀테
⊙ 엮은이　　라인하르트 코젤렉·오토 브루너·베르너 콘체
⊙ 기　획　　한림대학교 한림과학원
⊙ 옮긴이　　나인호
⊙ 발행인　　박혜숙
⊙ 책임편집　　김　진
⊙ 펴낸곳　　도서출판 푸른역사
　　서울시 종로구 자하문로8길 13 (우-03044)
　　전화: 02)720-8921(편집부) 02)720-8920(영업부)
　　팩스: 02)720-9887
　　전자우편: 2013history@naver.com
　　등록: 1997년 2월 14일 제13-483호
ⓒ 한림대학교 한림과학원, 2021

ISBN　979-11-5612-186-2 94900
세트　　979-11-5612-184-8 94900